T0098911

PHILOSOPHIE DU DROIT

COMITÉ ÉDITORIAL

TEXTES CLÉS

PHILOSOPHIE DU DROIT

Norme, validité et interprétation

Textes réunis et présentés
par
Christophe BÉAL

LIBRAIRIE PHILOSOPHIQUE J. VRIN
6, place de la Sorbonne,
PARIS Vᵉ

N. Bobbio, « Être et devoir être dans la science du droit » in *Essais de théorie du droit* ; trad. fr. M. Guéret © L.G.D.J., Lextenso éditions, 1998.

R. Dworkin, « La théorie du droit comme interprétation », *Droit et société, 1* ; trad. fr. F. Michaut © Revue Droit et société, 1985.

L. Fuller, *The Morality of Law*, chapter II, © 1969 by Yale University. Published by Yale University Press.

HLA. Hart, « Positivism and the Separation of Law and Morals », © by The Harvard Law Review Association 71, 1958. Translated with permission.

OW. Holmes, « The Path of the Law », *Harvard Law Review* 10, 1897 ; trad. fr. F. Michaut, © Clio Thémis, 2009.

H. Kelsen, *Théorie pure du droit*, © L.G.D.J., Lextenso éditions, 1999.

R. Posner, « Pragmatic Adjudication », *Cardazo Law Review*, Vol. 18:1, 1996, © R. Posner. Translated with kind permission of the Cardazo Law Review.

G. Radbruch, « Injustice légale et droit supralégal », trad.fr. M. Walz, *Archives de philosophie du droit* 39, 1995. © Collection Archives de philosophie du droit, Dalloz, 1995.

J. Raz, *The Authority of Law*, Oxford UP, 1979, chapter 2, © 1979, Oxford University Press. Translated with permission.

A. Ross, *On Law and Justice*, © A. Ross, 1958.

M. Troper, « Une théorie réaliste de l'interprétation » in *La théorie du droit, le droit, l'État*, © P.U.F., 2001.

© *Librairie Philosophique J. VRIN*, 2015

Imprimé en France

ISSN 1639-4216

ISBN 978-2-7116-2579-6

www.vrin.fr

INTRODUCTION GÉNÉRALE

Au début de son ouvrage *Le concept de droit*, H.L.A. Hart affirme « qu'il est peu de questions relatives à la société humaine qui aient été posées avec autant de persistance et qui aient fait l'objet, de la part de théoriciens réputés, de réponses aussi différentes, étranges et même paradoxales que la question *Qu'est-ce que le droit ?* »[1]. Cette question peut être abordée de deux manières distinctes. La première, qui correspond à ce qu'on appelle parfois la philosophie du droit des philosophes[2], consiste à rechercher l'essence du droit en se fondant sur une certaine idée du bien ou du juste. Une telle approche conduit à une définition normative du droit tel qu'il devrait être ; elle présente un droit idéal mais ne contribue pas nécessairement à une connaissance du droit tel qu'il est. Or, dans une perspective positiviste, la science du droit est essentiellement une connaissance descriptive du droit tel qu'il est, indépendante de toute référence à des valeurs ou à des considérations métaphysiques. Comme l'écrit N. Bobbio, « sous le premier aspect – à savoir comme mode d'approcher

1. H.L.A. Hart, *Le concept de droit*, trad. M. van de Kerchove, Bruxelles, Publications des Facultés universitaires St Louis, 1976, p. 13.

2. *Cf.* N. Bobbio, « Nature et fonction de la philosophie du droit », *Archives de philosophie du droit*, n°7, 1962, p. 5.

l'étude du droit – le positivisme juridique est caractérisé par la nette distinction entre droit réel et droit idéal, ou, avec d'autres expressions équivalentes, entre le droit comme fait et le droit comme valeur ; le droit tel qu'il est et le droit tel qu'il doit être ; et par la conviction que le droit dont doit s'occuper le juriste est le premier, et non pas le second »[1]. L'objet de la philosophie du droit des juristes serait donc de déterminer ce qu'est le droit et de rendre compte des conditions de possibilité de la connaissance scientifique du droit. Il ne s'agit pas simplement de décrire, comme peut le faire la dogmatique, tel ordre juridique ou telle branche du droit, ni de procéder à un inventaire exhaustif des normes constitutives du droit existant. La question « qu'est-ce que le droit ? » invite à définir et à délimiter l'objet de la science du droit mais aussi à clarifier les concepts employés par le juriste. Vouloir définir le droit c'est rechercher l'essence du droit, délimiter la nature spécifique des normes juridiques, avec tous les enjeux ontologiques que cela implique[2], mais aussi, dans une perspective plus analytique, distinguer et mettre en évidence les usages du concept de « droit » ou de « norme juridique »[3]. On ne peut donc se satisfaire d'une simple définition stipulative comme celle que l'on trouve dans la plupart des manuels de droit et qui présente le droit comme système hiérarchisé de normes. Une telle définition oblige en effet à préciser ce qu'est une norme juridique, en quoi ces normes forment un système et en quoi l'ordre juridique se

1. N. Bobbio, *Essais de théorie du droit*, trad. M. Guéret, Paris, Bruylant-LGDJ, p. 25.

2. *Cf.* P. Amselek, C. Grzegorczyk, J.F. Arnaud (éd.), *Controverses autour de l'ontologie du droit*, Paris, P.U.F., 1989.

3. Dans ce cas, la philosophie du droit s'apparente comme l'écrit Eric Millard, à « un métalangage doctrinal, c'est-à-dire un langage qui porte sur le langage doctrinal » (*Théorie générale du droit*, Paris, Dalloz, 2006, p. 16).

distingue des autres ordres normatifs présents dans une société, autant de problèmes qui sont la source de controverses majeures au sein de la philosophie contemporaine du droit.

LE DROIT COMME SYSTÈME DE NORMES

Les théories modernes de la souveraineté présentent le plus souvent le droit comme un ensemble de lois exprimant la volonté du souverain. La loi civile, écrit Hobbes, est, « pour chaque sujet, l'ensemble des règles dont la République, par oral, ou par écrit, ou par quelque autre signe adéquat de sa volonté, lui a commandé d'user pour distinguer le droit et le tort, c'est-à-dire ce qui est contraire à la règle et ce qui ne lui est pas contraire »[1]. Cette conception légaliste et impérativiste du droit, développée en particulier par Bentham et par John Austin, conçoit les normes juridiques comme une espèce de commandement, un ordre accompagné de sanctions, qui se distingue par son caractère général et par sa source, le souverain, c'est-à-dire « un supérieur humain déterminé qui n'a pas l'habitude d'obéir à un supérieur et à qui le plus grand nombre, dans une société donnée, a l'habitude d'obéir »[2]. En bref, le droit se ramènerait, selon cette hypothèse, à « des ordres généraux appuyés de menaces émis par une personne généralement obéie »[3].

La théorie impérativiste a été la cible de nombreuses critiques à l'époque contemporaine. Premièrement, elle se

---

1. Hobbes, *Léviathan*, trad. F. Tricaud, Paris, Sirey, 1971, p. 282.
2. J. Austin, *The Province of Jurisprudence Determined*, Cambridge, Cambridge University Press, 1995, p. 172.
3. H.L.A. Hart, *Le concept de droit, op. cit.*, p. 40.

révèle incapable de rendre compte de la différence entre une norme juridique et l'ordre accompagné de menace provenant d'un voleur[1]. Un commandement peut, dans des circonstances précises, être la source d'une norme juridique dès lors qu'il émane de personnes qui sont habilitées en vertu de certaines normes juridiques. Tandis que le commandement d'un voleur, même s'il se révèle efficace, est un simple fait et ne constitue pas la source d'une norme : on n'est pas tenu d'obéir à un tel commandement même si on peut y être contraint sous la menace. Le droit est coercitif il détermine la manière dont est utilisée la force publique dans la société, mais l'obligation juridique ne peut se ramener à un ordre contraignant. Le droit détermine un certain usage public de la force mais, comme le note Rousseau, « la force ne fait pas droit »[2]. La seconde objection qui peut être formulée à l'encontre de l'impérativisme est de penser le droit sur le modèle du droit pénal et d'occulter totalement l'ensemble des normes juridiques qui n'ont pas la forme d'un commandement assorti de sanctions. Un contrat, une disposition constitutionnelle comme « le président de la République est élu au suffrage universel », ou encore toutes les normes d'habilitation qui confèrent à des personnes un certain pouvoir semblent irréductibles à quelque espèce de commandement. Comme le montre H.L.A. Hart, même dans l'hypothèse d'un système politique élémentaire, par exemple une monarchie absolue dans laquelle toutes les lois sont instituées par le roi, il y a nécessairement des règles qui déterminent les sources du droit (dans ce cas, une règle qui

---

1. Sur cette distinction tirée de *La Cité de Dieu* (IV, 4) de Saint Augustin, *cf.* Kelsen, *Théorie pure du droit*, , trad. C. Eisenmann, Paris, Bruylant LGDJ, 1999, p. 52-57 ; H.L.A. Hart, *Le concept de droit, op. cit.*, p. 34-37.

2. Rousseau, *Du contrat social*, I, 3.

fait en sorte que ce que commande le souverain a valeur de loi) ou qui fixent les modalités de succession du monarque. Un tel ordre juridique ne se réduit donc pas à un ensemble de lois instituées par le monarque, il ne se limite pas à des «règles primaires» imposant aux citoyens un modèle de conduite, mais il inclut également des «règles secondaires» qui déterminent la manière dont sont créées, modifiées, abrogées ou appliquées les «règles primaires». Or, ces «règles secondaires» ne peuvent absolument pas être ramenées à une espèce de commandement. Par ailleurs, la règle de reconnaissance en vertu de laquelle un juge identifie les normes valides dont relève le cas qu'il doit juger n'a pas du tout le même statut qu'une loi ou un commandement prescrivant tel ou tel type de conduite.

On a également reproché à la théorie impérativiste d'introduire une forme de dualité ou d'extériorité entre le droit et l'État. En effet, si le droit est une émanation de l'État, si les normes juridiques ne sont que l'expression de la volonté du souverain, on est amené à faire de l'État une réalité distincte du droit, ce qui rend problématique l'idée d'un État de droit, à moins de supposer un processus d'autolimitation de l'État[1]. Une théorie juridique de l'État devient cependant possible à partir du moment où la création des normes juridiques par l'État est pensée comme un acte de volonté dont la valeur normative dépend d'autres normes juridiques et présuppose l'existence d'un ordre juridique. En ce sens, l'État n'est pas une entité distincte du droit, l'exercice du pouvoir n'est pas seulement de l'ordre du fait mais s'inscrit dans un ordre

1. Cette thèse de l'autolimitation signifie, selon Carré de Malberg, que «l'État ne peut se trouver obligé, lié ou limité qu'en vertu de sa propre volonté» (*Contribution à la théorie générale de l'État*, Paris, Dalloz, 2003, p. 231).

normatif, ce qui amène Kelsen à dire que «tout État doit nécessairement être un État de droit en ce sens que tout État est un ordre juridique»[1]. La création du droit par l'État se ramène donc à un processus par lequel le droit règle sa propre création[2].

Les théories normativistes du droit, qui se sont largement imposées dans la pensée contemporaine, présentent l'ordre juridique comme un système hiérarchisé de normes. Le concept de norme est donc essentiel pour comprendre le phénomène juridique mais, comme on le verra, la question de la nature des normes juridiques donne lieu à des divergences significatives dans la théorie du droit. Que désigne-t-on quand on parle d'une norme juridique? On remarquera, en premier lieu, qu'une norme juridique n'est pas un texte. Dans les sociétés où le droit est écrit, il est fréquent d'assimiler le droit à un ensemble de textes, de codes ou de règlements écrits considérés comme l'objet principal de la doctrine. Cependant, une norme n'est pas un énoncé, écrit ou oral, mais la signification d'un énoncé exprimant ce qui *doit être*. Ainsi, un texte de loi, considéré en lui-même, ne constitue pas une norme, mais il permet de signifier une norme juridique. Parmi toutes les significations possibles d'un texte de loi, toutes n'ont pas valeur de normes, et un des aspects fondamentaux de la théorie du droit est de montrer en vertu de quoi un texte peut être considéré comme source de normes juridiques, ce qui pose la question décisive de l'interprétation des textes juridiques.

---

1. H. Kelsen, *Théorie pure du droit, op. cit.*, p. 309.
2. « Dire que l'État crée le droit, c'est seulement dire que des hommes dont les actes sont attribués à l'État en vertu du droit créent le droit. Ce qui signifie que le droit règle sa propre création. Un processus par lequel un État qui précéderait le droit dans son existence créerait ce droit ne se rencontre pas et ne peut se rencontrer » (Kelsen, *Théorie pure du droit, op. cit.*, p. 304).

L'énoncé signifiant une norme n'est pas nécessairement sous la forme impérative, la plupart des normes juridiques étant exprimées dans des textes à l'indicatif : ainsi, des énoncés comme « le vol est puni de trois ans d'emprisonnement » ont une fonction normative et ne sont pas, malgré l'apparence, des propositions décrivant des faits. Une norme, contrairement à une proposition, ne présente pas de valeur de vérité : on jugera la validité d'une norme mais on ne peut dire qu'une norme est vraie ou fausse. En revanche, les critères de vérité s'appliquent à la science du droit dans la mesure où elle n'est pas constituée de normes mais de propositions décrivant des normes, que Kelsen nomme propositions de droit (*Rechtssätze*). Lorsqu'un juriste écrit ou affirme « le président de la République est élu pour cinq ans au suffrage universel direct », il ne crée pas une norme mais affirme l'existence d'une norme juridique, et son énoncé peut être vrai ou faux [1].

Selon Kelsen, une norme peut être définie comme la signification d'un acte de volonté, acte par lequel une personne veut que quelque chose doive avoir lieu. Une norme apparaît ainsi comme la signification prescriptive d'un acte de volonté, elle exprime un devoir-être (*Sollen*). Cette valeur prescriptive peut présenter différentes modalités selon qu'il s'agisse d'une norme d'interdiction, d'obligation, de permission ou

---

1. Cette distinction est capitale car elle permet à Kelsen de montrer que les règles logiques s'appliquent non pas aux normes en tant que telles mais aux propositions de droit qui décrivent ces normes (Kelsen, *Théorie pure du droit, op. cit.*, p. 82). Nous n'aborderons pas ici les débats relatifs à la logique des normes et notamment à l'idée de logique juridique. Sur ce point, *cf.* G. Kalinowski, *Querelle de la science normative*, Paris, LGDJ, 1969 ; J.L. Gardies, *Essai sur les fondements a priori de la rationalité morale et juridique*, Paris, LGDJ, 1972 ; G.H. von Wright, « Y a-t-il une logique des normes ? », trad. J.-L. Petit, *Cahiers de philosophie politique et juridique*, n° 27, 1995, p. 31-53.

d'habilitation. En ce sens, un commandement juridiquement valide est un acte instituant un certain type de normes mais toutes les normes ne sont pas créées par un commandement ou un ordre. Une norme peut avoir une portée générale (c'est ainsi un trait distinctif de la loi) mais elle peut aussi être individuelle dès lors qu'elle porte sur un cas particulier ou bien s'adresse à des personnes déterminées (c'est le cas des normes issues d'un contrat entre deux parties identifiées).

Cependant, toutes les normes ne sont pas des normes juridiques et il reste à déterminer les critères spécifiques qui distinguent les normes du droit des autres normes qu'elles soient morales, sociales ou religieuses. Les normes juridiques ne se distinguent pas par leur contenu puisqu'il arrive qu'elles imposent des prescriptions similaires à celles provenant de normes extra-juridiques. Il est parfois admis que les normes juridiques se caractérisent, non par leur contenu substantiel, mais par les sanctions auxquelles sont exposés ceux qui ne les respectent pas, ce qui amène à définir le droit comme un système de normes assorti de sanctions. Une telle définition s'avère cependant floue et insuffisante. En effet, on peut concevoir que des normes soient assorties de sanctions qui exercent une forme de contrainte sur les individus mais sans pour autant mobiliser l'usage de la force publique ; dans ce cas, elles ne font pas partie de l'ordre juridique. En effet, le droit se caractérise par un exercice centralisé et institutionnalisé de la contrainte comme « monopole de la collectivité juridique »[1], et les sanctions qu'il met en œuvre sont déterminées par des normes appartenant à l'ordre juridique. Les sanctions qui accompagnent une norme juridique sont elles-mêmes définies par d'autres normes. Par ailleurs, toutes les normes juridiques

1. H. Kelsen, *Théorie pure du droit, op. cit.*, p. 45.

ne sont pas nécessairement assorties de sanctions puisqu'une norme peut être valide même si elle n'est suivie d'aucune sanction en cas de violation. La validité d'une norme juridique ne se confond pas avec son efficacité.

Ce ne sont donc pas des propriétés inhérentes à une norme qui permettent de la considérer comme du droit mais plutôt son appartenance à un ordre juridique et les relations qu'elle présente avec d'autres normes juridiques. La question est alors de savoir en quoi l'ordre juridique se distingue des autres ordres normatifs. Il se caractérise notamment par certaines propriétés formelles qui lui confèrent une structure particulière. Il y a en effet une hiérarchie entre les normes juridiques, un ordre qui peut être conçu de façon statique au sens où les normes peuvent être dérivées à partir de normes plus générales : ainsi la décision d'un juge apparaît parfois comme une norme particulière tirée d'une norme plus générale qu'il est supposé appliquer. Dans ce cas, une norme donnée appartient à l'ordre juridique en raison de sa conformité à une norme supérieure. Mais cette représentation statique du droit ne nous présente qu'un aspect limité de l'ordre juridique ; si on s'efforce de penser le droit tel qu'il est, on est assez loin d'un système parfaitement cohérent dans lequel chaque norme peut se déduire logiquement d'une norme supérieure. Les normes juridiques présentent parfois une forme d'indétermination qui confère au droit une « texture ouverte » qui ne permet pas, face à des « cas difficiles », de déterminer par un raisonnement purement formel ce qu'est le droit. On ne peut pas non plus écarter totalement la possibilité de conflits entre les normes du droit. Ce qui distingue le droit en tant qu'ordre normatif c'est son caractère essentiellement dynamique au sens où la production des normes juridiques est toujours réglée par des normes supérieures qui déterminent, par exemple, quelles sont les personnes habilitées pour créer, modifier ou abroger une norme ainsi que les procédures requises pour effectuer de telles opérations. En ce sens, une norme est identifiée comme appartenant à l'ordre juridique et donc comme valide si elle est produite conformément à une norme supérieure. Les normes juridiques seraient ainsi identifiables par leurs sources ou, pour reprendre une expression de Ronald Dworkin, par leur « pedigree »[1].

Si la production et l'existence d'une norme juridique dépendent d'une norme de degré supérieur, on est alors amené, afin d'éviter une régression à l'infini, à supposer une norme ultime qui fonde la validité du droit et garantit son autonomie, mais qui n'est pas elle-même subordonnée à une norme juridique de degré supérieur. Dans un État de droit, elle peut être décrite par une proposition du type « on doit se conduire de la façon que la Constitution prescrit ». Le statut d'une telle norme soulève un problème essentiel puisqu'elle conditionne la validité des autres normes alors que sa propre validité semble problématique. Une première hypothèse, qu'on retrouve dans toute la tradition jusnaturaliste, consiste à justifier la validité de cette norme ultime à partir d'une norme extérieure à l'ordre juridique, qu'elle soit d'ordre moral ou théologique. Le positivisme juridique exclut une telle hypothèse dans la mesure où la validité du droit est indépendante de toute considération extra-juridique (Dieu, la nature, la morale…). Pour Kelsen, la validité du droit dépend d'une « norme fondamentale » (*Grundnorm*), qui n'est pas une norme positive, qui n'est pas posée par un organe juridique et n'est donc pas un élément du droit interne. Dans la *Théorie pure du droit*, cette

---

1. R. Dworkin, *Prendre les droits au sérieux*, trad. M.J. Rossignol, F. Limare, F. Michaut, Paris, P.U.F., 1995, p. 73.

norme est présentée comme une norme «supposée», une hypothèse logiquement indispensable pour fonder la validité objective des normes positives; reprenant le vocabulaire kantien, Kelsen la qualifie de «condition logique transcendantale[1]». Face au problème que pose cette «norme simplement pensée», Kelsen sera amené à rectifier cette interprétation en faisant de la norme fondamentale une fiction, c'est-à-dire la signification d'un acte de volonté fictif[2].

Les difficultés théoriques que pose le statut de cette norme fondamentale n'ont pas échappé à certaines critiques. Pour Alf Ross, la conception kelsénienne renvoie à «l'idée traditionnelle d'une revendication supérieure à l'obéissance, à l'idée d'un droit naturel métamorphosé en un modèle quasi-positiviste»[3]; elle n'est, au fond, qu'une façon de justifier la «force obligatoire du droit» et de rendre compte de l'obligation de se conformer au droit existant dans la mesure où elle fait d'une norme valide une norme à laquelle on *doit* obéir. Cette idée de norme fondamentale, au-delà de sa dimension idéologique, reposerait sur une thèse métaphysique, voire une forme de «mysticisme», incompatible avec les principes épistémologiques du positivisme juridique. Hart juge également la notion kelsénienne de norme fondamentale confuse et

---

1. H. Kelsen, *Théorie pure du droit*, *op. cit.*, p. 201.
2. H. Kelsen, *Théorie générale des normes*, trad. O. Beaud, F. Malkani, Paris, P.U.F., 1996, p. 344.
3. A. Ross, «Le concept de droit de Hart», dans *Introduction à l'empirisme juridique*, p. 186. Sur cette critique de la théorie normative de la validité, nous renvoyons à l'article de A. Ross, «La validité et le conflit entre positivisme juridique et droit naturel» publié dans le même volume. *Cf.* aussi : M. Troper, «Ross, Kelsen et la validité», *Droit et société*, 50, 2002, p. 43-57.

inutile[1]. L'enjeu est donc de savoir comment penser la validité d'un ordre juridique en faisant l'économie de cette idée de norme fondamentale, ce qui oblige à clarifier les relations entre les faits et les normes juridiques.

FAITS ET NORMES

Le normativisme de Kelsen repose sur un dualisme en l'être et le devoir-être, entre des énoncés qui décrivent des faits et des énoncés qui signifient des normes et sont équivalents à des actes de volonté. En vertu d'une telle séparation, l'existence et la validité d'une norme juridique ne peuvent être dérivées d'un fait (naturel, moral ou social) mais dépendent nécessairement d'une norme supérieure. La science du droit est donc essentiellement une connaissance descriptive des normes. Descriptive car elle n'est pas en elle-même créatrice de normes (le rôle du juriste est de décrire le droit et non de créer le droit, contrairement au législateur, au juge ou à d'autres autorités). Mais elle se distingue d'autres connaissances descriptives dans la mesure où elle décrit des normes et pas seulement des faits. Il serait toutefois illusoire de penser que la science du droit se détourne des faits. Les actes créateurs de normes (signature d'un contrat, vote d'une loi, décision d'un juge…) sont bien de l'ordre des faits même si leur valeur prescriptive est conditionnée par des normes de degré supérieur.

---

1. H.L.A. Hart, *Le concept de droit*, *op. cit.*, p. 136; p. 293-294. Pour une analyse comparative entre Hart et Kelsen, *cf.* E. Picavet, *Kelsen et Hart*, Paris, P.U.F., 2000.

Peut-on, pour autant, ramener la théorie du droit à une connaissance portant sur des faits? Si on conçoit la science du droit sur le modèle des sciences de la nature, alors elle doit se fonder sur des faits observables et éliminer toute référence à des entités fictives ou métaphysiques. C'est cette conception de la connaissance du droit que semblent privilégier les théories réalistes du droit. Le réalisme américain, qui puise notamment ses sources dans les textes pionniers de Oliver Wendell Holmes, ne constitue pas un courant théorique homogène et structuré mais repose sur une approche particulière du droit qui a joué un rôle déterminant dans l'histoire de la pensée juridique américaine[1]. Ce paradigme, étroitement lié à l'essor de la *sociological jurisprudence* et influencé par le pragmatisme philosophique, présente la connaissance du droit comme une connaissance portant sur des faits, sociaux, économiques ou psychiques permettant notamment de prévoir, dans une certaine mesure, les décisions des tribunaux. Même si, comme le prétendent certains réalistes américains, le droit n'est pas une affaire de logique, la science du droit doit permettre d'anticiper les décisions des tribunaux en tenant compte de facteurs psychiques[2] ou sociaux.

---

1. Sur le réalisme juridique américain, *cf.* K.N. Llewellyn, *Jurisprudence : Realism in Theory and Practice*, Chicago-London, University of Chicago Press, 1962; J. Frank, *Law and the Modern Mind*, Transaction Publishers, 2009; W.W. Fisher, M.J. Harwitz, T.A. Reed (ed), *American Legal Realism*, New York-Oxford, Oxford University Press, 1993; Twining, William, *Karl Llewellyn and the Realist Movement*, London, Weidenfeld & Nicolson, 1973; F. Michaut, *La recherche d'un nouveau paradigme de la décision judiciaire à travers un siècle de doctrine américaine*, Paris, L'Harmattan, 2000.

2. Selon B. Leiter, le réalisme juridique américain repose en grande partie sur un modèle behavioriste qui traite les décisions des juges comme des réactions au *stimulus* causé par certains faits («Rethinking Legal Realism: Toward a Naturalized Jurisprudence», in *Naturalizing Jurisprudence. Essays*

Le réalisme scandinave qui s'est développé à partir des travaux de A. Phalén, A. Hägerström et A.V. Lundstedt, repose également sur une théorie empiriste du droit. Une norme juridique se ramène à un ensemble de faits qu'elle permet de comprendre, d'interpréter et, dans une certaine mesure, de prévoir. L'existence et la validité d'une norme sont attestées par une relation, vérifiable empiriquement, entre des faits. Ainsi, dans un système juridique, un contrat est un acte créateur dans la mesure où l'on peut vérifier que le fait de consentir à un tel contrat est suivi d'un ensemble d'autres faits (poursuites devant un tribunal en cas de non-exécution, usage de la contrainte, versement d'indemnités...). L'obligation juridique pourrait également être ramenée à des faits. Ainsi, selon Olivecrona, une norme juridique peut être décrite comme un «impératif indépendant doté d'effet psychologique», le caractère prescriptif du droit renvoyant uniquement à des faits d'ordre psychique[1]. C'est la connaissance de l'ensemble de ces faits qui permet de prévoir les décisions des juges et des tribunaux.

Hart voit dans le réalisme juridique à la fois une forme de réductionnisme et un certain scepticisme relatif aux règles juridiques[2]. D'un côté, il semble ramener le droit à ensemble de conduites (celles des juges et des autorités) qu'il est possible de prévoir, de l'autre, il ne parvient pas à rendre compte du caractère normatif des règles que suivent les juges, comme si

---

on American Legal Realism and Naturalism in Legal Philosophy, Oxford, Oxford UP, 2007, p. 21).

1. K. Olivecrona, *De la loi et de l'État*, trad. P. Blanc-Gonnet Jonason, Paris, Dalloz, 2011, p. 89. L'auteur rejette toutefois la thèse impérativiste puisque ce type d'impératif n'est pas réductible au commandement et dans la mesure où, à ses yeux, le droit n'est pas l'expression de la volonté de l'État.

2. H.L.A. Hart, *Le concept de droit, op. cit.*, p. 168-174.

les décisions des tribunaux dépendaient avant tout de faits extra-juridiques et non des règles juridiques elles-mêmes. Contestant cette hypothèse d'une indétermination radicale des règles juridiques, la théorie du droit élaborée par Hart s'efforce de mettre en évidence les « règles secondaires » que suivent les juges et les tribunaux. L'ordre juridique est, selon Hart, constitué d'un ensemble de règles parmi lesquelles on distingue des « règles primaires » qui prescrivent un modèle de conduite aux citoyens et des « règles secondaires » qui déterminent notamment la manière dont sont créées, identifiées et appliquées les « règles primaires ». Font partie de cette dernière catégorie des règles de reconnaissance qui précisent les critères en vertu desquels une règle peut être considérée comme appartenant à l'ordre juridique. La règle selon laquelle, « en Angleterre, ce que la Reine et le Parlement éditent conjointement fait partie du droit » peut ainsi être traitée comme une règle de reconnaissance qui s'adresse notamment aux juges et aux tribunaux. C'est donc la règle de reconnaissance qui fixe les conditions de validité des règles juridiques mais, souligne Hart, « il n'existe aucune règle qui fournirait des critères pour apprécier sa propre validité juridique »[1]. L'existence de cette règle de reconnaissance, que Hart compare aux règles d'un jeu, n'est pas nécessairement énoncée de façon explicite mais se manifeste par la pratique ordinaire du droit et par une certaine convergence dans la manière dont les tribunaux ou les autorités identifient et déterminent le contenu des règles juridiques. L'existence de cette règle est une « question de fait »[2] mais elle ne se réduit pas pour autant à une pratique concordante observable d'un point de vue externe, puisqu'elle est

---

1. H.L.A. Hart, *Le concept de droit*, *op. cit.*, p. 135.
2. *Ibid.*, p. 138.

reconnue, d'un point de vue interne, comme un modèle
commun de comportement de la part des juges ou des autorités
et implique une «attitude de réflexion critique» à l'égard
de ce type de comportement. Cet aspect interne des règles
secondaires est, pour Hart, un élément constitutif de l'ordre
juridique. Un système juridique existe dès lors que les règles
valides sont généralement respectées par les citoyens et dès
lors que les autorités acceptent, d'un point de vue interne, «des
règles secondaires comme critères communs d'évaluation du
comportement»[1].

LA VALIDITÉ DES NORMES

La validité est une propriété essentielle des normes
juridiques : «dire qu'une norme est valide signifie qu'elle
existe. Une norme qui n'est pas valide n'est pas une norme
parce qu'elle n'est pas une norme existante»[2]. On distingue
généralement deux manières de concevoir la validité d'une
norme juridique. La validité «matérielle» ou substantielle
d'une norme peut être vérifiée en comparant son contenu à
celui d'autres normes valides auxquelles elle est subordonnée.
Ainsi, pour les théories du droit naturel, une norme juridique
ne peut être valide que si elle est conforme à certaines valeurs
ou à certaines normes morales. En prônant une séparation entre
le droit et la morale, le positivisme juridique considère, au

---

1. H.L.A. Hart, *Le concept de droit*, *op. cit.*, p. 146. Cette notion de
«point de vue interne» joue un rôle central dans le débat entre Ross
et Hart, *cf.* E. Millard, «Point de vue interne et science du droit», *Revue
interdisciplinaire d'études juridiques*, 2007, 59, p. 59-71.

2. H. Kelsen, *Théorie générale des normes*, *op. cit.*, p. 35.

contraire, que la validité d'une norme juridique est indépendante de son contenu moral mais réside uniquement dans sa conformité à une norme juridique supérieure qui en fixe le contenu (validité matérielle) ou qui fixe le processus par lequel elle est produite (validité formelle ou procédurale). Mettre en avant le caractère dynamique de l'ordre juridique amène à privilégier cette validité formelle et à chercher les critères de validité d'une norme juridique dans ses sources et son mode de création. Une norme est valide lorsqu'elle résulte d'un acte de volonté d'une personne habilitée. Ainsi, la décision d'un juge est valide parce qu'elle émane d'un juge; elle peut toutefois, dans certains cas, être invalidée par une instance supérieure en vertu de la hiérarchie des normes. Il y a donc une différence entre établir la validité d'une norme juridique et la justifier au regard d'un critère du bien ou du juste : « la connaissance scientifique du droit positif, précise Kelsen, ne vise pas à le justifier par un ordre moral distinct, la science du droit n'ayant ni à approuver ni à désapprouver son objet, mais uniquement à le connaître et à le décrire. »[1]

Le positivisme admet donc la possibilité de penser la validité de l'ordre juridique indépendamment de toute considération morale extérieure au droit. Une norme juridique peut ainsi être reconnue comme valide malgré un contenu injuste qui heurte notre conscience morale. En ce sens, le droit nazi peut être jugé valide même si on le désapprouve. C'est sur ce point que se sont focalisées certaines critiques du positivisme juridique, notamment après-guerre, favorisant une certaine résurgence des doctrines jusnaturalistes. Le célèbre article de Gustav Radbruch, que nous reproduisons, en est une parfaite illustration : l'auteur tente de démontrer l'invalidité du droit

1. H. Kelsen, *Théorie pure du droit*, *op. cit.*, p. 75 (traduction modifiée).

nazi au nom d'un « droit supralégal »[1] tout en accusant le positivisme juridique d'avoir contribué à justifier la force obligatoire du droit nazi. Selon Hart, ce type d'argument, qui n'est qu'une variante du jusnaturalisme, introduit une confusion entre ce qu'est le droit et ce qu'il doit être. Dénoncer l'invalidité du droit nazi c'est se placer du point de vue de ce que doit être le droit, au nom d'un idéal moral ou d'un principe de justice.

Les controverses suscitées par cette thèse positiviste de la séparation entre ce qu'est le droit et ce qu'il doit être, et la théorie de la validité qui en découle, ont amené à repenser les rapports entre l'ordre juridique et la morale. Alors que certains philosophes du droit, comme Michel Villey[2] ou John Finnis[3], se montrent favorables à un retour à une version classique du droit naturel, d'autres vont s'efforcer de montrer en quoi la validité du droit peut être subordonnée à des considérations morales sans, pour autant, adopter une version standard du droit naturel. C'est un des points essentiels du débat entre Hart et Lon L. Fuller[4]. Ce dernier défend l'idée d'une « moralité interne du droit »[5] qui se ramène à un ensemble de règles constitutives du droit en tant que tel comme, par exemple, faire

1. G. Radbruch, « Justice légale et droit supralégal », trad. Michael Walz, *Archives de philosophie du droit*, 39, 1995, p. 307-317.

2. M. Villey, *Philosophie du droit*, Paris, Dalloz, 2001 ; *Critique de la pensée juridique moderne*, Paris, Dalloz, 1976 ; *La formation de la pensée juridique moderne*, Paris, P.U.F., 2006.

3. J. Finnis, *Natural Law and Natural Rights*, Oxford, OUP, Clarendon Law Series, 2011.

4. Pour une analyse détaillée de ce débat, *cf.* P. Cane (ed.), *The Hart-Fuller Debate in the Twenty-First Century*, Oxford, Hart Publishing, 2010.

5. L.L. Fuller, « Positivism and Fidelity to Law : A reply to professor Hart », 71 *Harvard Law Review*, 1958, p. 630-72 ; *The Morality of Law*, New Haven-London, Yale University Press, Revised Edition, 1969.

en sorte que les lois soient promulguées, claires, non rétroactives, non contradictoires, qu'elles ne prescrivent rien d'impossible… De tels principes conditionnent l'existence et la validité du droit mais ne relèvent pas d'une morale substantielle à laquelle le droit serait subordonné mais plutôt d'une sorte de morale « procédurale ». Le débat entre Hart et Dworkin, qui reste une des sources majeures de la philosophie du droit aujourd'hui, a également permis de reconsidérer la place des principes moraux dans l'ordre juridique. Le positivisme juridique, selon Dworkin, a tendance à occulter l'existence des principes moraux mobilisés par les juges dans leur interprétation du droit. Définir le droit comme un ensemble de règles (primaires et secondaires) qui n'ont aucune connexion nécessaire avec la morale, c'est donner une représentation incomplète et déformée du droit. En analysant de plus près ce que font les juges, on constate qu'ils mobilisent parfois des principes d'ordre moral qui ne sont pas réductibles à des règles [1]. Ainsi, dans la célèbre affaire *Riggs v. Palmer*, pour déterminer si un héritier peut bénéficier de l'héritage qui lui a été légué par testament par son grand-père qu'il a lui-même assassiné, le raisonnement des juges mobilise le principe en vertu duquel personne ne peut tirer avantage de son propre crime. De tels principes font partie du droit mais leur validité n'est pas seulement formelle, ils ne sont pas identifiables par une règle de reconnaissance, et leur contenu peut donner lieu à de profonds désaccords entre les juges [2]. Le droit ne se réduit donc pas à un système hiérarchisé de normes, puisqu'il inclut un ensemble de principes, non réductibles à des normes

1. *Cf.* « Le Modèle des Règles I », dans *Prendre les droits au sérieux*, *op. cit.*, p. 69-108.

2. R. Dworkin, *Prendre les droits au sérieux*, *op. cit.*, p. 69-107.

juridiques positives, mais dont le rôle est déterminant dans l'interprétation du droit.

Face à de telles objections, a émergé l'idée d'un « positivisme juridique inclusif » afin de rendre compte des considérations morales qui peuvent intervenir dans l'identification des règles juridiques. Cette version du positivisme ne remet pas totalement en cause la thèse de la séparation entre le droit et la morale : la validité d'une règle juridique n'est pas nécessairement subordonnée à un critère d'ordre moral. Néanmoins, il est possible de concevoir que, dans certains systèmes juridiques déterminés, la validité d'une norme dépende de son contenu moral. Tel est le cas d'un système juridique dont la règle de reconnaissance incorpore des critères moraux. Une telle hypothèse suggère ainsi la possibilité d'un « positivisme juridique inclusif » qui permet notamment de prendre en compte les concepts moraux contenus dans le droit ainsi que leur rôle dans l'identification des normes juridiques. Ainsi, selon W. Waluchow, qui a largement contribué à la promotion de cette version du positivisme juridique, la *Charte canadienne des droits et des libertés* contient certaines dispositions qui ont permis d'incorporer des principes moraux dans l'examen de la validité des normes juridiques[1].

Mais cette version inclusive du positivisme ne va pas de soi. Nul ne peut contester la présence de concepts moraux au sein du droit ni l'intervention de considérations morales dans l'interprétation du droit. Cependant, ce n'est pas en raison de son contenu moral qu'une norme juridique est valide, mais parce qu'elle est conforme à une norme juridique supérieure incluant une dimension morale ; un critère moral ne constitue

---

1. W. Waluchow, *Inclusive Legal Positivism*, Oxford-New York, Oxford University Press, 1994.

pas en lui-même une condition de validité juridique à moins d'être incorporé à une norme juridique. C'est donc, en dernier lieu, la source d'une norme qui permet de déterminer sa validité et non sa conformité à la morale (thèse qui conduit à un « positivisme juridique exclusif »). Renoncer à ce principe obligerait à remettre en cause la thèse de la séparation et le positivisme juridique, ce qui fait dire à Dworkin que le positivisme inclusif « n'est pas du tout du positivisme mais seulement une tentative pour garder le nom de positivisme pour une conception du droit et de la pratique juridique qui est totalement étrangère au positivisme »[1]. Il semble y avoir une incompatibilité entre l'incorporation de valeurs morales au sein du droit et la thèse conventionnaliste, à laquelle adhère la plupart des positivistes, en vertu de laquelle l'identification et l'application du droit au sein des tribunaux relèvent d'une pratique conventionnelle. Dans une société pluraliste, les valeurs morales et les principes de justice ne peuvent que donner lieu à des désaccords substantiels qui remettraient en cause le caractère conventionnel du droit. Dès lors qu'on admet que des considérations morales peuvent constituer des critères de validité juridique, on est amené à abandonner la conception conventionnaliste du droit qui constitue une thèse majeure du positivisme hartien.

---

1. R. Dworkin, *Justice in Robes*, Cambridge, The Belknap Press, 2006, p. 188. L'auteur qualifie même le positivisme inclusif « d'antipositivisme » (p. 198).

INTERPRÉTATION ET CRÉATION DES NORMES

Le droit ne constitue pas un ordre normatif statique dans lequel le contenu de chaque norme se déduit rationnellement d'une norme supérieure plus générale. Comme le montre Kelsen, le droit est un système de normes qui présente essentiellement un caractère dynamique : une norme est valide parce qu'elle est créée par une instance habilitée et conformément à une procédure fixée par des normes supérieures. La hiérarchie qui constitue l'ordre juridique est telle que chaque norme dépend d'une norme supérieure qui détermine son mode de création et ses conditions de validité. C'est le droit lui-même qui règle sa propre création comme un « système autopoïétique »[1]. En ce sens, lorsqu'un tribunal applique des normes générales aux faits particuliers sur lesquels il doit statuer, sa décision équivaut à la création d'une norme juridique particulière. Dès lors, se demander comment se forment ces décisions ou comment « pensent les juges », pour reprendre le titre d'un ouvrage de R.A. Posner[2], doit permettre de comprendre la production et l'articulation des normes juridiques.

Dans *Le concept de droit*, Hart distingue deux conceptions radicalement opposées de la fonction judiciaire, l'une formaliste, l'autre sceptique, qui constituent « les Scylla et Charybde de la théorie juridique »[3]. Pour le formalisme juridique, les décisions d'un juge se déduisent rationnellement et logiquement à partir de normes plus générales. Une telle hypothèse

---

1. *Cf.* G. Teubner, *Le droit : un système autopoïétique*, trad. G. Maier, N. Boucquey, Paris, P.U.F., 1993 ; N. Luhmann, *Das Recht der Gesellschaft*, Frankfurt am Main, Suhrkamp, 1993.

2. R.A. Posner, *How Judges Think*, Cambridge-London, Harvard University Press, 2008.

3. H.L. Hart, *Le concept de droit*, *op. cit.*, p. 181.

tend à minimiser l'indétermination des règles juridiques et à occulter les «cas difficiles» que les juges doivent parfois trancher. En raison du caractère général et abstrait des lois, les juges peuvent être confrontés à des cas qui ne sont pas expressément prévus par le législateur et pour lesquels les normes existantes présentent une indétermination à laquelle les juges doivent suppléer. Dans ce cas, la sentence du juge ne se déduit pas nécessairement du contenu d'une norme plus générale. Cependant, même si on doit prendre en considération cette «texture ouverte» du droit, on ne peut pas pour autant souscrire à l'idée d'une indétermination radicale des règles juridiques qui, comme l'a bien montré Hart, conduit à une forme de scepticisme (*rule scepticism*), c'est-à-dire à «la thèse selon laquelle parler de règles constitue un mythe qui masque la vérité, à savoir que le droit consiste simplement dans les décisions des tribunaux et la prédiction qu'on peut en faire»[1]. La décision d'un juge apparaît dans ce cas comme un acte créateur de droit qui ne relève absolument pas de la logique, puisque l'indétermination des normes juridiques qu'il est censé appliquer est telle, qu'on ne peut en déduire par voie rationnelle ce que doit être la décision correcte et juste. Or, lorsqu'on observe la vie ordinaire du droit, on constate que les juges ont, le plus souvent, à traiter de cas relevant de normes juridiques clairement identifiées, ce qui rend leurs décisions prévisibles et justifiables rationnellement. Il importe donc de distinguer la pratique ordinaire des tribunaux et les cas relevant de la «zone de pénombre» des normes juridiques qui requièrent une interprétation du droit existant.

La création des normes par les instances judiciaires ne relève donc ni du formalisme logique ni d'un acte de volonté

---

1. *Ibid.*, p. 169.

totalement arbitraire, mais résulte d'une interprétation du droit. La question de l'interprétation est ainsi devenue l'objet central des théories contemporaines du droit au point qu'on a pu évoquer un « tournant interprétatif »[1] de la philosophie du droit. Comme le note Andrei Marmor, « l'interprétation est devenue l'un des principaux paradigmes intellectuels des études juridiques ces quinze dernières années »[2]. Certes, l'histoire de la pensée juridique a toujours accordé un intérêt majeur aux méthodes d'interprétation du droit[3]. Mais comprendre les pratiques interprétatives du droit c'est aussi appréhender la genèse ou le mode de production des normes juridiques. La théorie du droit de Dworkin a largement contribué à ce « tournant interprétatif ». Elle entend marquer une rupture avec les théories sémantiques du droit qui, malgré leurs profondes divergences, supposent l'existence d'un système de règles communes permettant d'établir la signification et la valeur de vérité des propositions de droit[4]. Or, ces théories sémantiques reposent sur une représentation déformée du droit dans la mesure où elles occultent les divergences théoriques et les désaccords de principe qui peuvent apparaître dans certaines affaires. Le droit est un « concept d'interprétation » (*interpretive concept*), il repose sur une interprétation constructive dont

---

1. K. Kress, « The Interpretative Turn », *Ethics*, 87, 1997, p. 834-860; G. Just, *Interpréter les théories de l'interprétation*, Paris, L'Harmattan, 2005, p. 45.

2. A. Marmor, *Law and Interpretation: Essays in Legal Philosophy*, Oxford University Press, 1995, p. IX.

3. *Cf.* B. Frydman, *Le sens des lois*, Bruxelles, Paris, Bruylant-LGDJ, 2008.

4. R. Dworkin, *L'empire du droit*, trad. E. Soubrenie, Paris, P.U.F., 1994, p. 33-47.

Dworkin s'efforce de rendre compte[1] en la comparant à d'autres attitudes interprétatives comme celles d'une pratique sociale (dont le célèbre exemple de la courtoisie évoqué dans *L'empire du droit*) ou bien celles d'une œuvre littéraire.

L'interprétation constructive des juges présenterait schématiquement trois étapes : 1) le juge prend connaissance du droit existant et de la jurisprudence en relation avec le cas qui lui est soumis, ce qui permet de relier sa propre interprétation à celle de ses prédécesseurs (ce qu'on peut appeler la phase pré-interprétative) ; 2) il dégage les principes qui permettent d'en donner la meilleure justification possible (phase interprétative) ; 3) il juge le cas qui lui est soumis à la lumière de ces principes (phase post-interprétative). Cette pratique interprétative s'apparente, selon la célèbre analogie proposée par Dworkin, à l'écriture d'un roman à la chaîne rédigé par plusieurs écrivains successifs : chaque écrivain doit tenir compte de ce qu'ont écrit ses prédécesseurs, en dégager la signification d'ensemble et écrire la suite de manière à préserver la cohérence et l'unité du récit[2]. De la même manière, les décisions du juge doivent résulter d'une interprétation du droit qui en conserve l'unité et l'intégrité, comme s'il s'agissait de poursuivre l'écriture d'une histoire. C'est à ce titre que la théorie du droit de Dworkin est présentée comme une théorie du « droit comme intégrité » (*law as integrity*).

Même si on observe des désaccords entre les juges sur l'interprétation du droit, Dworkin est convaincu que pour

1. « Le droit est un concept d'interprétation. Les juges sont censés décider de la nature du droit en interprétant la pratique d'autres juges qui ont décidé de la nature du droit. Les théories générales du droit, pour nous, sont autant d'interprétations générales de notre propre pratique judiciaire » (R. Dworkin, *L'empire du droit, op. cit.*, p. 446).

2. R. Dworkin, *L'empire du droit, op. cit.*, p. 250-254 ;

chaque cas il existe une « réponse correcte » fondée sur une interprétation adéquate du droit existant, celle qui correspond à la meilleure image possible et à la représentation la plus cohérente de l'ordre juridique. Un juge idéal, qu'il nomme Hercule, qui aurait une connaissance complète des règles juridiques et des précédents et qui disposerait d'un temps suffisant pour délibérer, serait capable, par une attitude interprétative, de dégager les principes et les valeurs qui permettent de donner la justification la plus cohérente du système juridique et, à partir de là, de déterminer quelle est la décision qui permet de conserver l'intégrité du droit. Une telle hypothèse ne signifie pas que, dans les faits, tous les juges s'accordent sur ce qui constitue la « réponse correcte », mais elle permet de rejeter la thèse que défendent certains positivistes selon laquelle il existerait des cas absolument indécidables dont l'issue dépend uniquement du pouvoir discrétionnaire des juges. L'interprétation est avant tout un acte de connaissance et non un acte de volonté.

On voit immédiatement qu'une telle théorie du droit ne se contente pas de décrire ce que font les juges mais présente une dimension normative en prescrivant aux juges comment ils doivent interpréter le droit. Elle remet également en cause l'idée d'une séparation entre le droit et la morale dans la mesure où la pratique interprétative des juges mobilise des principes tirés de la morale publique et qui sous-tendent l'ordre juridique. Enfin, selon Dworkin, la décision judiciaire repose sur une pratique interprétative de type holiste visant à faire du droit une « toile sans couture », un tout qui conserve sa cohérence. Or, cette intégrité du droit s'oppose à des décisions et à des interprétations du droit qui seraient pourtant justifiées d'un point de vue pragmatique. Selon une théorie pragmatique de l'interprétation, défendue notamment par R.A. Posner, un juge n'est pas tenu de préserver une cohérence avec les décisions des juges qui l'ont précédé ni même avec ses propres décisions, mais il doit privilégier la décision qui aura les meilleurs effets du point de vue économique, social et politique.

Mais si on s'en tient à la distinction entre ce qu'est le droit et ce qu'il doit être, il faut comprendre comment le droit est interprété et non comment il devrait être interprété. La théorie de l'interprétation consisterait donc à décrire les décisions des juges comme des actes de volonté créateurs de normes. L'interprétation ne consiste pas à rechercher la signification du droit existant; c'est le juge qui, par sa décision, fixe le sens des textes de loi. Une théorie réaliste de l'interprétation doit ainsi s'efforcer à mettre en évidence les contraintes proprement juridiques qui pèsent sur la décision mais aussi les facteurs psychiques et sociaux qui interfèrent avec le processus judiciaire. Seul un examen attentif de ce que font réellement les juges peut nous permettre de comprendre ce qu'est le droit.

Mettre en avant l'intégrité du droit c'est également sous-estimer les facteurs extra-juridiques qui interfèrent avec les décisions des juges. Prolongeant l'héritage du réalisme américain, les *Critical Legal Studies* considèrent que, en raison de l'indétermination des règles juridiques, l'interprétation juridique fait appel à des valeurs et des principes qui contribuent à la reproduction de certains rapports de domination (de classe, de race, de genre…)[1]. L'interprétation juridique, au-delà de son

---

1. Sur les *Critical Legal Studies*, *cf*. P. Fitzpatrick, A. Hunt (eds), *Critical Legal Studies*, New York, Basil Blackwell, 1987; R.M. Unger, *The Critical Legal studies Movement*, Harvard University Press, 1986; M. Kelman, *A Guide to Critical Legal Studies*, Harvard University Press, 1987; F. Michaut, *Le*

caractère analytique apparent, serait avant tout de nature politique. Pour Duncan Kennedy, l'interprétation des juges peut être analysée comme un comportement stratégique qui met en jeu des clivages idéologiques que la théorie critique doit s'efforcer de mettre à jour[1]. On le voit, la question de l'interprétation ouvre le champ de la théorie du droit ; au lieu de se centrer sur la recherche de l'essence du droit ou des normes juridiques, elle amène à porter une attention particulière à la vie du droit et à ce que font réellement les juges.

Note

Le principe de la collection « Textes Clés » impose des choix et oblige à laisser de côté des textes majeurs qui mériteraient d'être traduits ou republiés. Il est évidemment impossible, en un seul volume, de dresser un état des lieux de la philosophie du droit et des différents problèmes discutés aujourd'hui. Nous avons pris le parti de sélectionner des textes de référence ou des traductions inédites qui peuvent servir de repères pour comprendre certains débats actuels relatifs à la théorie du droit. Certains de ces textes mobilisent des catégories et un langage propres au droit anglo-saxon qui ne sont guère familiers au lecteur francophone. Dans certains cas, nous avons jugé préférable de conserver un terme anglais, à défaut de trouver un équivalent français acceptable (par exemple, pour *Common Law, rule of law*). Nous nous sommes efforcés de publier les articles dans leur intégralité sauf dans

mouvement des Critical Legal Studies entre républicanisme et libéralisme, Laval, Presses universitaires de Laval, 2010.

1. D. Kennedy, *A Critique of Adjudication : fin de siècle*, Harvard University Press, 1997.

certains cas où, en raison de la longueur du texte, nous avons dû effectuer des coupures qui sont précisées en note. Nous tenons à remercier les auteurs qui ont donné leur accord pour la traduction ou la réédition de leurs textes (Ronald Dworkin, Richard A. Posner, Michel Troper, Joseph Raz). Toute notre reconnaissance à Françoise Michaut pour ses traductions et sa précieuse collaboration, ainsi qu'à Michel Troper pour son soutien. Merci également à Michael Walz pour avoir autorisé la réédition de sa traduction de l'article de Radbruch. Cet ouvrage n'aurait pu se faire sans la précieuse collaboration de Gaël Kervoas. Nous voudrions enfin rendre hommage à Ronald Dworkin décédé le 14 février 2013.

FAITS ET NORMES :
IMPÉRATIVISME, NORMATIVISME, RÉALISME

INTRODUCTION

Dans le sillage des théories modernes de la souveraineté, le positivisme juridique classique a longtemps été dominé par une conception impérativiste du droit, conçu comme un certain type de commandements émanant du souverain. C'est en ce sens que, comme l'a bien montré Norberto Bobbio, le positivisme juridique a pu être historiquement associé à une théorie étatique du droit[1]. La théorie du droit de John Austin[2] offre une présentation analytique et systématique de cette interprétation qui va être la cible de nombreuses critiques dans la pensée contemporaine. Un des objectifs de l'ouvrage principal de John Austin, *The Province of Jurisprudence Determined*, dont nous traduisons le premier chapitre, est de définir l'objet propre de la théorie du droit. Comme Bentham, Austin reproche aux doctrines du droit naturel d'avoir introduit de nombreuses confusions entre le droit positif, la morale ou le droit divin, faisant ainsi obstacle à une véritable connaissance rationnelle du droit. La théorie du droit, selon Austin, porte essentiellement sur le droit positif, c'est-à-dire sur les lois

1. N. Bobbio, *Essais de théorie du droit, op. cit.*, p. 26-28.
2. John Austin (1790-1859), juriste, philosophe, influencé par Bentham, à ne pas confondre avec le philosophe analytique John Langshaw Austin (1911-1960).

générales instituées par le souverain et assorties de sanctions. Ces lois sont présentées comme une espèce de commandement exprimant la volonté du souverain, c'est-à-dire celui qui n'est pas tenu d'obéir à une autre personne mais à qui le plus grand nombre a l'habitude d'obéir. Le droit se ramène donc à un ensemble de commandements généraux appuyés de menaces émis par une personne généralement obéie. L'obligation juridique serait ainsi nécessairement corrélative d'un commandement accompagné de sanctions.

Certes, l'ordre juridique n'est pas uniquement constitué de commandements assortis de sanctions puisqu'il contient des règles qui n'ont pas la forme de commandement. Dans le texte qui suit, Austin donne l'exemple des règles destinées à expliciter la signification d'une loi positive, des règles qui abrogent une loi ou créent certaines exceptions à cette loi, ou encore l'exemple de ce qu'il nomme les « lois imparfaites », à savoir des lois pour lesquelles ne sont pas prévues de sanctions. Selon Austin, ces règles ne sont pas des lois au sens propre, elles occupent une place marginale au sein de l'ordre juridique. Le droit est donc essentiellement constitué de commandements assortis de sanctions. Il y a toutefois, notamment dans les pays de *Common Law*, des règles juridiques qui appartiennent à la coutume et dont le contenu n'est pas directement dicté par un ordre du souverain. Austin tente de montrer que ces lois peuvent néanmoins être traitées comme des commandements du souverain. En effet, les coutumes n'acquièrent de valeur juridique qu'à partir du moment où elles sont instituées en lois positives par le législateur ou bien reconnues et appliquées par les juges et les tribunaux (sans quoi elles restent des règles de la morale positive). Parce que les juges sont des représentants du souverain et dans la mesure où le souverain s'abstient d'abroger ou de modifier la coutume comme le lui permet son pouvoir législatif, il est possible d'affirmer, comme le faisait déjà remarquer Hobbes[1], que la volonté du souverain est bien ce qui, en dernière instance, confère à la coutume la valeur de loi. En ce sens, les coutumes sont indirectement des commandements du souverain (Austin parle de «commandements tacites»).

Une telle conception du droit a fait l'objet de nombreuses objections[2]. Elle repose notamment sur une confusion entre ce qui est de l'ordre des faits (l'acte de commandement) et la norme produite par un acte de volonté. La théorie normativiste de Kelsen repose, au contraire, sur un dualisme entre l'être et le devoir-être. La norme est un devoir-être tandis que l'acte de volonté dont elle est la signification relève de l'être. Dans l'extrait que nous publions, tiré de la seconde édition de la *Théorie pure du droit*, Kelsen présente d'abord les normes comme ce qui permet d'interpréter certains faits ou certains comportements et de leur attribuer une signification juridique objective. Ce sont les normes qui confèrent à un acte, à un fait ou à un texte une valeur juridique. Lorsque nous observons deux personnes en train de signer un document d'un certain type, si nous interprétons ce document comme un contrat obligeant chacune des parties, c'est en vertu de toute une série de normes qui font partie du droit des obligations. De la même manière, ce sont des normes qui confèrent au Code civil ou au Code pénal une valeur de loi et les distinguent de n'importe quel autre texte. Au sens général, une norme est la signification d'un acte de volonté par lequel une conduite est permise, obligatoire, interdite ou habilitée. Or, la signification objective d'un tel acte ne peut être fixée que par une autre norme. Si, par

1. Hobbes, *Léviathan*, *op. cit.*, XXVI, p. 286.
2. *Cf.* Introduction générale.

exemple, l'on peut interpréter l'acte de promulgation d'une loi comme un acte créateur de normes c'est en raison de normes d'un ordre supérieur, en l'occurrence des normes constitutionnelles qui habilitent le législateur. Autrement dit, les normes sont créées par des actes de volonté qui tirent eux-mêmes leur signification juridique d'autres normes. La valeur prescriptive d'une norme dépend nécessairement d'une norme juridique supérieure mais ne peut se déduire de faits, qu'ils soient naturels ou sociaux : « un devoir-être ne peut pas être réduit à un être, et un être ne peut réduit à un devoir-être ; par conséquent, un devoir-être ne peut pas être inféré d'un être ou un être d'un devoir-être [1]. » Les normes juridiques n'existent donc que par leurs relations à tout un ensemble hiérarchisé de normes. Le droit apparaît ainsi comme un système de normes, « une pyramide ou une hiérarchie de normes qui sont superposées, ou subordonnées les unes aux autres, supérieures ou inférieures [2] ». Cette image de la pyramide peut être trompeuse dans la mesure où l'ordre juridique n'est pas totalement statique mais s'organise plutôt selon un principe dynamique. Si une norme est valide ce n'est pas en raison de son contenu, qui serait en quelque sorte déduit d'une norme valide plus générale, mais essentiellement parce qu'elle est créée par un acte et une procédure fixés par des normes. Il suit de là, note Kelsen, que « n'importe quel contenu peut être du droit » [3]. L'existence ou la validité d'une norme juridique n'est pas conditionnée par sa conformité à des normes extra-juridiques comme le prétendent les doctrines du droit naturel.

1. H. Kelsen, *Théorie générale des normes*, *op. cit.*, p. 71.
2. H. Kelsen, *Théorie pure du droit*, *op. cit.*, p. 200.
3. *Ibid.*, p. 197.

Ce dualisme entre l'être et le devoir-être qui apparaît comme un trait caractéristique du normativisme kelsénien doit cependant d'être nuancé. L'auteur de la *Théorie pure du droit* montre ainsi que l'existence d'un système juridique présuppose une efficacité minimale ; même si la validité ne se réduit pas à l'efficacité, l'efficacité est une condition de la validité d'un ordre juridique[1]. Un ensemble de normes qui ne seraient absolument pas suivies, appliquées et sanctionnées, ne peut être considéré comme du droit valide. L'existence d'un ordre juridique dépend donc bien d'un ensemble de faits même si, aux yeux de Kelsen, ce ne sont pas ces faits qui confèrent aux normes juridiques leur caractère prescriptif.

Les théories réalistes du droit amènent à repenser la portée d'un tel dualisme. Une des thèses récurrentes du réalisme juridique américain est de ramener le droit à ce que font effectivement les juges. Le droit, selon la célèbre formule de Oliver Wendell Holmes, n'est que la « prédiction de ce que feront en fait les tribunaux ». Cette définition est extraite d'une conférence prononcée à l'École de droit de Boston et publiée en 1897 sous le titre *The Path of the Law*. Holmes a été juge à la cour suprême du Massachusett (1882-1902) puis à la cour suprême des États-Unis (1902-1932) et c'est donc en professionnel du droit qu'il tente de comprendre ce qu'est le droit. Holmes pointe deux écueils que la théorie du droit doit impérativement éviter et entre lesquels elle doit frayer son chemin. Le premier est l'introduction de considérations morales dans l'analyse des concepts juridiques. Le droit n'est évidemment pas totalement indépendant de la morale, il est même « le réceptacle externe de notre vie morale ». Mais la théorie du droit doit être séparée de la morale. C'est la raison pour

---

1. H. Kelsen, *Théorie pure du droit*, *op.cit*, p. 216.

laquelle Holmes invite à aborder le droit en se plaçant du point de vue de « l'homme méchant », c'est-à-dire celui d'un homme qui ne soucie pas de la dimension morale du droit mais cherche simplement à savoir quelles seront les décisions des juges et quelles sanctions il encoure. Ainsi, l'obligation juridique ne doit pas être interprétée sur le modèle du devoir moral ; du point de vue du méchant, elle signifie simplement que s'il fait certaines actions, il risque de se voir infliger telle ou telle sanction.

L'autre écueil est une conception formaliste du droit qui consiste à penser que les juges se contentent de déduire logiquement (sur le modèle du syllogisme judiciaire) leurs décisions à partir d'un ensemble de règles déterminées. Même si l'enseignement du droit met l'accent sur le raisonnement juridique, les décisions des juges apparaissent moins comme des conclusions logiques que comme le résultat, parfois inconscient, de croyances, d'opinions ou de valeurs qui sont incorporées à l'histoire sociale et institutionnelle. Le droit est donc une réalité vivante que les juges contribuent à faire évoluer par leurs décisions. Connaître le droit c'est être capable de prévoir les décisions des juges. Ces prédictions ne se déduisent pas logiquement de la connaissance des règles juridiques et des précédents mais font intervenir des facteurs historiques, économiques et sociaux susceptibles de déterminer les décisions des tribunaux. C'est la raison pour laquelle Holmes encourage un rapprochement entre le droit et les sciences sociales.

C'est à une autre tradition du réalisme juridique, celle du réalisme scandinave, que se rattache le texte de Alf Ross, extrait de son ouvrage *On Law and Justice*. Ross critique ouvertement la manière dont, traditionnellement, a été traitée la question de la définition du droit que ce soit en recherchant une essence abstraite du droit et des normes juridiques ou que ce soit, dans une perspective jusnaturaliste, en mettant en évidence les principes ou les valeurs qui fondent le droit. À ses yeux, la définition du droit est le plus souvent un faux problème ou en tout cas un problème qui sort du champ de la théorie du droit et qui introduit des concepts métaphysiques vides de sens. Pour comprendre le sens des concepts de droit ou de validité, Ross part d'une analogie entre les échecs et le droit. Les règles des échecs renvoient à un ensemble de faits qu'on peut observer en suivant une partie ; elles permettent de donner un sens à ce que font les joueurs et, dans une certaine mesure, de prévoir ce qu'ils vont faire, sans qu'il soit nécessaire de savoir ce qu'est une règle de jeu en général ni en quoi les règles des échecs se distinguent des règles d'autres jeux. De la même manière, lorsque la science du droit traite du droit positif (par exemple, le droit français), le terme « droit » désigne un système de normes ou de règles à partir duquel on peut interpréter tout un ensemble de faits sociaux, et dans une certaine mesure, les prévoir. Plus précisément, le droit d'un État est formé d'un système de directives adressées aux juges indiquant les conditions dans lesquelles peut être décidé l'usage organisé de la force publique. L'existence d'une norme juridique peut être décrite par l'énoncé suivant : D (si F_i, alors C_i), où D est une directive impersonnelle adressée aux juges, F_i désigne une série de faits-conditions et C_i leurs conséquences (impliquant notamment l'intervention des autorités étatiques).

La validité d'un ordre juridique peut ainsi être conçue de manière empirique. Ross rejette l'interprétation jusnaturaliste qui consiste à penser la validité à partir d'une certaine idée du bien et du juste renvoyant à un principe transcendant et qui entraîne une confusion entre la validité du droit et son évaluation. Ainsi, du point de vue de la science du droit, qui reste essentiellement descriptif, le droit nazi peut être considéré comme juridiquement valide même si on peut le condamner moralement. Parler de la validité d'une norme ou d'un système de normes, dans un sens réaliste, c'est désigner un ensemble de faits sociaux, et plus précisément les décisions prises par les tribunaux (ainsi que les actes des autorités qui en découlent). La proposition « D est du droit danois valide » équivaut à la proposition prédictive que les tribunaux, dans certaines circonstances, fondent leurs décisions sur la directive D. La validité peut ainsi être vérifiée empiriquement. Néanmoins, Ross rejette une interprétation purement behavioriste de la validité qui consisterait à dire qu'une norme est valide si et seulement si elle correspond à un comportement régulier des juges dans l'exercice de leur fonction. La validité implique également une dimension psychologique qui fait que cette norme est perçue comme socialement obligatoire. Ross insistera sur cet aspect de la validité dans lequel il voit un élément de convergence avec les analyses de Hart sur le point de vue interne des règles juridiques, malgré les critiques que ce dernier a formulées à l'encontre du réalisme scandinave[1].

La distinction entre le normativisme kelsénien et une approche réaliste comme celle de Ross a des implications d'ordre épistémique. L'article de Bobbio, intitulé « Être et devoir-être dans la science du droit », met en évidence les enjeux de cette distinction à partir d'une analyse de la théorie du droit comme science normative. Il montre ainsi que la théorie du droit de Kelsen et le réalisme juridique de Ross reposent sur deux conceptions radicalement distinctes de la

---

1. H.L.A. Hart, « Le Réalisme scandinave », trad. E. Millard, *in* O. Jouanjan (ed), *Théories réalistes du droit*, Presses Universitaires de Strasbourg, 2000, p. 42-50.

science du droit. La théorie pure du droit serait une science normative et descriptive : elle décrit les normes du droit positif (et non de simples faits). Au contraire, le réalisme de Ross conduirait à une science du droit essentiellement explicative, ramenant le devoir-être à un ensemble de faits ou de régularités entre les faits à partir desquels d'autres faits peuvent être interprétés ou anticipés. L'analyse de Bobbio pose donc la question de la place respective des normes et des faits au sein de la théorie du droit, ainsi que du statut de la science du droit par rapport aux sciences sociales, questions qui ne peuvent être abordées sans une méta-science du droit. L'auteur montre ainsi que la théorie pure du droit est fondée sur une méta-science prescriptive qui prescrit au juriste de s'en tenir à une description du droit positif comme système de normes. Bobbio suggère, quant à lui, la possibilité d'une science du droit normative et descriptive mais qui serait fondée sur une méta-science elle-même purement descriptive et analytique. L'article s'efforce d'expliciter les contours d'une telle science normative.

JOHN AUSTIN

DÉLIMITATION DU DOMAINE
DE LA THÉORIE DU DROIT *

TENTATIVE DE DÉLIMITATION DU DOMAINE
DE LA THÉORIE DU DROIT : SON OBJECTIF

L'objet de la théorie du droit est le droit positif : ce qu'on appelle simplement la loi au sens strict, c'est-à-dire la loi instituée par ceux qui sont politiquement supérieurs à destination de ceux qui sont politiquement inférieurs. Mais on confond souvent le droit positif (ce qu'on appelle simplement la loi au sens strict) avec ce qui s'y apparente par *ressemblance* et par *analogie*, c'est-à-dire tout ce qui est *également* signifié, *proprement* et *improprement,* par l'expression vague de *loi* au sens large. Afin d'éviter les difficultés engendrées par une telle confusion, je commencerai cet exposé en délimitant le domaine de la théorie du droit et en distinguant l'objet de la théorie du droit de tout ce qui s'y apparente. Il s'agit de tenter

*John Austin, *The Province of Jurisprudence Determined*, London, J. Murray, 1832, Lecture I, p. 1-30 (traduction Christophe Béal). Les sous-titres indiqués sont ceux qui figurent en marge de l'édition de 1832.

de définir le sujet que j'ai l'intention de traiter avant d'en analyser les nombreuses parties dans toute leur complexité.

La loi : au sens littéral le plus large

On peut dire qu'une loi, selon l'acceptation la plus large et la plus générale qu'on donne à ce terme, au sens littéral, est une règle créée par un être intelligent afin de diriger un être intelligent sur lequel il exerce un pouvoir. On peut inclure sous cette définition, sans en changer le sens, plusieurs espèces. Il est nécessaire de définir précisément la frontière qui sépare ces différentes espèces dans la mesure où la science du droit est devenue confuse et compliquée pour les avoir confondues ou pour ne pas les avoir clairement distinguées. Le terme de *loi*, au sens indiqué ci-dessus, c'est-à-dire au sens le plus large, mais en excluant le sens métaphorique et le sens analogique, englobe les choses suivantes : les lois que Dieu impose à ses créatures humaines et les lois que les hommes imposent aux hommes.

Loi de Dieu

L'ensemble ou une partie des lois que Dieu impose aux hommes est fréquemment qualifié de loi de la nature ou loi naturelle : il s'agit, en vérité, de la seule loi naturelle dont on peut parler sans métaphore et sans mélanger des choses qui doivent être généralement distinguées. Je rejette toutefois l'appellation de Loi de Nature car elle est ambigüe et trompeuse et je nomme ces lois ou ces règles, prises toutes ensemble ou comme un tout, la loi divine, ou la *loi de Dieu*.

Les lois humaines. Deux classes

Parmi les lois que les hommes imposent aux hommes il y a deux classes majeures ou principales. On les confond souvent alors qu'elles sont très différentes; c'est pour cette raison qu'il faut les séparer précisément et les distinguer de manière claire et distincte.

Première classe. Les lois imposées par des supérieurs politiques

Parmi les lois que les hommes imposent aux hommes, certaines sont instituées par des supérieurs *politiques*, souverain ou sujet, c'est-à-dire par des personnes qui exercent un *gouvernement* suprême ou subordonné, au sein de nations indépendantes ou de sociétés politiques indépendantes. L'ensemble de ces règles ainsi instituées, ou quelque partie de cet ensemble, est l'objet propre de la théorie du droit, qu'il s'agisse d'une théorie générale ou d'une théorie particulière. Le terme *droit*, employé simplement au sens strict, s'applique exclusivement à l'ensemble des règles ainsi instituées ou à quelque partie de cet ensemble. Mais, par opposition à la loi *naturelle*, ou de la loi de *nature* (expressions qui signifient la loi de Dieu), l'ensemble des règles instituées par les supérieurs politiques est souvent appelé droit *positif* ou droit qui existe car il est *posé*. C'est aussi pour le distinguer des règles qui forment ce que j'appelle la *moralité positive*, dont il va être question immédiatement, que l'ensemble des règles instituées par des supérieurs politiques peut aussi être désigné en général par le terme *droit positif*. Ainsi, afin de disposer d'un nom qui soit à la fois bref, distinct et en accord avec l'usage ordinaire, j'appelle cet ensemble de règles ou toute partie de cet ensemble, *droit positif*, même si les règles, qui ne sont *pas* instituées par des supérieurs politiques sont aussi *positives* ou existent en étant *posées*, puisque ce sont des règles ou des lois au sens propre du terme.

Seconde classe. Les lois faites par des hommes qui ne sont pas des supérieurs politiques

Même si *certaines* lois ou règles que les hommes imposent aux hommes sont instituées par des supérieurs politiques, *d'autres* ne sont *pas* établies par des supérieurs politiques ou sont établies par eux mais *pas* en leur qualité ou en leur fonction de supérieurs politiques.

Ce qu'on nomme improprement loi par analogie

Il y a tout un ensemble de choses qu'on nomme fréquemment mais *improprement lois* et qui présentent une forte analogie avec les lois humaines de cette seconde classe : ce sont les règles établies et imposées par la *simple opinion*, c'est-à-dire par les opinions et les sentiments que ressent ou éprouve un groupe indéterminé d'hommes face à une conduite humaine. Les expressions « la loi de l'honneur », « la loi de la mode » sont des exemples de cet usage du terme *loi*; et ce qu'on appelle souvent le « droit international » est principalement constitué de règles de cette espèce.

Ces deux dernières catégories sont placées dans une seule classe sous le nom de morale positive

L'ensemble des lois humaines, au sens propre, qui appartiennent à la seconde classe mentionnée ci-dessus, ainsi que l'ensemble des choses qu'on nomme *improprement* lois à partir d'une *forte analogie*, je les rassemble dans une même classe désignée par le terme de *morale positive*. Le terme *morale* les distingue de la *loi positive* alors que l'épithète *positive* les distingue de la *loi de Dieu*. Et afin d'éviter toute confusion, il est utile et nécessaire de les séparer de celle-ci par une épithète distincte. Car le terme *morale*, employé seul et sans autre qualitatif, désigne indifféremment les choses suivantes : soit la morale positive *telle qu'elle est*, indépendamment de sa valeur ; soit la morale positive *telle qu'elle devrait être* pour être conforme à la loi de Dieu et pour mériter, par conséquent, d'être approuvée.

Ce qu'on appelle lois au sens métaphorique

En plus des différentes sortes de règles qui sont incluses sous le terme de loi au sens littéral et des règles qui sont improprement appelées lois par une analogie forte, il y a de nombreux usages du terme loi qui reposent sur une analogie faible et qui sont simplement métaphoriques ou figurés. C'est le cas lorsqu'on parle des *lois* que suivent les animaux inférieurs ; des *lois* qui régissent la croissance ou la décomposition des végétaux ; ou des *lois* qui déterminent les mouvements des corps inanimés ou leurs poids. Car s'il n'y a pas d'*intelligence*, ou si elle est trop limitée pour prendre le nom de *raison* et donc trop limitée pour concevoir le but d'une loi, il n'y a pas de *volonté* sur laquelle la loi puisse agir ou que le devoir puisse inciter ou réfréner. C'est suite aux mauvais usages d'un *nom*, comme l'est manifestement l'usage métaphorique, que le champ de la théorie du droit et de la morale a été envahi par une spéculation vaseuse.

J'ai évoqué dans quel *but* je tente de délimiter le domaine de la théorie du droit : il s'agit de distinguer le droit positif, l'objet propre de la théorie du droit, des divers objets qui s'en rapprochent par ressemblance ou qui s'en rapprochent plus ou moins par une analogie forte ou faible. Je vais maintenant aborder les caractéristiques essentielles d'une *loi* ou d'une *règle* (au sens le plus large qui puisse *proprement* être donné à ce terme).

Les lois ou les règles au sens propre sont une espèce de commandement

Toute *loi* ou *règle* (au sens le plus large qui puisse *proprement* être donné à ce terme) est un *commandement*. Ou, plutôt, les lois et les règles, au sens propre, sont une *espèce* de commandement.

Ainsi, puisque le terme *commandement* comprend le terme *loi*, le premier est à la fois le plus simple et le plus général des deux. Mais, aussi simple soit-il, il requiert une explication. Et, puisqu'il s'agit de la *clé* des sciences du droit et de la morale, il faut en analyser précisément la signification.

En conséquence, je vais m'efforcer, dans un premier temps, d'analyser la signification de « *commandement* » : une analyse qui, je le crains, mettra à l'épreuve la patience de mes auditeurs, mais à laquelle ils se rallieront avec enthousiasme ou, du moins, à laquelle ils se résigneront en considérant la difficulté de la tâche. Les éléments d'une science sont précisément les parties qui sont les moins faciles à expliquer. Les termes les plus généraux, et, donc, les plus simples d'une série, ne peuvent être décomposés avec *concision* en des expressions équivalentes. Et lorsqu'on s'efforce de les *définir* ou de les traduire en des termes supposés plus compréhensibles, on aboutit forcément à des circonlocutions maladroites et ennuyeuses.

Signification du terme commandement

Si vous exprimez ou intimez le souhait que je fasse ou que je m'abstienne de faire une action et si vous me punissez par un mal au cas où je n'exécute pas votre souhait, le fait d'*exprimer* ou d'*intimer* votre souhait est un *commandement*. Un commandement se distingue des autres expressions du désir, non pas par la manière dont le désir est signifié, mais par le pouvoir et l'intention qu'a celui qui commande d'infliger un mal ou une souffrance au cas où l'on n'exécute pas son désir. Si vous ne pouvez pas ou ne voulez pas me faire du mal au cas où je n'exécute pas votre souhait, l'expression de votre souhait n'est pas un commandement, même si vous l'exprimez par une phrase à l'impératif. Si vous avez le pouvoir et la volonté de me faire du mal au cas où je n'exécute pas votre souhait, l'expression de votre souhait a la valeur d'un commandement même si la courtoisie vous pousse à le formuler sous la forme d'une requête. «*Preces erant, sed quibus contradici non posset*»[1]. C'est ce que déclare Tacite en parlant d'une pétition des soldats adressée à un lieutenant, fils de Vespasien.

Ainsi, un commandement est une expression du désir. Mais un commandement se distingue des autres expressions du désir par ce trait particulier : la partie à laquelle il s'adresse s'expose à ce que l'autre lui inflige un mal au cas où elle ne se conforme pas à ce désir.

Signification du terme devoir

Étant passible d'un mal que vous m'infligerez si je n'exécute pas le souhait que vous signifiez, je suis *tenu* ou

---

1. «C'étaient des prières, mais qui ne souffraient pas de contradiction» (Tacite, *Histoires*, IV, 46).

obligé par votre commandement, j'ai le *devoir* de lui obéir. Si, malgré l'éventualité de ce mal, je n'exécute pas le souhait que vous exprimez, on dit que je désobéis à votre commandement, ou que j'enfreins le devoir qu'il impose.

Les termes commandement et devoir sont corrélatifs

Commandement et devoir sont, par conséquent, des termes corrélatifs : la signification de chacun implique et suppose celle de l'autre. En d'autres termes, chaque fois qu'il y a un devoir, un commandement a été signifié ; et chaque fois qu'un commandement est signifié, un devoir s'impose.

Plus précisément, parler d'expressions corrélatives signifie ceci : celui qui infligera un mal au cas où on ne respecte pas son désir, émet un commandement lorsqu'il exprime ou intime son désir ; celui qui est passible de se voir infliger un mal au cas où il ne respecte pas le désir est tenu ou obligé par le commandement.

Signification du terme sanction

Le mal qu'on risque de subir si on désobéit au commandement ou (pour employer une expression équivalente) si on faillit à son devoir, est fréquemment appelé une *sanction* ou *ce qui force à obéir*. En d'autres termes, on dit que le commandement ou le devoir est *sanctionné* ou *imposé* par le risque de subir le mal.

Si on le considère en faisant abstraction du commandement ou du devoir qu'il fait respecter, le mal qui sera subi du fait de la désobéissance est fréquemment nommé une *peine*. Mais, comme les peines, au sens strict, sont seulement une *classe* de sanctions, le terme est trop étroit pour exprimer adéquatement ce qu'on veut dire.

L'existence d'un commandement, d'un devoir et d'une sanction ne présuppose pas une impulsion violente pour nous pousser à obéir

Je constate que le Dr. Paley[1], dans son analyse du terme *obligation*, insiste beaucoup sur le caractère *violent* de ce qui nous pousse à obéir. Pour autant que je puisse saisir le sens de son propos décousu et incohérent, il semble dire ceci : si ce qui nous pousse à obéir n'est pas *intense* ou *violent*, exprimer ou intimer un souhait n'est pas un *commandement* et la partie à laquelle on s'adresse n'a pas le *devoir* de s'y conformer.

Si, par *violent*, il entend ce qui nous pousse nécessairement à agir, ce qu'il dit est manifestement faux. Il est certain que plus le mal qu'on inflige lorsque le souhait n'est pas respecté est grand et plus la probabilité de le subir est grande, alors plus la *probabilité* que le souhait soit accompli est grande. Mais rien ne déterminera à obéir de *façon certaine* et rien ne rendra l'obéissance inévitable. Si ce que dit Paley était vrai, au sens que je viens d'évoquer, alors les commandements et les devoirs seraient simplement impossibles. Ou alors les commandements et les devoirs seraient possibles, on leur obéirait toujours et on ne les enfreindrait jamais, ce qui montre bien que ce qu'il dit est absurde et conduit à une conclusion manifestement fausse.

S'il entend par *violent* un mal qui inspire la crainte, cela signifie tout simplement que celui à qui on commande est celui à qui on impose un mal prévisible. Car ce qui n'est pas craint n'est pas appréhendé comme un mal ou, pour le dire autrement, n'est pas un mal prévisible.

---

1. W. Paley, *The Principles of Moral and Political Philosophy* (1785), Indianapolis, Liberty Fund, 2002, II, chap. 2-3, p. 34-36. (*NdT*)

À vrai dire, la grandeur du mal que l'on risque et la probabilité de le subir n'ont rien à voir ici. Plus le mal que l'on risque est grand, plus les chances de le subir sont grandes, plus le commandement est efficace, et plus l'obligation est forte, ou encore (en substituant des expressions exactement équivalentes) plus il y a de chances que le commandement soit obéi et que le devoir soit accompli. Cependant, même si la probabilité de subir le mal est très faible et que ce mal est aussi très faible l'expression d'un souhait a la valeur d'un commandement et, par conséquent, impose un devoir. La sanction, si vous voulez, est faible ou insuffisante ; mais *il y a* quand même une sanction et, par conséquent, un devoir et un commandement.

Les récompenses ne sont pas des sanctions

Certains auteurs célèbres (Locke, Bentham, et, je crois, Paley), parlent de *sanction* ou *de ce qui force à obéir* pour désigner à la fois le bien conditionnel et le mal conditionnel, la récompense et la peine. Mais, malgré toute mon admiration pour les noms de Locke et de Bentham, je pense qu'un usage aussi large du terme est source de confusion et d'embarras.

Les récompenses incitent incontestablement à exécuter les souhaits des autres. Mais dire que des commandements et des devoirs sont *sanctionnés* ou *qu'ils se font respecter* par des récompenses, ou dire que des récompenses *obligent* ou *contraignent* à obéir, c'est sûrement s'éloigner largement de la signification courante de ces termes.

Si vous exprimez le désir que je vous rende un service et si vous proposez une récompense pour m'inciter et me motiver à rendre ce service, on ne dira guère que vous *commandez* ce service ni, selon l'usage ordinaire, que je suis *obligé* de le rendre. Dans le langage ordinaire, vous me *promettez* une récompense à condition que je rende service, tandis que je suis *incité* ou *motivé* à le rendre dans l'espoir d'obtenir la récompense.

Encore une fois, si une loi offre une récompense pour inciter à faire une action c'est un certain *droit* qui est conféré et non pas une *obligation* qui est imposée à ceux qui accompliront cette action. La partie *impérative* de la loi est adressée et destinée à la partie qui est tenue de *remettre* la récompense.

En bref, je suis déterminé ou poussé à exécuter le souhait d'un autre par la crainte de ce qui est désavantageux ou mal. Je suis aussi déterminé et poussé à exécuter le souhait d'un autre par l'espoir de ce qui est avantageux ou bon. Mais c'est seulement en raison de la probabilité de subir un *mal* que je suis *tenu* ou *obligé* de m'exécuter. C'est seulement en raison d'un *mal* conditionnel que les devoirs sont *sanctionnés* et *imposés*. C'est le pouvoir et l'intention d'infliger un *mal* et non le pouvoir et l'intention d'attribuer un *bien* qui donne à l'expression d'un souhait le nom de *commandement*.

Si on incluait la *récompense* sous le terme *sanction*, il faudrait inlassablement aller à l'encontre de la pratique du langage ordinaire ; sans s'en rendre compte et malgré nos efforts, on risquerait de glisser vers le sens courant plus étroit.

Résumé sur la signification du terme commandement

Il apparaît donc, d'après ce qui précède, que les idées et les notions comprises sous le terme de *commandement* sont les suivantes : 1. Un souhait ou un désir conçu par un être rationnel, qu'un autre être rationnel doit réaliser ou accomplir. 2. Un mal qui provient du premier et que l'autre doit subir au cas où il n'exécute pas le souhait. 3. Exprimer ou intimer le souhait par des mots ou d'autres signes.

Le lien indissociable des trois termes : commandement, devoir, sanction

Il apparaît également d'après ce qui précède, que les termes *commandement*, *devoir* et *sanction* sont liés de façon indissociable : chacun enveloppe les mêmes idées que les autres, bien que chacun dénote ces idées dans une suite ou un ordre particulier.

« Un souhait conçu par quelqu'un et exprimé ou intimé à quelqu'un d'autre, avec un mal qui sera infligé et subi au cas où le souhait n'est pas respecté », c'est ce que signifie directement ou indirectement chacune des trois expressions. Chacune est un nom attribué à cette notion complexe.

La manière dont ils sont liés

Mais lorsque je parle *directement* de l'expression ou de l'intimation du souhait, j'emploie le terme *commandement*. L'expression ou l'intimation du souhait est *mise en avant* pour mon interlocuteur, tandis que le mal qui sera subi et la probabilité de le subir se tiennent (si je peux m'exprimer ainsi) au second plan de ma représentation.

Lorsque je parle *directement* de la probabilité de subir le mal, ou (pour prendre une autre expression) du fait d'être exposé à un mal que l'on craint, j'utilise le terme *devoir* ou le terme *obligation*. Le fait d'être exposé à un mal que l'on craint est mis en avant et le reste de la notion complexe est signifié de façon implicite.

Lorsque je parle *immédiatement* du mal lui-même, j'emploie le terme *sanction*, ou un terme qui a un sens équivalent. Le mal qui sera infligé est signifié directement ; alors que la crainte de ce mal et l'expression ou l'intimation du souhait sont indiquées de façon indirecte ou oblique.

Pour ceux qui sont habitués au langage des logiciens (un langage sans égal par sa concision, sa clarté et sa précision), je peux exprimer cela de manière brève et précise : chacun des trois termes *signifie* la même notion ; mais chacun *dénote* une partie différente de cette notion et *connote* les autres parties.

Les lois et les règles se distinguent des commandements occasionnels ou particuliers

Il y a deux espèces de commandement. Certains sont des *lois* ou des *règles*. Les autres ne possèdent pas de nom particulier et le langage n'offre pas non plus d'expression pour les désigner de façon concise et précise. Je dois, par conséquent, les désigner du mieux que je peux au moyen du nom ambigu et guère significatif de « commandements *occasionnels* ou *particuliers* ».

Comme le terme *loi* ou *règle* est souvent appliqué à des commandements occasionnels ou particuliers, il n'est guère possible de tracer une ligne de séparation qui corresponde en tout point avec ce qui est admis dans le langage ordinaire. Mais la distinction entre les lois et les commandements particuliers peut, je crois, être établie de la manière suivante.

Quel que soit le commandement, la partie à laquelle il s'adresse est obligée de faire ou de s'abstenir de faire quelque chose.

Lorsqu'il oblige de manière *générale* à faire ou à s'abstenir de faire une certaine *classe* d'actions, un commandement est une loi ou une règle. Mais lorsqu'il oblige à faire ou à s'abstenir de faire une action *spécifique* ou des actions qu'il détermine *spécifiquement* et *individuellement*, un commandement est occasionnel ou particulier. En d'autres termes, une classe ou un genre d'actions est déterminé par une loi ou une règle, et les actions de cette classe ou de ce genre sont prescrites ou interdites de manière générale. Mais lorsqu'un commandement est occasionnel ou particulier, l'action ou les actions que le commandement prescrit ou interdit, sont désignées et déterminées autant pour leur nature spécifique ou individuelle que pour la classe ou le genre auquel elles appartiennent.

Ce que je viens de dire de façon abstraite, je vais maintenant essayer de l'illustrer par des exemples appropriés.

Si vous commandez à votre serviteur de faire une course déterminée, ou de ne pas quitter la maison un soir déterminé, ou de se lever à telle heure tel jour, ou de se lever à telle heure la semaine ou le mois prochain, le commandement est occasionnel et particulier. Car l'action ou les actions qu'il prescrit ou interdit sont déterminées ou désignées spécifiquement.

Mais si vous lui commandez *simplement* de se lever à telle heure, ou de *toujours* se lever à telle heure, ou de se lever à telle heure *jusqu'à nouvel ordre*, on peut dire, au sens propre, que vous imposez une *règle* afin de diriger la conduite de votre serviteur. Car le commandement ne désigne aucune action spécifique mais il l'oblige de manière générale à faire des actions d'une classe déterminée.

Si on commande à un régiment d'attaquer ou de défendre une position, ou de réprimer une émeute, ou de quitter ses quartiers, le commandement est occasionnel ou particulier. Mais l'ordre de s'entraîner tous les jours jusqu'à nouvel ordre serait appelé un ordre *général* et devrait être appelé une *règle*.

Si le Parlement interdit simplement l'exportation du blé, que ce soit pour une période donnée ou de façon indéfinie, il institue une loi ou une règle : le commandement détermine un *type* ou une *sorte* d'actions qui sont interdites de manière *générale*. Mais si le Parlement, pour répondre à une pénurie imminente, donne l'ordre de stopper l'exportation de blé qui se trouve *actuellement embarqué ou dans les ports*, cela n'est pas une loi ni une règle, même si l'ordre provient du législateur souverain. Comme l'ordre concerne exclusivement une quantité spécifique de blé, les actions que le commandement prescrit de ne pas faire ou de s'abstenir de faire sont déterminées spécifiquement et individuellement en fonction de leur nature.

Comme il provient du législateur souverain, et comme il revêt la forme d'une loi, l'ordre que je viens d'imaginer serait probablement *appelé* loi. Il est donc difficile de tracer une limite distincte entre les lois et les commandements occasionnels.

De même, supposons une action qui n'est pas un délit au regard de la loi en vigueur mais qui déplaît au souverain. Alors que les auteurs de cette action sont juridiquement innocents et ne commettent aucun délit, le souverain commande qu'ils soient punis. Comme il prescrit une peine spécifique pour ce cas spécifique et ne prescrit pas de manière générale de faire ou de s'abstenir de faire les actions d'une même classe, l'ordre émis par le souverain n'est pas une loi ni une règle.

Qu'un tel ordre soit *appelé* loi, cela semble dépendre de circonstances totalement secondaires : secondaires par rapport à l'objet traité ici, mais importantes pour d'autres raisons. Si l'ordre provenait d'une assemblée souveraine, après délibération et suivant les procédures prévues par la loi, il serait probablement appelé loi. S'il était émis par un monarque absolu, sans aucune délibération ni procédure, il ne serait guère assimilé aux actes législatifs, et serait qualifié de commandement arbitraire. Néanmoins, dans les deux cas, le commandement serait de nature identique. Il ne serait pas une loi ni une règle, mais un commandement occasionnel ou particulier du souverain Un ou Composé.

Pour conclure avec un exemple qui illustre mieux cette distinction et qui montre de la façon la plus évidente l'importance de cette distinction, les *commandements judiciaires* sont généralement occasionnels ou particuliers alors que les commandements qu'ils sont censés faire appliquer sont généralement des lois ou des règles.

Par exemple, le législateur commande que les voleurs soient pendus. Dans le cas d'un voleur et d'un vol spécifiques, le juge commande que le voleur soit pendu conformément au commandement du législateur.

Ainsi le législateur détermine une classe ou un genre d'actions; il interdit les actions de cette classe de façon générale et indéfinie; et il commande, de façon aussi générale, que la transgression soit suivie d'une peine. Le commandement du législateur est donc une loi ou une règle. Mais le commandement du juge est occasionnel ou particulier. Car il ordonne une peine spécifique comme conséquence d'un délit spécifique.

D'après la ligne de séparation que j'ai tenté de décrire, une loi et un commandement particulier se distinguent de la façon suivante: l'une prescrit *de manière générale* de faire ou de s'abstenir de faire une classe d'actions; l'autre prescrit ou interdit des actions *déterminées de façon spécifique*.

Blackstone[1] et d'autres ont établi une autre ligne de séparation. Selon eux, une loi et un commandement particulier se distinguent de la manière suivante. Une loi oblige *de manière générale* les membres d'une communauté donnée ou oblige de manière générale les personnes d'une classe donnée.

---

1. W. Blackstone, *Commentaries of the Laws of England in Four Books*, Chicago-London, The University of Chicago Press, 1979, vol. I, Introduction, Section II. (*NdT*)

Un commandement particulier oblige une *seule* personne, ou des personnes auxquelles il s'adresse à titre *individuel*.

Il suffit d'un peu de réflexion pour s'apercevoir que les lois et les commandements particuliers ne doivent pas être distingués de cette façon.

Car, *premièrement*, les commandements qui obligent de manière générale les membres d'une communauté donnée, ou les commandements qui obligent de manière générale les personnes de classes données, ne sont pas toujours des lois ou des règles.

Ainsi, dans le cas évoqué précédemment, si le souverain commande que tout le blé effectivement embarqué pour l'exportation soit stoppé et retenu, le commandement est obligatoire pour l'ensemble de la communauté, mais comme il oblige seulement à faire des actions désignées individuellement, ce n'est pas une loi. De même, supposons que, suite à une calamité publique le souverain ordonne un deuil général et le fasse respecter par des sanctions. Bien qu'il s'adresse à l'ensemble de la communauté, l'ordre n'est pas vraiment une règle au sens courant du terme. Car, même s'il oblige de manière générale les membres de toute la communauté, il oblige à faire des actions qu'il désigne spécifiquement, au lieu d'obliger de manière générale à faire ou à s'abstenir de faire une classe d'actions. Si le souverain ordonnait à ses sujets de s'habiller en noir, son commandement serait considéré comme une loi. Et s'il leur commandait de porter du noir lors d'une occasion spécifique, son commandement serait seulement particulier.

Deuxièmement, un commandement qui oblige exclusivement des personnes particulières peut malgré tout être considéré comme une loi ou une règle.

Par exemple, un père peut fixer une *règle* pour son ou ses enfants ; un tuteur pour son pupille ; un maître pour son esclave ou son serviteur. Ainsi certaines lois divines obligeaient le premier homme, comme elles obligent de nos jours les millions d'individus qui descendent de lui.

En effet, la plupart des lois instituées par des supérieurs politiques, ou la plupart de ce qu'on appelle simplement et strictement des lois, obligent de manière générale les membres de la communauté politique ou obligent de manière générale une classe de personnes. Élaborer un système de devoirs pour chaque individu de la communauté serait simplement impossible ; et même si c'était possible, cela serait totalement inutile. La plupart des lois instituées par les supérieurs politiques sont donc *générales* de deux manières : en prescrivant ou interdisant de manière générale certains types ou certaines sortes d'actions ; et en obligeant toute la communauté, ou au moins, toutes les classes de ses membres.

Mais lorsque le Parlement crée et attribue une fonction, et s'il oblige le bénéficiaire à accomplir des services d'un genre déterminé, on admet qu'une loi est instituée par des supérieurs politiques et qu'elle oblige exclusivement une personne déterminée ou spécifiée.

Les lois instituées par des supérieurs politiques, et qui obligent exclusivement des personnes déterminées ou spécifiées, sont appelées, dans le langage des juristes romains, *privilegia*. Mais ce nom ne permet pas de les désigner de façon claire car, comme la plupart des termes importants des systèmes juridiques, ce n'est pas le nom d'une classe définie mais celui d'un amas d'objets hétérogènes [1].

---

1. Lorsqu'un *privilegium* impose un devoir, il oblige exclusivement une ou des personnes déterminées. Mais lorsqu'un *privilegium* confère un droit et que

Définition d'une loi ou d'une règle proprement dite

Il apparaît, d'après ce qui précède, qu'une loi proprement dite peut être définie de la manière suivante.

Une loi est un commandement qui oblige une personne ou des personnes.

Mais, contrairement ou par opposition à un commandement occasionnel ou particulier, une loi est un commandement qui oblige une personne ou des personnes et qui oblige *de manière générale* à faire ou à s'abstenir de faire une *classe* d'actions.

Dit plus communément mais de façon moins claire et moins précise, une loi est un commandement qui oblige une personne ou des personnes à se conduire d'une certaine manière.

Signification des termes corrélatifs supérieur et inférieur

On dit que les lois et les autres commandements proviennent des *supérieurs* et qu'elles obligent ou lient des *inférieurs*. J'analyserai donc la signification de ces expressions corrélatives et j'essaierai d'ôter le mystère qui a obscurci leur signification pourtant simple.

Supériorité est souvent synonyme de *préséance* ou d'*excellence*. On dit que des personnes sont supérieures par

le droit ainsi conféré doit être respecté *par tout le monde*, la loi est un *privilegium* d'un certain point de vue, mais aussi une *loi générale* d'un autre point de vue. Si on considère le droit qu'elle confère, la loi concerne une personne déterminée et elle est donc un *privilegium*. Si on considère le devoir qu'elle impose et qui correspond au droit qu'elle confère, la loi concerne en général les membres de toute la communauté. C'est ce que j'expliquerai plus précisément dans une prochaine partie de mon cours lorsque je traiterai de la nature particulière des *privilegia* et de ce qu'on appelle les *lois privées*.

leur rang, par leur richesse, par leur vertu en les comparant avec d'autres personnes, ce qui signifie qu'elles les dépassent ou qu'elles excellent par leur rang, leur richesse ou leur vertu.

Mais, pris au sens où je l'entends ici, le terme *supériorité* signifie *puissance* : le pouvoir qu'a quelqu'un d'infliger aux autres du mal ou de la souffrance et de les forcer, par crainte de ce mal, à faire en sorte que leur conduite soit conforme à ses souhaits.

Par exemple, Dieu est éminemment le *supérieur* de l'homme. Car son pouvoir de nous infliger de la souffrance et de nous forcer à exécuter sa volonté est illimité et ne rencontre aucune résistance.

Dans une moindre mesure, le souverain Un ou Composé est le supérieur d'un sujet ou d'un citoyen ; le maître, celui d'un esclave ou d'un serviteur ; le père, celui d'un enfant.

En bref, quiconque peut *obliger* un autre à exécuter ses souhaits en est le *supérieur* aussi longtemps qu'il dispose d'un tel pouvoir. La partie qui est soumise à l'éventualité d'un mal est, dans cette mesure, l'*inférieur*.

La puissance ou la supériorité de Dieu est simple ou absolue. Mais dans tous ou presque tous les cas de supériorité humaine, les relations de supériorité et d'infériorité peuvent s'inverser. Pour le dire autrement, la partie qui est le supérieur d'un certain point de vue est l'inférieur d'un autre point de vue.

Par exemple, le monarque est, dans une certaine mesure, le supérieur des gouvernés : son pouvoir est généralement suffisant pour les contraindre à exécuter sa volonté. Mais les gouvernés, pris collectivement ou en masse, sont aussi le supérieur du monarque ; ce qui empêche ce dernier d'abuser de sa puissance par crainte d'exciter leur colère et de réveiller la puissance qui sommeille dans la multitude, ce qui donnerait lieu à une résistance active.

Quelqu'un qui est membre d'une assemblée souveraine est le supérieur du juge, ce dernier étant obligé par la loi qui procède de ce corps souverain. Mais, en tant que citoyen ou sujet, il est l'inférieur du juge, ce dernier étant le ministre de la loi et disposant du pouvoir de la faire appliquer.

Il apparaît donc que le terme de *commandement* implique le terme de *supériorité* (comme les termes *devoir* ou *sanction*). Car la supériorité est le pouvoir de faire exécuter un souhait ; et le fait d'exprimer ou d'intimer un souhait ainsi que le pouvoir et l'intention de le faire exécuter sont les éléments constitutifs d'un commandement.

«Les *lois* émanent de *supérieurs*» : c'est là, par conséquent, une proposition analytique. Car elle donne l'apparence de faire connaître ce qui est déjà contenu dans le sujet.

Lorsque je désigne la source particulière d'une loi ou lorsque je désigne la source particulière d'une classe de lois, il est possible que ce que je dis soit une information pour l'auditeur. Mais affirmer de manière universelle que « les lois proviennent de *supérieurs*» ou affirmer de manière universelle que « les *inférieurs* sont tenus d'obéir aux lois » n'est qu'une simple tautologie et une trivialité.

Les lois (ce qu'on appelle improprement ainsi) qui ne sont pas des commandements

Comme la plupart des termes importants des sciences du droit et de la morale, le terme *lois* est extrêmement ambigu. Pris dans le sens le plus large qu'on puisse proprement donner à ce terme, les *lois* sont une espèce de *commandements*. Mais le terme est improprement appliqué à divers objets qui n'ont aucun caractère impératif, à des objets qui ne sont pas des commandements et qui, par conséquent, ne sont pas des lois proprement dites.

En effet, la proposition « les lois sont des commandements » doit être utilisée avec certaines précautions. En effet, nous devons distinguer les différentes significations du terme *lois* et n'appliquer cette proposition qu'à la classe d'objets contenus sous ce terme pris au sens propre le plus large.

J'ai déjà indiqué, et je les décrirai en détail par la suite, ce qu'on nomme improprement *lois* et qui n'est pas du domaine de la théorie du droit (il s'agit soit de règles imposées par l'opinion et qui sont analogues à des lois proprement dites, soit de lois qu'on appelle ainsi simplement en donnant un sens métaphorique à ce terme). Il y a d'autres objets qu'on appelle improprement des lois (qui ne sont pas des commandements) qui peuvent néanmoins être inclus dans le domaine de la théorie du droit. Je vais essayer de les caractériser :

1. Les actes qui portent sur une partie de la législation et qui sont destinés à *expliquer* la loi positive, ne peuvent guère être appelés lois au sens propre. Ils ne changent en rien les devoirs des gouvernés et ne font qu'énoncer ce que *sont* ces devoirs ; ce sont proprement des actes d'*interprétation* émanant de l'autorité législative. Pour emprunter une expression du droit romain, ce sont des actes d'interprétation *authentique*.

Mais, malgré cela, on les nomme très souvent lois ; lois ou « *statutes* » *déclaratoires*. Ils doivent donc être considérés comme une exception à la proposition « les lois sont une espèce de commandements ».

Par ailleurs, il arrive souvent (comme je le montrerai en temps voulu) que les lois que l'on nomme déclaratoires soient impératives par leurs effets. L'interprétation émanant du législatif, tout comme l'interprétation judiciaire, a souvent une apparence trompeuse ; elle institue une nouvelle loi en donnant l'apparence d'expliquer une ancienne loi.

2. Les lois qui abrogent des lois ou qui dispensent des devoirs existants sont aussi des exceptions à la proposition « les lois sont une espèce de commandements ». Dans la mesure où elles dispensent des devoirs imposés par les lois en vigueur, elles ne sont pas des commandements, mais des révocations de commandements. Elles permettent et donnent l'autorisation aux parties auxquelles s'applique la dispense, de faire des actions qu'on leur commandait de ne pas faire et de s'abstenir de faire des actions qu'on leur commandait de faire. Lorsqu'on considère leur but direct et immédiat, elles sont souvent appelées *lois permissives* ou, plus brièvement et plus proprement, *permissions*.

En fait, indirectement, les lois permissives sont souvent ou presque toujours impératives. Car les parties dispensées de certains devoirs retrouvent des libertés et des droits ; et les devoirs corrélatifs à ces droits sont donc créés ou rétablis.

Mais c'est une question que j'examinerai précisément lorsque j'analyserai les expressions « droit juridique », « permission de la part du souverain ou de l'État » et « liberté civile ou politique ».

3. Les lois imparfaites ou lois dont l'obligation est imparfaite, sont aussi des exceptions à la proposition « les lois sont une espèce de commandements ».

Une loi imparfaite (au sens dans lequel les juristes romains emploient ce terme) est une loi qui est privée de sanction et qui, par conséquent, n'oblige pas. Une loi qui déclare que certaines actions sont des crimes mais qui ne s'accompagne pas de peine pour ceux qui commettent cette classe d'actions, en est l'exemple le plus simple et le plus évident.

Bien que l'auteur d'une loi imparfaite signifie un désir, il ne manifeste pas l'intention de faire exécuter ce désir. Mais là où il n'y a aucune intention de faire exécuter un désir, l'expression de ce désir n'est pas un commandement. Par conséquent, une loi imparfaite n'est pas une loi au sens propre, tout comme le conseil ou l'exhortation adressé par un supérieur aux inférieurs.

Les juristes romains ont donné des exemples de lois imparfaites. Mais en Angleterre, les lois tenues pour impératives sont toujours, il me semble, parfaites et obligatoires. Lorsque le législateur émet un commandement, les tribunaux supposent raisonnablement qu'il exige qu'on lui obéisse. Et si aucune sanction spécifique n'est annexée à une loi donnée, les cours de justice y suppléent par une sanction en appliquant une maxime générale valable pour des cas de ce type.

Les lois imparfaites dont je suis en train de parler sont des lois qui sont imparfaites au sens des *juristes romains*, c'est-à-dire des lois qui expriment le désir de supérieurs politiques mais pour lesquelles leurs auteurs (intentionnellement ou par omission) n'ont pas prévu de sanctions. Parmi ceux qui écrivent sur la *morale* et sur ce qu'on appelle la *loi de nature*, nombreux sont ceux qui ont attribué un sens différent au terme *imparfait*. Lorsqu'ils parlent d'obligations imparfaites, ils évoquent des devoirs qui ne sont *pas juridiques* : des devoirs imposés par commandements divins ou des devoirs imposés par la morale positive, par opposition aux devoirs imposés par une loi positive. Une obligation imparfaite, au sens des juristes romains, est strictement équivalente à l'absence totale d'obligation. Car le terme *imparfait* dénote simplement le fait que la loi est privée de la sanction qui convient à des lois de ce type. Une obligation imparfaite, selon l'autre sens de cette expression, est une obligation religieuse ou morale. Le terme *imparfait* ne dénote pas le fait que la loi qui impose le devoir est privée de sanction appropriée. Il dénote le fait que la loi qui impose le devoir n'est *pas* une loi instituée par un supérieur politique, qu'elle est privée d'une sanction parfaite, c'est-à-dire d'une sanction instituée par le souverain ou l'État qui soit à la fois plus sûre et plus contraignante.

Les lois (proprement dites) qui ne semblent pas impératives

Je pense avoir maintenant passé en revue tout ce à quoi on applique improprement le terme *lois*. Les lois (ce qu'on appelle ainsi improprement) que je viens d'énumérer sont, je crois, les seules lois qui ne sont pas des commandements mais que l'on peut proprement inclure dans le domaine de la théorie du droit. Ces lois, ainsi que ce que l'opinion appelle lois et ce qu'on nomme lois au sens métaphorique, sont les seules lois qui ne sont pas *réellement* des commandements, mais il y a aussi certaines lois (au sens propre) qui ne *paraissent* pas impératives. J'ajouterai donc quelques remarques sur ces lois d'un caractère incertain.

1. Il y a des lois qui, si l'on peut dire, créent *seulement* des *droits*. Étant donné que tout commandement impose un devoir, les lois de cette nature ne sont pas impératives.

Mais, comme je l'ai déjà suggéré et comme je le montrerai complètement par la suite, il n'y a pas de lois créant *seulement* des *droits*. Certes, il y a des lois qui créent *seulement* des *devoirs*: devoirs qui ne correspondent à aucun droit corrélatif et qu'on peut donc qualifier d'*absolus*. Mais toute loi qui confère réellement un droit impose expressément ou tacitement un devoir *relatif* ou un devoir corrélatif à ce droit. Si elle spécifie le recours qu'on peut avoir au cas où le droit est violé, elle impose expressément un devoir relatif. Si le recours n'est pas spécifié, elle renvoie tacitement à la loi qui préexiste et elle ajoute au droit qu'elle a pour but de créer un recours prévu par cette loi. Toute loi qui confère réellement un droit est donc impérative : elle est aussi impérative que si elle avait pour seul but de créer un devoir ou si elle imposait un devoir corrélatif tout simplement absolu.

Les significations du terme *droit* (*right*) sont variées et complexes. Pris au sens propre, il comprend plusieurs idées compliquées ; l'analyse rigoureuse et approfondie que ce terme requiert dépasserait les limites de cette conférence. Il n'est toutefois pas nécessaire de mener cette analyse maintenant. Dans les précédentes conférences, j'ai entrepris de délimiter le domaine de la théorie du droit, en distinguant les lois instituées par des supérieurs politiques et différentes lois, qu'on nomme ainsi proprement ou improprement, avec lesquelles on les confond souvent. Cette entreprise peut être menée jusqu'au bout sans avoir à analyser en détail le sens du terme *droit*.

2. Selon une opinion que je dois indiquer *accessoirement*, et même si la question à laquelle elle renvoie sera *directement* traitée plus tard, les *lois coutumières* doivent être des exceptions à la proposition « les lois sont une espèce de commandements ».

Parmi les partisans des lois coutumières (et notamment parmi les Allemands), nombreux sont ceux qui pensent qu'elles obligent juridiquement (indépendamment du souverain ou de l'État), *car* les citoyens ou les sujets les ont observées et respectées. Selon cette opinion, elles ne sont pas les créations du souverain ou de l'État, bien que le souverain ou l'État puisse les abolir quand il le désire. Selon cette opinion, ce sont des lois positives (ou des lois au sens strict) dans la mesure où elles sont appliquées par les cours de justice. Néanmoins, elles existent comme lois positives parce que ceux qui sont gouvernés les suivent spontanément et non pas parce qu'elles sont posées ou instituées par des supérieurs politiques. Par conséquent, les lois coutumières, considérées comme lois positives, ne sont pas des commandements. Et donc les lois coutumières, considérées comme lois positives, ne sont pas des lois ni des règles au sens propre.

Ceux qui, dans le camp adverse, sont fermement opposés aux lois coutumières et à toutes les lois créées judiciairement ou par une législation judiciaire, défendent une opinion moins énigmatique mais qui reste assez proche. Selon cette dernière opinion, toute jurisprudence ou toute jurisprudence émanant des juges en tant que sujets n'est qu'une création des juges qu'ils appliquent à un moment donné. L'imputer au législateur souverain ou supposer qu'elle exprime la volonté du législateur souverain est une de ces *fictions* stupides et tordues au moyen desquelles les juristes ont l'habitude de rendre compliquées et confuses les vérités les plus simples et les plus claires.

Je pense qu'il apparaîtra, après réflexion, que ces deux opinions sont sans fondement : une loi coutumière est impérative au sens propre du terme ; et toute loi faite par un juge est une création du souverain ou de l'État.

À l'origine, une coutume est une règle de conduite que les gouvernés suivent spontanément et non pas par respect d'une loi imposée par un supérieur politique. La coutume est transformée en loi positive quand elle est adoptée comme telle par les cours de justice et quand le pouvoir de l'État fait appliquer les décisions judiciaires qui en découlent. Mais avant d'être adoptée par les cours et que ne lui soit ajoutée une sanction légale, elle n'est qu'une règle de la morale positive ; une règle que les citoyens ou les sujets observent en général mais dont la force semble dériver de la désapprobation générale à l'encontre de ceux qui la transgressent.

De plus, lorsque les juges transforment une coutume en une règle juridique (ou créent une règle juridique qui n'est pas tirée de la coutume), la règle juridique qu'ils établissent est instituée par le législateur souverain. Un juge sujet ou subordonné n'est qu'un ministre. La part de pouvoir souverain dont il dispose est seulement déléguée. Les règles qu'il crée tirent leur force juridique de l'autorité que l'État lui attribue, une autorité que l'État peut conférer expressément mais qu'il accorde souvent tacitement. Puisque l'État peut annuler les règles créées par le juge et qu'il l'autorise néanmoins à les faire appliquer au moyen du pouvoir de la communauté politique, il exprime clairement par une telle conduite, et même s'il ne le fait pas expressément, la volonté souveraine que « ces règles soient tenues comme des lois ».

Les partisans de la loi coutumière adorent parer leur idole avec des attributs mystérieux et imposants. Mais pour ceux qui sont capables de voir la différence entre la loi positive et la morale, il n'y a là rien de mystérieux. Considérées comme règles de la morale positive, les lois coutumières dérivent du consentement des gouvernés et ne sont pas posées ni instituées par des supérieurs politiques. Mais en tant que règles morales transformées en lois positives, les lois coutumières sont instituées par l'État : instituées directement par l'État lorsque les coutumes sont promulguées par des lois, ou instituées de façon indirecte lorsque les coutumes sont adoptées par les tribunaux.

L'opinion de ceux qui rejettent les lois faites par les juges provient d'une conception inadéquate de la nature des commandements.

Comme toutes les autres expressions du désir, un commandement est exprès ou tacite. Si le désir est signifié par des *mots* (écrit ou parlé), le commandement est exprès. Si le désir est signifié par une conduite (ou par d'autres signes du désir qui ne sont pas des mots) le commandement est tacite.

Ainsi, lorsque les coutumes deviennent des règles juridiques par décisions de juges en tant que sujets, les règles juridiques issues des coutumes sont des commandements *tacites* du législateur souverain. L'État, qui peut les abolir, permet à ses ministres de les appliquer : et il signifie ainsi son désir, par sa volonté tacite, « qu'elles servent de lois aux gouvernés ».

Mon seul but ici est de montrer que la loi positive nommée *coutumière* (et toute loi positive créée par les juges) est instituée par l'État directement ou indirectement et qu'elle est, par conséquent, *impérative*. Je n'ai pas l'intention de discuter du fait de savoir s'il y a de grandes différences entre la loi créée par voie judiciaire (autrement dit ce qui n'est pas la législation au sens propre) et la législation (créée par voie législative). J'analyserai, dans les prochaines conférences, ces différences et j'expliquerai pourquoi l'élaboration de la loi revient généralement aussi bien aux juges en tant que sujets et ministres de la loi, qu'au souverain.

Énumération des lois qui ne sont pas des commandements

Je suppose donc que les seules lois qui ne sont pas impératives et qui appartiennent au champ de la théorie du droit sont les suivantes : 1. Les lois déclaratoires ou lois expliquant la signification d'une loi positive existante. 2. Les lois qui abrogent ou annulent une loi positive existante. 3. Les lois imparfaites ou lois dont l'obligation est imparfaite (au sens que les juristes romains donnent à cette expression).

Mais ces lois qui n'en sont pas au sens propre ont, dans la science du droit, une place relativement réduite et insignifiante. En conséquence, même si je les prendrai en compte chaque fois qu'il en sera directement question, je les laisserai de côté dans d'autres occasions. Je limiterai ainsi le terme *loi* aux lois qui sont impératives, sauf lorsque je l'étendrai expressément aux lois qui n'en sont pas.

HANS KELSEN

THÉORIE PURE DU DROIT *

1. LA « PURETÉ »

La théorie pure du droit est une théorie du droit positif – du droit positif en général; sans autre spécification : elle n'est pas la théorie d'un ordre juridique déterminé; elle n'a pas pour objet l'interprétation de tel ou tel ensemble de normes juridiques, nationales ou internationales. Elle constitue une théorie générale du droit (à ce titre, elle comprend, bien entendu, une théorie de l'interprétation juridique).

Théorie, elle se propose uniquement et exclusivement de connaître son objet, c'est-à-dire d'établir ce qu'est le droit et comment il est. Elle n'essaie en aucune façon de dire comment le droit devrait ou doit être ou être fait. D'un mot : elle entend être science du droit, elle n'entend pas être politique juridique.

Pourquoi se dénomme-t-elle elle-même une théorie « pure » du droit? C'est pour marquer qu'elle souhaiterait simplement assurer une connaissance du droit, du seul droit, en

* Hans Kelsen, *Théorie pure du droit*, trad. C. Eisenmann, Paris, Bruylant-LGDJ, 1999, p. 9-20.

excluant de cette connaissance tout ce qui ne se rattache pas à l'exacte notion de cet objet. En d'autres termes, elle voudrait débarrasser la science du droit de tous les éléments qui lui sont étrangers. Tel est son principe méthodologique fondamental. Il paraîtra sans doute aller de soi. Cependant, il suffit de jeter un coup d'œil sur la science du droit traditionnelle, telle qu'elle s'est développée au cours des XIXᵉ et XXᵉ siècles, pour apercevoir clairement combien il s'en faut qu'elle satisfasse à ce postulat de « pureté ». Sans aucun esprit critique, elle a mêlé science du droit d'une part, psychologie, sociologie, éthique et théorie politique d'autre part. Et certes, un tel amalgame peut s'expliquer par le fait que le second groupe de sciences se rapporte à des objets qui sont assurément en relation étroite avec le droit; la théorie pure du droit n'ignore pas ni ne songe à nier cette relation; si elle entreprend de délimiter nettement la connaissance du droit de ces autres disciplines, c'est parce qu'elle cherche à éviter un syncrétisme de méthodes qui obscurcit l'essence propre de la science du droit et qui rend floues et vagues les bornes qui lui sont assignées par la nature de son objet : le droit.

2. LES ACTES ET LEUR SIGNIFICATION JURIDIQUE

Il existe deux groupes de sciences : les sciences de la nature et les sciences de la société. La distinction de ces deux groupes correspond à l'idée qu'elles portent sur des objets différents : la nature d'une part, la société d'autre part.

Il faut donc se poser immédiatement cette question : la science du droit appartient-elle au groupe des sciences de la nature, ou au groupe des sciences de la société ? Et cela revient à se demander si le droit est un phénomène naturel ou un phénomène social.

À vrai dire, il n'est pas possible d'opposer ainsi nature et société sans autre explication : et en effet, ne peut-on pas penser la société, comprise comme la vie en commun réelle d'êtres humains, comme un secteur de la vie en général, et par là même comme un élément constitutif de cet ensemble, la nature ? Et le droit – ou, si l'on veut, ce que l'on s'accorde immédiatement à considérer comme tel – ne paraît-il pas se situer dans le domaine de la nature, exister d'une existence purement et simplement naturelle, tout au moins par une partie de son être ? Que l'on analyse en effet un fait quelconque qui est interprété comme de nature juridique ou comme ayant rapport au droit – par exemple, une résolution de parlement, un acte administratif, un jugement, un contrat, ou bien un délit ; on pourra distinguer deux éléments : le premier est un acte, ou une série d'actes perceptibles par les sens, qui se déroulent dans le temps et dans l'espace, c'est un processus extérieur de comportement humain ; l'autre élément est la signification de l'acte au regard et en vertu du droit. Des hommes se réunissent dans une salle, ils prononcent des discours, les uns lèvent la main, les autres ne la lèvent pas, voilà le processus extérieur. Juridiquement, il signifie qu'une loi est votée, que du droit est créé ; – c'est la distinction absolument courante pour le juriste entre la procédure de législation d'une part, et son produit, la loi, d'autre part. Autres exemples : un homme, revêtu d'une robe et assis sur un siège surélevé, prononce certaines paroles à l'adresse d'un homme placé devant lui. Selon le droit, ce processus extérieur signifie qu'il vient d'être rendu un jugement. Ou encore : un commerçant écrit à un autre commerçant une lettre d'un certain contenu, l'autre lui répond par une autre lettre : ils ont conclu un contrat. Ou enfin : un homme provoque, par telle ou telle action, la mort d'un autre homme ; traduction juridique : il a commis un meurtre.

3. SIGNIFICATION SUBJECTIVE
ET SIGNIFICATION OBJECTIVE DES ACTES
LEUR AUTO-INTERPRÉTATION

La signification juridique d'un acte n'est pas une propriété qui se laisse sans plus saisir en lui, considéré comme un fait extérieur, par les sens – la vue ou l'ouïe-, à la façon dont sont perçues, par exemple, les propriétés naturelles des corps, telles que couleur, dureté, poids. Sans doute, l'homme qui fait l'acte, et qui agit de façon rationnelle, associe à son acte une certaine signification, qui s'exprime ou traduit d'une façon ou d'une autre, et qui est comprise par d'autres hommes : c'est ce que nous appellerons la « signification subjective » des actes. Leur « signification objective » étant celle qui leur est donnée par le droit, celle qu'ils ont selon le droit, en droit.

Très fréquemment, la signification subjective d'un acte et sa signification objective coïncident; mais pas toujours ni nécessairement. Voici une personne qui confectionne un acte écrit par lequel elle entend régler le sort de son patrimoine pour le temps qui suivra sa mort. Subjectivement, elle veut et pense faire son testament. Mais si l'acte qu'elle fait présente, par exemple, des vices de forme, s'il n'a pas été fait dans les formes exigées par la loi, objectivement, en droit, il ne constituera pas un testament. Autre exemple : une organisation secrète s'est donné comme objectif de délivrer la patrie d'hommes qu'elle considère comme traîtres ou nocifs à la cause qu'elle défend; elle condamne un de ces hommes à mort. Subjectivement, elle tient sa décision pour un arrêt de condamnation à la peine capitale, et elle la présente comme telle, sous cet intitulé. Objectivement, en droit, la décision n'a absolument pas ce caractère ; et l'acte de l'agent que l'organisation a chargé d'exécuter cette décision n'est assurément pas l'exécution d'un jugement de condamnation, mais un meurtre de Sainte-Vehme – bien que les faits matériels soient absolument identiques dans l'une et l'autre des deux opérations.

Il est possible et il arrive effectivement que des actes qui se traduisent par des paroles ou par un écrit – en mots – portent eux-mêmes quelque assertion relative à leur signification juridique. Il y a là une particularité des matériaux qui sont donnés à la connaissance juridique. Aux savants qui les étudient, les choses ne prétendent rien faire savoir sur elles-mêmes ; elles ne cherchent pas à s'expliquer elles-mêmes scientifiquement. Tout au contraire, un acte de conduite humaine peut très bien apporter une «auto-interprétation», une interprétation de soi-même (*Selbstdeutung*), c'est-à-dire une assertion relative à ce qu'il signifie juridiquement. Par exemple, les hommes qui sont réunis pour constituer un parlement déclareront expressément qu'en faisant ceci ou cela, ils votent ou décident une loi ; celui qui rédige ses dispositions de dernière volonté écrira en tête : «ceci est mon testament» ; deux individus qui passent un accord sur un objet d'intérêt juridique déclareront que, ce faisant, ils concluent un contrat. Ainsi, ceux qui visent à connaître le droit se trouvent parfois en présence d'une interprétation des matériaux par eux-mêmes (c'est-à-dire les matériaux), qui anticipe et empiète sur l'interprétation que la connaissance juridique a mission de donner.

4. LA NORME

a) *La norme, schéma d'interprétation*

Ces faits extérieurs qui représentent, selon leur signification objective, des actes de droit *(Rechtsakte)* – ou des actes contre le droit, des actes illicites *(Unrechtsakte)* – sont toujours des événements perceptibles par les sens, qui se déroulent dans le temps et dans l'espace : ils appartiennent donc au règne de la nature et sont comme tels régis par le principe de causalité. Seulement en tant qu'événements, c'est-à-dire considérés comme des éléments du système nature, ils ne sont pas objet d'une connaissance spécifiquement juridique, et par suite, ne sont en aucune manière quelque chose de juridique. Ce qui imprime à ces actes le caractère d'actes de droit – ou d'actes contre le droit -, ce n'est pas ce qu'ils sont effectivement dans leur matérialité, ce n'est pas leur réalité naturelle, c'est-à-dire déterminée causalement et incluse dans le système de la nature ; c'est seulement le sens objectif qui y est associé, c'est la signification qui est la leur. Un sens spécifiquement juridique, leur signification de droit caractéristique, les faits en question les reçoivent de normes qui ont trait à eux ; ce sont ces normes qui leur confèrent une signification juridique, de telle sorte qu'ils peuvent être interprétés d'après elles. Ces normes remplissent la fonction de schémas d'interprétation. En d'autres termes : un jugement qui énonce qu'un acte de conduite humaine qui a été réalisé en un certain lieu et en un certain temps est un acte de droit – ou un acte contre le droit – représente le résultat d'une interprétation d'un genre particulier : une interprétation normative. L'idée qu'un tel acte constitue un événement naturel exprime, elle aussi, une interprétation ; mais une interprétation qui n'est pas normative mais d'un type différent : une interprétation causale.

On observera que les normes qui confèrent à un acte la signification d'acte de droit – ou d'acte contre le droit – sont elles-mêmes créées au moyen d'actes de droit, et qu'à leur tour ces actes reçoivent leur signification juridique d'autres normes. Mais revenons à des exemples précédemment évoqués : qu'un fait constitue juridiquement l'exécution d'un jugement de condamnation à mort, et non un meurtre, cette qualité – qui n'est du tout une qualité perceptible par les sens – n'apparaît qu'à la suite d'un processus intellectuel ; elle résulte de la confrontation de ce fait avec le Code pénal et le Code de procédure pénale. Qu'un échange de lettres signifie juridiquement la conclusion d'un contrat, cela résulte uniquement et exclusivement de ce que ce fait tombe sous certaines dispositions du Code civil. Qu'un document écrit soit un testament valable, non pas seulement dans l'esprit de son auteur, subjectivement, mais également selon le droit, objectivement cela résulte du fait qu'il répond aux conditions auxquelles il peut, d'après les dispositions de ce code, valoir comme testament. Qu'une réunion d'hommes soit un parlement, et que le résultat de son activité soit juridiquement une loi obligatoire, en d'autres termes : que les processus en question aient cette signification, cela signifie uniquement que cet ensemble de faits, ce processus correspondent aux normes de la Constitution. Dans toutes ces hypothèses, la donnée essentielle est qu'il y a concordance du contenu d'un processus effectif avec le contenu d'une norme dont on admet qu'elle est valable.

b) *Normes et création de normes*

La connaissance juridique a pour objet les normes qui ont le caractère de normes juridiques et qui confèrent à certains faits le caractère d'actes de droit (ou d'actes contre le droit). En effet, le droit, qui forme l'objet de cette connaissance, est un ordre ou règlement normatif de l'action humaine, c'est-à-dire un système de normes qui règlent la conduite d'êtres humains.

Le mot « norme » exprime l'idée que quelque chose *doit* être ou se produire, en particulier qu'un homme *doit* se conduire d'une certaine façon. Telle est la signification que possèdent certains actes humains qui, selon l'intention de leurs auteurs, visent à provoquer une conduite d'autrui.

Et l'on peut dire que des actes portent en intention sur la conduite d'autrui quand ils ont pour signification, soit d'ordonner (ou commander) cette conduite, soit également de la permettre, et en particulier de l'habiliter, c'est-à-dire de conférer à l'autre un certain pouvoir, en particulier le pouvoir de poser lui-même des normes.

Entendu en ce sens, ce sont des actes de volonté. Lorsqu'un homme exprime par un acte quelconque la volonté qu'un autre homme se conduise d'une certaine façon, lorsqu'il commande ou permet cette conduite ou l'habilite, on ne peut pas analyser la signification de son acte en énonçant que l'autre se conduira de telle façon; ce qu'il faut énoncer, c'est que l'autre *doit* se conduire de cette façon. Celui qui ordonne, permet ou habilite, veut; celui à qui le commandement s'adresse ou celui à qui est donnée la permission ou l'habilitation doit *(Sollen)*.

Il faut souligner immédiatement qu'en écrivant ces dernières propositions, on donne au verbe « devoir » (*Sollen*) une signification plus large que sa signification habituelle. Dans le langage usuel, c'est seulement au commandement que l'on fait correspondre un « devoir » (*Sollen*) : à la permission, l'on fait correspondre un « avoir le droit de » (*Dürfen*); à l'habilitation enfin, un « pouvoir » (*Können*). Au contraire, tel qu'on vient de l'employer, ce terme « devoir » désigne la signification normative de tout acte qui se rapporte en intention à la conduite d'autrui. « Devoir » comprend donc aussi « avoir le droit » et « avoir le pouvoir ». Car, aussi bien que commander, une norme peut permettre et, en particulier, donner pouvoir. Si celui auquel une certaine conduite est prescrite, ou celui auquel une certaine conduite est permise, ou celui qui est habilité veut demander quel est le fondement de la situation qui en résulte pour lui – celle de sujet d'un devoir, d'une permission ou d'un pouvoir – (il ne s'agit pas de déterminer la cause de l'acte portant prescription, permission ou habilitation!), la seule question qu'il puisse poser est celle-ci : pourquoi dois-je me conduire de telle façon; ou, en usant de la terminologie courante : pourquoi dois-je ou pourquoi ai-je le droit, ou pourquoi ai-je le pouvoir de me conduire de telle façon? Une « norme » est la signification d'un acte par lequel une conduite est ou prescrite, ou permise et en particulier habilitée.

Il faut distinguer nettement cette « norme » de l'acte de volonté qui la pose : elle est bien la signification spécifique de cet acte qui vise, en intention, la conduite d'autrui; elle est cependant autre chose que cet acte. Et en effet la norme est un « devoir être » (*Sollen*), alors que l'acte de volonté dont elle est la signification est un « être » (*Sein*). D'où il s'ensuit que la façon correcte d'exprimer l'ensemble des données qu'apporte un tel acte de volonté consistera à dire : A veut que B doive se conduire de telle façon. La première partie de la proposition se rapporte à un *Sein*, le fait réel de l'acte de volonté; la seconde partie, à un *Sollen*, à une norme qui est la signification de cet acte. C'est pourquoi il n'est pas vrai, contrairement à ce que l'on avance fréquemment, que la proposition qui affirme qu'un individu doit faire ou ne pas faire quelque chose signifierait simplement ou uniquement qu'un autre individu veut qu'il fasse ou qu'il ne fasse pas ce quelque chose; ce qui revient à admettre que l'affirmation d'un « devoir être » se laisserait réduire à l'affirmation d'un « être ».

HANS KELSEN

La différence entre *Sein* et *Sollen*, « être » et « devoir » ou
« devoir être », ne peut pas être expliquée davantage. Elle est
donnée à notre conscience de façon immédiate[1]. Personne ne
peut nier que l'assertion que ceci ou cela « est » – c'est l'assertion qui décrit un fait positif – est essentiellement différente de
la proposition que quelque chose « doit être » – c'est l'assertion
qui décrit une norme; et personne ne peut nier que, du fait que
quelque chose est, il ne peut pas suivre que quelque chose
doive être, non plus qu'inversement de ce quelque chose doit
être, il ne peut pas suivre que quelque chose est[2].

Ce dualisme de l'« être » et du « devoir être », de l'indicatif
et du normatif, n'implique cependant en aucune façon qu'il n'y
ait aucune relation entre *Sein* et *Sollen*, qu'ils existent simplement côte à côte comme deux mondes absolument séparés. On
dit : un *Sein* peut correspondre à un *Sollen* – autrement dit :
quelque chose peut être tel qu'il doit être, et l'on dit : le *Sollen*
tend vers un *Sein*, quelque chose doit « être ». Mais la formule
qu'un *Sein* correspond à un *Sollen* n'est pas tout à fait correcte;

1. De la notion de *Sollen*. de « devoir », on petit dire ce que George Edward
Moore dit de la notion de « bien » *(Principia Ethica*. Cambridge, 1922, p. 7 *sq.*) :
« "bien" est une notion simple, exactement comme "jaune" est une notion
simple. » Une notion simple n'est pas susceptible d'être définie, ni – cela
revient au même – d'être analysée. Pour éviter tout malentendu, il faut affirmer
que l'assertion que la distinction entre *Sein* et *Sollen* est donnée immédiatement
à notre conscience ne signifie en aucune façon que le contenu du *Sollen*. ce qui
doit être et ce qui est en ce sens « bien », puisse être connu immédiatement par
quelque faculté de l'esprit particulière qui serait une « intuition » spécifique du
bien et du mal (*cf.* K. Menger, *Moral, Wille und Weltgestaltung, Grundlegung
zur Logik der Sitte*, Vienne, 1934, p. 28). Le contenu du *Sollen*, c'est-à-dire ce
qu'un ordre moral ou un ordre juridique positif prescrit, est déterminé par des
actes de volonté, et, lorsqu'il est ainsi déterminé, est connu.

2. A. N. Prior (*Logic and the Basis of Ethics*, Oxford, 1954, p. 18) exprime
cette idée en écrivant : « il est impossible de déduire une conclusion éthique de
prémisses entièrement non-éthiques ».

en vérité, ce n'est pas le *Sein* qui correspond au *Sollen*; c'est le « quelque chose » qui, une fois, « est », qui correspond au « quelque chose » qui, l'autre fois, « doit être », – ce « quelque chose » que l'on peut, d'un terme figuré, qualifier de contenu du *Sein* ou de contenu du *Sollen*. On peut exprimer cette même idée d'autre façon encore : en disant qu'un certain quelque chose, en particulier une certaine conduite, peut avoir, soit la propriété d'être, soit la propriété de devoir être. Dans la proposition : la porte est fermée, la fermeture de la porte est énoncée comme étant; dans la proposition : la porte doit être fermée, elle est énoncée comme devant être. La conduite qui est et la conduite qui doit être ne sont pas identiques; certes, la conduite qui doit être ressemble à la conduite qui est; mais une différence les sépare quand même : la circonstance – ou modalité – que l'une « est existante », alors que l'autre « doit exister ». En conséquence, il faut distinguer la conduite qui « doit être » selon une certaine norme et la conduite effective correspondante. Cependant, il est loisible de comparer la conduite qui est le contenu de la norme, qui y est posée comme devant être, et la conduite effective, et de conclure de cette confrontation que celle-ci correspond à la norme – c'est-à-dire au contenu de la norme – ou au contraire n'y correspond point. Mais il n'en demeure pas moins que la conduite qui « doit être » selon la norme ne peut être la même chose que la conduite effective correspondant, autrement dit : conforme, à la norme.

Il est vrai que de cette conduite qui correspond à la norme, de cette conduite qui est, l'on dit également qu'elle est la conduite qui doit ou qui devrait être, et l'on entend par là qu'elle est telle qu'elle doit ou devrait être. L'expression « conduite qui doit être » est équivoque. Elle peut désigner la conduite qui doit être, selon la norme qui la prévoit, et qui doit ou devrait être, même lorsqu'elle n'est pas, c'est-à-dire n'est pas effectivement réalisée; mais elle désigne également la conduite réelle, effectivement réalisée, qui correspond au contenu de la norme. Lorsque l'on dit : le *Sollen* tend à un *Sein*, la norme tend à provoquer une conduite effective, c'est à la conduite effective qui correspond au contenu de la norme que l'on pense, au contenu du *Sein*, contenu qui ressemble à celui du *Sollen* – c'est à la conduite qui est, et qui sans doute ressemble à la conduite statuée par la norme comme devant être, mais qui ne lui est pas identique – en raison du mode différent : *Sein* dans un cas, *Sollen* dans l'autre.

Des actes qui ont pour signification une norme peuvent être réalisés de façon très différente. Par un geste : au moyen de tel mouvement de bras, un agent de la police de la circulation ordonne que l'on doit s'arrêter; au moyen de tel autre mouvement, que l'on doit repartir. Par d'autres symboles : un feu rouge signifie l'ordre aux conducteurs d'automobiles de stopper, un feu vert qu'ils doivent poursuivre leur route. Par des mots prononcés ou écrits : un ordre peut être donné dans la forme grammaticale de l'impératif – par exemple : tais-toi; mais il peut également l'être dans la forme d'une proposition énonciative ou indicative, telle que : je t'ordonne de te taire. En cette dernière forme peuvent être données aussi des permissions ou des habilitations. Ce sont là des assertions relatives à l'acte qui signifierait un ordre, une permission, une habilitation; mais les phrases ainsi libellées n'ont pas pour signification une assertion relative à un fait réel, mais une norme qui pose un *Sollen*, c'est-à-dire un ordre, une permission, une habilitation. Il est possible que le Code pénal contienne une phrase de ce genre : le vol *sera* puni de prison. La signification de cette phrase n'est pas, comme sa lettre paraîtrait l'indiquer, une énonciation relative à un certain événement effectif, mais une norme : à savoir l'ordre de punir ou l'habilitation à punir le vol de prison. La procédure législative est une série d'actes qui, pris tous ensemble, ont la signification de normes.

Lorsque l'on dit que les actes de la procédure législative [1] – et ceci s'appliquerait aussi bien à l'un quelconque des actes que l'on a mentionnés ci-dessus – « créent » ou « posent » des normes, on exprime simplement par une image cette idée que l'acte, ou les actes qui constituent la procédure de législation, ont pour sens ou signification des normes. Cependant, il faut distinguer la signification objective de la signification subjective : « *Sollen* » est la signification objective de tout acte de volonté d'un homme qui, dans son esprit, tend à obtenir une conduite d'autrui. Mais tout acte de cette sorte ne possède pas, objectivement, cette signification. Ce n'est que lorsqu'il a objectivement aussi la signification d'un *Sollen* que l'on qualifie le *Sollen* de « norme ». Dire que le sens objectif de l'acte est lui aussi un « *Sollen* » (c'est-à-dire que quelque chose doit être), c'est exprimer l'idée que la conduite que l'acte vise à déterminer est considérée comme devant avoir lieu, non plus seulement du point de vue de l'individu qui pose l'acte, mais également du point de vue des tiers désintéressés ; cela, même lorsque, dans la réalité, le vouloir qui signifie subjectivement un *Sollen* a cessé d'exister, lorsqu'avec la volonté ne disparaît pas également la signification, c'est-à-dire le *Sollen* – lorsque

---

1. Je ne puis en effet maintenir l'idée que j'avais défendue antérieurement que les actes de vote qui constituent la résolution majoritaire par laquelle une loi est mise en vigueur ne doivent pas nécessairement être des actes de volonté, étant donné que beaucoup des votants ne connaissent pas ou ne connaissent que d'une façon tout à fait insuffisante le contenu de la loi pour laquelle ils votent et que le contenu de la volonté doit être connu par celui qui veut. Lorsqu'un membre du parlement vote pour l'adoption d'un projet de loi dont il ne connaît pas le contenu, le contenu de sa volonté est une manière d'habilitation. Ce votant veut que devienne loi quoi que ce soit que contient le projet de loi pour lequel il vote.

le *Sollen* « vaut » également après que le vouloir a cessé d'exister, bien plus lorsqu'il vaut alors même que l'individu sur la conduite duquel porte l'acte de volonté ne sait absolument rien de cet acte ni de sa signification, et est cependant considéré comme obligé ou autorisé à se conduire conformément au *Sollen* de l'acte. Alors le *Sollen* est, en tant que *Sollen* objectif, une « norme » qui « vaut », qui « est en vigueur », qui lie le destinataire. Tel est le cas lorsqu'une norme attribue cette signification objective à l'acte de volonté qui pose un *Sollen*, lorsque cet acte est habilité par une norme, qui est pour cette raison considérée comme une norme « supérieure ». L'injonction qu'un gangster adresse à une personne de lui remettre une certaine somme d'argent a la même signification subjective que l'ordre de même contenu émanant d'un fonctionnaire de l'Administration fiscale, à savoir que celui à qui le commandement est adressé doit payer une certaine somme d'argent. Mais, seul des deux, l'ordre du fonctionnaire du fisc a signification de norme valable obligeant le destinataire, seul il est un acte créateur de norme; l'ordre du gangster n'a pas ces caractères; et cette différence résulte de ce qu'une loi fiscale confère ce pouvoir à l'acte du fonctionnaire du fisc, alors que l'acte du gangster ne repose pas sur une semblable norme qui lui conférerait pouvoir[1]. De même, si l'acte de législation, qui

---

1. E. Mally (*Grundgesetze des Sollens, Elemente der Logik des Willens*, Graz, 1926) définit le *Sollen* comme le sens du *Wollen*, du vouloir (p. 10). Ce qui est ici présenté comme une distinction entre le *Sollen* en tant que signification subjective et le *Sollen* en tant que signification objective d'un acte de volonté, Mally le présente comme une distinction entre le *Sollen* et le *Sollen* « réel ». Il y a « *Sollen* réel », d'après Mally, lorsque l'on introduit la notion de possession d'un droit. En disant que quelque chose doit être, on ne dirait pas encore que « quelque chose doit effectivement être. Mais, de cela dépend toute possession d'un droit. Une exigence – également au sens subjectif du mot – qui est l'objet d'un droit est évidemment elle-même en quelque sens conforme à

a subjectivement la signification d'un *Sollen*, a cette signification objectivement aussi, c'est-à-dire s'il a le sens d'une norme valable, c'est parce que la Constitution le lui confère. L'acte de législation constitutionnelle a un sens normatif objectivement aussi, s'il est présupposé que l'on doit se conduire comme le législateur constituant le prescrit. Un homme qui se trouve dans le besoin demande à un autre homme de l'aider, parce qu'il pense que cet autre a le devoir de l'aider. Mais il n'existe en ce cas une norme objectivement valable qui oblige celui à qui la demande est adressée que si vaut la norme générale de l'amour du prochain, posée par exemple par le fondateur d'une religion, et cette norme générale ne vaut objectivement comme norme obligatoire que s'il est supposé que l'on doit se conduire comme le fondateur de religion l'a commandé. On appellera désormais une telle hypothèse, qui fonde la validité objective : norme fondamentale. La validité objective d'une norme selon laquelle un homme doit se conduire conformément à la signification subjective de l'acte de volonté d'un autre homme concernant sa conduite ne résulte donc pas du fait positif, réel, qu'est cet acte de volonté ; elle résulte, elle ne peut résulter que d'une autre norme.

Des normes par lesquelles une conduite est déclarée obligatoire ou permise ou habilitée peuvent aussi être posées

l'exigence, elle est conforme à un *Sollen* ; il ne peut exister un véritable droit que si ce *Sollen* existe effectivement ... *Il y a (au moins) un contenu de fait qui doit être réellement* » (p. 18). En somme, ce que j'appelle le *Sollen* en tant que signification objective d'un acte, Mally l'appelle le *Sollen* « réel ». Mais cette expression est une contradiction en elle-même, si par « fait » on entend quelque chose qui est. Si l'on n'entend par validité « objective » d'une norme rien d'autre que ce qui est appelé ainsi dans le texte ci-dessus, la remarque d'Alf *Ross* (« Imperatives and Logic », *Philosophy of Science*, vol. II, 1944, p. 36) que « la croyance en une validité objective a sa place dans le débarras des métaphysiques morales-religieuses » n'est pas exacte par des actes qui constituent le fait de la coutume. Lorsque des hommes vivant en société se conduisent pendant un certain temps d'une façon identique dans certaines conditions identiques, la volonté peut naître chez les individus, pris distinctement, de se comporter comme les membres de la collectivité ont coutume de se comporter. Initialement, les actes qui constituent le fait de la coutume n'ont pas signification subjective de *Sollen*. C'est seulement quand ces actes se sont répétés pendant un certain temps que naît chez l'individu pris isolément la représentation qu'il doit se conduire comme les membres de la communauté ont l'habitude de le faire, et la volonté que les autres membres du groupe adoptent cette même conduite. Si un membre du groupe ne le fait pas, sa conduite est blâmée par les autres, parce qu'il ne se conduit pas comme ceux-ci le veulent. C'est ainsi que le fait de la coutume devient une volonté collective ayant la signification subjective de *Sollen*. Mais cette signification subjective des actes qui fondent la coutume ne peut être interprétée comme une norme objectivement valable que si une norme supérieure institue la coutume comme fait créateur de normes. Le fait appelé coutume résultant d'un ensemble d'actes humains, les normes créées par voie de coutume sont, elles aussi, posées par des actes de conduite humaine ; et par conséquent ce sont des normes *posées* c'est-à-dire *positives*, au même titre que les normes qui constituent la signification subjective d'actes de législation. La coutume peut créer des normes morales aussi bien que des nonnes juridiques. Des normes créées par la coutume sont des normes juridiques lorsque la Constitution de la collectivité institue la coutume, et plus précisément une coutume présentant certains caractères déterminés, comme fait créateur de droit.

Enfin, il faut observer qu'une norme peut être autre chose que la signification d'un acte de volonté; en tant que donnée significative, elle peut être aussi le contenu d'un pur acte de pensée. Certaines normes sont voulues; d'autres sont simplement pensées, sans être voulues. Celles-ci ne sont pas des normes posées, des normes positives. Ainsi donc, toute norme n'est pas nécessairement posée; des normes peuvent être simplement supposées en pensée.

c) *Validité et domaine de validité des normes*

Par le mot « validité » (*Geltung*), nous désignons le mode d'existence spécifique des normes. Lorsque nous voulons exprimer le sens ou la signification d'un acte qui pose une norme, nous disons : par cet acte, tel comportement humain est ordonné, prescrit, commandé, défendu; ou, au contraire, tel comportement est permis, autorisé, habilité. Si, comme nous l'avons proposé dans les pages précédentes, nous employons le mot « *Sollen* » en un sens qui englobe toutes ces significations, nous pouvons exprimer l'idée de la validité d'une norme en disant : quelque chose doit être ou être fait, ou quelque chose ne doit pas être ou ne doit pas être fait. Si l'on dénomme « validité » l'existence spécifique des normes, ce texte exprime donc la façon particulière dont elles sont données, et qui diffère du *Sein* des faits naturels. L'« existence » d'une norme positive, sa validité, est chose distincte de l'existence de l'acte de volonté dont elle constitue la signification objective. La norme peut valoir alors que cet acte de volonté n'existe plus. Il faut même aller beaucoup plus loin : la norme n'acquiert validité, elle n'entre en vigueur, qu'à un moment où cet acte de volonté a cessé d'exister. Pour que la norme juridique qui constitue la signification de l'acte de volonté demeure en vigueur, continue de « valoir », il n'est pas nécessaire que l'individu, qui a créé

cette norme par cet acte qui porte en intention sur la conduite
d'autres individus, continue à vouloir cette conduite. Lorsque
les hommes qui remplissent la fonction d'organe de législation
ont adopté une loi qui règle tels ou tels objets et l'ont ainsi mise
en vigueur, ils se consacrent dans leurs délibérations et résolutions à la réglementation d'autres objets ; et les lois, mises en
vigueur par eux continuent de valoir en un temps où ces
hommes sont morts depuis longtemps, c'est-à-dire ne peuvent
plus vouloir quoi que ce soit. Par conséquent, il n'est pas exact
de dire des normes en général, des normes juridiques en particulier, qu'elles sont « la volonté » ou le « commandement »
(l'ordre) du législateur ou de l'État, si par « volonté » ou
« commandement » (ou ordre), on entend l'acte psychique de
volonté[1].

Puisque la validité d'une norme constitue un *Sollen*, et non
un *Sein*, elle est quelque chose de différent de son efficacité,
c'est-à-dire du fait de *Sein* que la norme est effectivement
appliquée et obéie ou suivie, que le comportement humain qui
y correspond se produit effectivement. Affirmer qu'une norme
vaut, est valable, n'équivaut pas simplement à constater le fait
qu'elle est appliquée et suivie effectivement. Toutefois, il peut
exister une certaine corrélation entre validité et efficacité. On
ne considère une norme juridique comme objectivement valable que si la conduite humaine qu'elle règle y correspond
effectivement, tout au moins jusqu'à un certain point. Une
norme qui n'est appliquée ni suivie nulle part ni jamais, c'est-

---

1. *Cf.* H. Kelsen, *General Theory of Law and State*, p. 29 *sq.* La thèse qui est
exposée là, que la validité d'une norme n'est pas un fait psychologique et n'est
par suite pas un commandement, en tant qu'acte de volonté psychique, et qu'il
faut distinguer la validité des normes de leur efficacité, gagne en clarté lorsque,
comme dans le texte ci-dessus, l'on caractérise la norme comme signification
d'un acte de volonté.

à-dire une norme qui, comme on s'exprime habituellement, ne bénéficie pas d'un minimum d'« efficacité », n'est pas reconnue comme une norme juridique objectivement valable. Un minimum d'« efficacité » est donc une condition de la validité des normes juridiques.

En revanche, pour qu'il s'agisse véritablement d'une norme, il faut qu'existe la possibilité d'une conduite non-conforme. Une norme qui prescrirait que doit avoir lieu un fait (au sens le plus large) dont on sait par avance qu'en vertu d'une loi naturelle il aura nécessairement lieu toujours et partout, aurait aussi peu de sens qu'une norme qui prescrirait que doit avoir lieu un fait dont on sait par avance qu'une loi naturelle exclut absolument qu'il puisse avoir lieu.

Validité et efficacité des normes juridiques ne coïncident pas non plus dans le temps. Les normes juridiques entrent en vigueur avant même qu'elles ne deviennent effectives, c'est-à-dire avant même qu'elles ne soient suivies et appliquées; lorsqu'un tribunal applique dans un cas concret une loi qui vient seulement d'être édictée, il applique une norme juridique valable, alors que cependant elle ne peut pas être déjà devenue effective.

Mais lorsqu'une norme juridique demeure dépourvue d'efficacité d'une façon durable, elle n'est plus considérée comme valable. Ainsi, l'efficacité est une condition de la validité des normes juridiques en tant qu'il faut qu'elle s'ajoute à leur édiction pour qu'elles ne perdent pas leur validité.

Précisons ce qu'il faut entendre exactement par l'efficacité des normes juridiques. Lorsqu'une norme juridique attache à la condition d'une certaine conduite la conséquence d'une sanction, faisant ainsi de la conduite en question un délit, on devra dire que cette norme est « efficace », soit lorsqu'elle est appliquée dans les cas concrets par les organes de l'ordre juridique, par les tribunaux, c'est-à-dire lorsque la sanction est ordonnée et exécutée quand la norme le prévoit, soit également lorsqu'elle est suivie par les sujets, c'est-à-dire lorsqu'ils manifestent la conduite qui évite la sanction.

Sur les relations de ces deux modalités de l'efficacité on observera ceci : la prévision de sanctions ayant pour but de prévenir l'accomplissement de délits, c'est-à-dire l'adoption de la conduite qui doit entraîner une sanction, le cas idéal de validité d'une norme juridique est réalisé si celle-ci ne vient absolument pas à application, parce que la représentation de la sanction qui interviendrait en cas de délit détermine tous les sujets soumis à l'ordre juridique à ne pas commettre ce délit. En ce cas, l'efficacité de la norme juridique se réduit au fait qu'elle est suivie ou obéie par ceux sur la conduite desquelles elle porte. Mais il se peut que cette obéissance à la norme juridique soit provoquée aussi par d'autres motifs, de sorte que ce qui est efficace ne soit pas, à proprement parler, la représentation de la norme juridique dans l'esprit des sujets, mais la représentation d'une norme religieuse ou d'une norme morale.

OLIVER W. HOLMES

LA PASSE ÉTROITE DU DROIT *

1. Quand nous étudions le droit, nous ne nous penchons pas sur un mystère mais sur une profession bien connue. Nous nous mettons en quête des connaissances dont nous aurons besoin pour aller voir le juge ou pour conseiller des personnes afin de leur éviter de se trouver dans une telle situation. La raison pour laquelle c'est une profession, pour laquelle des gens vont payer des avocats pour plaider pour eux ou pour les consulter, est que, dans les sociétés telles que la nôtre, l'ordre d'user de la force publique est confié aux juges dans certains cas et toute la puissance de l'État sera, si nécessaire, mise au service de l'exécution de leurs jugements et ordonnances. Les gens veulent savoir dans quelles circonstances et jusqu'à quel point ils courent le risque de se trouver confrontés à ce qui est tellement plus fort qu'eux et c'est ainsi que la découverte des

* Oliver W. Holmes, « The Path of the Law », *Harvard Law Review*, vol. X, 1897, p. 457-478 (traduction Françoise Michaut, parue initialement dans la revue en ligne *Clio@Themis*, n°2, 2009; http://www.cliothemis.com). Ce texte est une conférence prononcée par le Juge Holmes de la Cour Judiciaire Suprême du Massachusetts, lors de l'inauguration de nouveaux locaux à l'École de Droit de l'Université de Boston, le 8 janvier 1897.

situations dans lesquelles le danger est à craindre, est devenue un métier. Notre objet de recherche est donc la prédiction, la prédiction de l'intervention de la force publique enclenchée par les cours.

2. Les outils disponibles sont un corpus de recueils, de traités et de lois, dans ce pays et en Angleterre, sur six siècles et croissant maintenant de centaines de volumes chaque année. Sur ces feuillets sibyllins sont rassemblées, éparses, les prophéties du passé sur les cas dans lesquels la hache va tomber. Elles ont, à juste titre, été appelées les oracles de la loi. La signification la plus importante et quasi unique de tout nouvel effort en matière de pensée juridique est de rendre ces prophéties plus précises et de les généraliser en un système parfaitement clos. Le processus est un, de la présentation d'un cas par un avocat, qui a éliminé tous les éléments pittoresques dont l'histoire racontée par son client l'avait habillé et qui n'a retenu que les faits juridiquement pertinents, jusqu'aux analyses finales et aux universaux abstraits de la théorie du droit. La raison pour laquelle un avocat ne mentionne pas que son client portait un chapeau blanc quand il a conclu un contrat, alors que Mme Rapide ne manquerait pas de s'y attarder de même que sur le gobelet orné de dorures et le chauffage au charbon de terre, est qu'il prévoit que la force publique interviendra de la même manière quel qu'ait été le couvre-chef de son client. C'est pour rendre les prédictions ou prophéties (*prophecies*) plus faciles à mémoriser et à comprendre que les enseignements des décisions du passé sont mis sous forme de propositions générales et rassemblées dans des manuels ou que les lois sont passées sous forme générale. Les droits et les devoirs primordiaux auxquels la doctrine s'intéresse ne sont encore que des prévisions. L'un des nombreux effets malencontreux de la confusion entre idées de droit et idées de morale sur

laquelle je reviendrai dans un instant, est que la théorie peut mettre la charrue devant les bœufs et considérer qu'un droit (*right*) ou un devoir est quelque chose qui existe en soi, indépendamment des conséquences de sa violation et auquel certaines sanctions ont été ajoutées. Cependant, comme je vais essayer de le montrer, un devoir juridique en tant que tel n'est qu'une prédiction disant que si un homme fait ou omet de faire certaines choses, il aura à souffrir de telle manière ou de telle autre en vertu d'un jugement de la cour – et il en va de même pour un droit juridique.

3. Le nombre de nos prédictions, lorsqu'elles sont généralisées et regroupées en un système n'est pas ingérable. Elles se présentent comme un corps fini de dogmes qui peut être maîtrisé en un temps raisonnable. C'est une grave erreur de s'effrayer du nombre toujours croissant des recueils. Les recueils d'une juridiction donnée sur une génération reprennent à peu près tout le corps du droit en l'actualisant. Nous pourrions reconstituer tout le corpus à partir d'eux si tout ce qui est antérieur brûlait. L'utilisation des recueils plus anciens est principalement à des fins historiques. J'aurai quelque chose à dire sur ce point tout à l'heure.

4. Si c'est possible, je voudrais poser les premiers principes pour l'étude de ce corps de doctrines ou prévision systématisée que nous appelons le droit, à l'intention de ceux qui veulent l'utiliser comme un instrument dans leur métier, qui leur permettra de prévoir, à leur tour, et, comme relatif à cette étude, je souhaite souligner un idéal que notre droit n'a pas encore atteint.

5. La première chose pour une approche pratique (*business-like understanding*) du sujet est de comprendre ses limites et c'est pourquoi il me paraît souhaitable de l'identifier et de rejeter d'entrée de jeu une confusion qui est faite entre la

morale et le droit, laquelle se hausse parfois au niveau d'une théorie consciente mais la plupart du temps et, à vrai dire, constamment introduit localement du désordre dans la pensée sans parvenir à être perçue. Il est facile de se rendre compte qu'un homme méchant a autant de raisons qu'un homme bon de souhaiter éviter l'affrontement avec la force publique et, par conséquent, de voir l'importance, dans les faits, de la distinction entre morale et droit. Un homme qui n'a rien à faire de la règle morale à laquelle croient et se soumettent ses voisins est susceptible d'être très intéressé, par contre, à éviter une condamnation à payer et voudra, s'il le peut, ne pas se retrouver en prison.

6. Je compte sur tous mes auditeurs pour ne pas se tromper d'interprétation et considérer ce que j'ai à dire comme le langage du cynisme. Le droit est le témoin et le réceptacle externe de notre vie morale. Son histoire est l'histoire du développement moral de la race humaine. Sa mise en pratique, en dépit des railleries dont il fait communément l'objet, tend à produire de bons citoyens et des hommes bons. Quand j'insiste sur la différence entre le droit et la morale, je poursuis une fin unique, celle d'enseigner et de comprendre le droit. Pour cela, il est impératif de maîtriser ses traits spécifiques et c'est pourquoi je vous demande pour l'instant d'imaginer que vous êtes indifférents à d'autres choses plus élevées.

7. Je ne nie pas l'existence d'une perspective plus large dans laquelle la distinction entre le droit et la morale n'a plus qu'une importance secondaire ou n'a aucune importance, comme toutes les distinctions mathématiques s'évanouissent en présence de l'infini. Ce que je dis, c'est que la distinction est d'une importance primordiale pour l'objet qui nous préoccupe ici, à savoir une étude correcte et une maîtrise du droit comme métier avec ses limites bien définies, un corps de doctrine

fermement circonscrit. Je viens de montrer la raison pratique pour laquelle il faut parler ainsi. Si vous souhaitez connaître le droit et lui seul, vous devez vous mettre à la place du méchant qui a pour seul souci les conséquences matérielles qu'une telle connaissance lui permet de prédire, non pas à celle de l'homme bon qui trouve ses raisons d'agir, que ce soit par rapport au droit ou en dehors de lui, dans les sanctions moins précises que lui inflige sa conscience.

8. L'importance théorique de la distinction n'est pas moindre, si vous voulez mener une réflexion adéquate sur votre sujet. Le droit est plein de phraséologie empruntée à la morale et du seul fait de la force du langage, nous sommes continuellement invités à passer d'un domaine à l'autre sans nous en apercevoir et nous sommes sûrs de le faire si nous ne gardons pas constamment présente à l'esprit la frontière entre eux. Le droit parle des droits et des devoirs, de la malveillance, de l'intention, de la négligence, etc. et rien n'est plus facile ou, je dirais, plus commun dans le raisonnement juridique que de prendre ces mots dans leur sens moral, à une étape dans l'argumentation et ainsi de tomber dans l'erreur. Par exemple, quand nous parlons des droits de l'homme dans un sens moral (*rights of man*), nous entendons marquer les limites de l'interférence avec la liberté individuelle dont nous pensons qu'elles sont prescrites par la conscience ou par l'idéal que nous avons adopté, quelle que soit la manière dont nous y soyons parvenus. Cependant, il est certain que de nombreuses lois ont été appliquées par le passé et vraisemblablement certaines le sont aujourd'hui, qui reçoivent la condamnation de l'opinion la plus éclairée de leur temps et qui, en tout cas, excèdent la limite de l'interférence par rapport au lieu où la situeraient de nombreuses consciences.

9. En conséquence, il est manifeste que rien d'autre que la confusion de pensée ne peut naître du présupposé que les droits de l'homme au sens moral sont également des droits au sens de la Constitution et du droit. Indubitablement des cas simples et extrêmes peuvent être excipés de lois imaginaires que le législateur ne se hasarderait pas à voter même en l'absence d'interdictions constitutionnelles écrites parce que la communauté entrerait en lutte et en rébellion et cela donne une certaine plausibilité à la proposition selon laquelle le droit, s'il ne fait pas partie de la morale, est limité par elle. Cependant cette limite de pouvoir ne recouvre aucun système de morale. En grande partie, elle se situe loin à l'intérieur des lignes de tout système de ce type et, dans certains cas, elle peut passer loin à l'extérieur d'elles pour des raisons tirées des habitudes d'un peuple donné à un moment donné. J'ai entendu un jour le Professeur Agassiz dire qu'une population germanique se soulèverait si vous augmentiez de deux cents le prix d'un verre de bière. Une loi, en pareil cas, ne serait que des mots vides, non pas parce qu'elle serait mauvaise mais parce qu'elle ne pourrait pas être appliquée. Personne ne niera que des lois mauvaises peuvent être appliquées et le sont et nous devrions ne pas tomber tous d'accord sur celles dont il s'agit quand nous parlions de lois mauvaises.

10. La confusion qui me préoccupe, affecte des conceptions reconnues comme juridiques. Prenez la question fondamentale de ce qui constitue le droit. Vous trouverez quelques auteurs qui affirmeront que c'est différent de la jurisprudence des cours du Massachusetts ou d'Angleterre, qu'il s'agit d'un système de raison, qui repose sur une déduction à partir de principes d'éthique ou d'axiomes ou de je ne sais encore qui peut coïncider ou non avec les décisions. Par contre, si nous nous plaçons du point de vue de notre ami,

le méchant, nous allons découvrir qu'il n'attache aucune importance aux axiomes ou aux déductions mais qu'il veut savoir ce qu'en fait, les cours du Massachusetts ou d'Angleterre feront vraisemblablement. Je partage amplement son opinion. La « prédiction » de ce que feront en fait les tribunaux, et rien de plus extraordinaire, voilà ce que j'appelle le droit.

11. Prenez encore une notion qui populairement est considérée comme la conception la plus large de ce que contient le droit, la notion de devoir juridique à laquelle j'ai déjà fait référence. Nous remplissons ce mot de tout le contenu que nous tirons de la morale. Mais qu'est-ce qu'il signifie pour le méchant ? Principalement et en premier lieu, une prédiction que s'il fait certaines choses, il sera soumis à des conséquences désagréables sous la forme d'un emprisonnement ou d'une amende. Mais de son point de vue, quelle différence cela fait-il d'être condamné à une amende ou d'avoir à payer un impôt de la même somme pour faire une certaine chose ? Que son point de vue soit le test pour les principes du droit est démontré par les nombreuses discussions qui ont eu lieu devant les tribunaux à propos du caractère de sanction ou de taxe que revêt une responsabilité imposée par la loi. De la réponse à la question dépend la décision sur le caractère légal ou illégal d'une conduite et aussi sur la liberté ou l'obligation de l'acteur.

12. Mis à part le droit pénal, quelle différence y a-t-il entre la responsabilité dans le cadre des lois sur les moulins autorisant une prise d'eau par le domaine éminent et la responsabilité pour ce qui est appelé une conversion fautive de propriété quand la remise en état est hors de question ? Dans les deux cas, la partie qui a pris la propriété d'un autre homme a à payer la juste valeur de celle-ci, établie par un jury et c'est tout. Quel sens y a-t-il à parler dans un cas d'une prise à raison et dans

l'autre d'une prise à tort, du point de vue du droit? Cela n'emporte aucune conséquence au niveau de l'obligation de payer que l'acte auquel elle est attachée soit décrit comme digne de louange ou de blâme ou que le droit entende l'interdire ou, au contraire, le permettre. Si cela compte encore en se plaçant du point de vue du méchant, ce doit être parce que, dans un cas et pas dans l'autre, un désagrément supplémentaire ou tout au moins des conséquences autres sont attachées, par le droit, à l'acte. Les seuls désagréments supplémentaires ainsi attachés, auxquels j'aie jamais pu penser, se trouvent dans deux doctrines juridiques assez insignifiantes qui pourraient être abolies toutes les deux sans grande difficulté. L'une est qu'un contrat pour la réalisation d'un acte interdit est illégal et l'autre est que si l'un seul de deux ou plusieurs auteurs d'une infraction en réunion doit payer l'ensemble des dommages-intérêts, il ne peut pas revendiquer une contribution de ceux qui lui étaient associés dans l'infraction. Et je crois que c'est tout. Vous voyez comment la délimitation floue de la notion de devoir se rétrécit en même temps qu'elle se précise lorsqu'on la trempe dans l'acide cynique et qu'on exclut tout ce qui ne fait pas l'objet de notre étude, celui-ci étant les opérations du droit.

13. La confusion entre idées juridiques et morales est nulle part ailleurs plus manifeste que dans le droit des contrats. Ici encore, entre autres choses, les droits et les devoirs dits primordiaux sont investis d'une signification mystique, qui dépasse les facultés d'assignation et d'explication. Le devoir de respecter un contrat sous le régime de la *common law* signifie une prédiction que vous devez payer des dommages et intérêts si vous vous en dispensez – et rien de plus. Si vous commettez un dommage, vous êtes passibles d'une condamnation à payer une indemnité compensatoire. Si vous vous engagez dans un

contrat, vous êtes passibles d'une condamnation à payer une somme compensatoire, sauf si l'événement promis se produit et c'est toute la différence. Cependant une telle façon de voir les choses pue aux narines de ceux qui jugent avantageux de faire entrer autant de morale qu'ils le peuvent dans le droit. Cela suffisait à Lord Coke néanmoins et ici, comme dans de nombreux autres cas, je peux le suivre. Dans *Bromage v. Genning*[1], une interdiction de statuer était demandée devant le Banc du Roi à l'encontre d'une poursuite, aux confins du Pays de Galles, en exécution d'une promesse de location et Coke dit que celle-ci irait à l'encontre de l'intention du promettant qui souhaite être libre de choisir entre perdre les dommages et intérêts et signer le bail. Le sergent Harris pour le demandeur confessa qu'il avait agi en l'affaire contre sa conscience et une interdiction fut prononcée. Ceci va plus loin que nous devrions aller maintenant mais cela montre que ce que je me hasarde à dire a été le point de vue de la *common law* depuis le début, bien que M. Harriman, dans un très bon petit livre sur les contrats, se soit fourvoyé, à mon humble avis, dans une conclusion différente.

14. Je n'ai parlé que de la *common law* parce que, dans certains cas, il peut être logiquement justifié de dire de façon intelligible que la responsabilité civile impose des devoirs. Ce sont les situations relativement peu nombreuses où une injonction sera accordée en équité et que le défendeur devra respecter sous peine de se retrouver en prison ou de subir quelqu'autre sanction. Cependant, il ne me paraît guère recommandable de fabriquer une théorie générale à partir d'une exception et je pense qu'il vaudrait mieux cesser de se préoccuper des droits primaires et de leur sanction plutôt que

1. Roll. Rep. 368.

de décrire nos prédictions en matière de responsabilités
habituellement imposées par le droit en ces termes
inappropriés.

15. J'ai mentionné, comme autres exemples de l'utilisation
par le droit de termes empruntés à la morale, la malveillance,
l'intention et la négligence. Il suffit de prendre la malveillance
telle qu'il en est fait usage dans le droit de la responsabilité
civile pour injustice, ce que nous juristes appelons le droit du
délit civil (*tort law*), pour montrer que les significations en
droit et en morale ne sont pas les mêmes et aussi que la
différence a été obscurcie en donnant le même nom à des
principes qui ont peu ou rien à voir ensemble. Il y a trois
siècles, un pasteur dans son sermon avait raconté une histoire
tirée du *Livre des Martyrs* de Fox à propos d'un homme qui
avait assisté à la torture d'un des saints et était mort après,
victime d'un tourment intérieur, compensatoire. Il se trouva
que Fox avait tort. L'homme était vivant et entendit le sermon.
Il intenta un procès contre le pasteur. Le Président de la Cour
instruisit le jury de la non responsabilité du défendeur parce
que l'histoire avait été rapportée sans intention malveillante. Il
avait pris malveillance dans son sens moral, comme signifiant
une intention de nuire. Mais, à notre époque, personne ne doute
que quelqu'un soit responsable, même en l'absence de tout
motif malveillant, pour des déclarations fausses visant manifestement à infliger un dommage temporel. En exposant le cas
dans une plaidoirie, nous devrions encore qualifier la conduite
du défendeur de malveillante ; cependant, à mon avis tout au
moins, le mot n'a aucune implication quant aux motifs et
même quant à l'attitude du défendeur face à l'avenir mais
signifie seulement que sa conduite dans les circonstances

connues tendait très clairement à causer un dommage temporel au demandeur[1].

16. En droit des contrats, le recours à la phraséologie morale a conduit à une égale confusion, comme je l'ai déjà montré en partie mais en partie seulement. La morale traite de l'état interne présent de l'esprit de l'individu, de ce qu'est son intention réelle. Depuis l'époque des romains jusqu'à aujourd'hui, cette manière de faire a déteint sur le langage du droit en matière de contrats et le langage utilisé a eu un effet sur la pensée. Nous parlons du contrat comme la rencontre des esprits des parties et ainsi il est inféré dans une variété de cas qu'il n'y a pas de contrat parce qu'il n'y a pas eu rencontre des esprits : c'est-à-dire parce que les parties ont eu des intentions qui portaient sur des choses différentes ou parce qu'une partie n'a pas eu connaissance de l'accord de l'autre. Néanmoins, rien n'est plus certain que le fait que les parties peuvent être obligées par un contrat à des choses qui n'étaient dans l'intention ni de l'une, ni de l'autre et alors que l'une n'était pas au courant de l'accord de l'autre.

17. Supposez un contrat conclu en bonne et due forme et par écrit pour une conférence sans précision de temps. L'une des parties croit que la promesse sera interprétée comme signifiant dès maintenant, d'ici une semaine. L'autre pense que la signification est quand elle sera prête. La cour dit que le sens est dans une limite de temps raisonnable. Les parties sont liées par le contrat tel qu'interprété par la cour, bien que ni l'une, ni l'autre n'ait entendu dire ce que la cour déclare qu'elles ont dit. Selon moi, il est impossible de comprendre la véritable théorie du contrat ou même de discuter intelligemment certaines

1. Voir *Hanson v. Globe Newspaper Co.*, *in* Massachusetts, vol. 29, p. 293-302.

questions fondamentales aussi longtemps qu'on n'a pas saisi que tous les contrats sont formels, que la conclusion d'un contrat ne dépend pas de l'accord des esprits sur l'intention mais de l'accord entre deux ensembles de signes extérieurs – non pas que les deux parties *aient eu l'intention de dire* la même chose mais qu'elles *aient dit* la même chose. De plus, comme les signes peuvent s'adresser à un appareil sensoriel ou à un autre – la vue ou l'audition – le moment de la conclusion du contrat dépendra de la nature du signe. Le signe est tangible, une lettre par exemple, le contrat est formé quand la lettre d'acceptation est remise. S'il est nécessaire que les esprits des parties se rencontrent, il n'y aura pas contrat avant que l'acceptation puisse être lue – il n'y aura pas de contrat, par exemple, si l'acceptation est arrachée des mains de l'auteur de l'offre par un tiers.

18. Le moment n'est pas venu de construire une théorie dans le détail, ni de répondre aux questions et doutes en nombre que ne peuvent manquer de susciter ces considérations générales. À ma connaissance, il serait facile d'y répondre mais, pour l'instant, je voudrais me contenter d'éclairer un peu, par une série de remarques rapides, la passe étroite entre deux écueils que doit emprunter la doctrine juridique, à ce qu'il me paraît. J'ai assez signalé le premier maintenant. J'espère que mes illustrations ont démontré le danger que fait courir, à la théorie et à la pratique, la confusion entre la morale et le droit et le piège que le langage juridique tend de ce côté-là. Pour ma part, je doute souvent que nous n'aurions pas à bannir purement et simplement du droit tout terme à signification morale et à adopter d'autres mots pour exprimer des idées juridiques pures de toute coloration autre que juridique. Nous devrions renoncer aux recueils fossiles d'une bonne part d'histoire et à la majesté conférée par les associations avec la morale mais, en

nous débarrassant d'une confusion non nécessaire, nous devrions gagner beaucoup en clarté de pensée.

19. Passons des limites du droit à l'autre écueil dont je veux parler : les forces qui déterminent son contenu et sa croissance. Vous pouvez supposer à la suite de Hobbes, de Bentham et d'Austin que tout le droit émane d'un souverain, même quand les premiers êtres humains à l'énoncer sont les juges, ou bien vous pouvez penser que le droit est la voix de l'esprit du temps (*Zeitgeist*), ou bien vous pouvez imaginer autre chose encore. Cela ne change rien par rapport à ce que j'ai à dire maintenant. Même si toute décision exigeait l'approbation d'un empereur au pouvoir despotique et à l'humeur fantasque, nous serions intéressés néanmoins, toujours en vue d'une prédiction, à découvrir une espèce d'ordre, une explication rationnelle et un principe de croissance pour les règles qu'il établirait. Dans tout système, il est possible de trouver de telles explications et de tels principes. C'est à leur propos qu'intervient une seconde erreur qu'il nous semble important d'exposer.

20. L'erreur à laquelle je fais référence est la notion que la seule force qui préside au développement du droit est la logique. Au sens le plus large, il est certain que cette notion serait vraie. Le postulat sous lequel nous envisageons l'univers est qu'il existe des relations quantitatives fixes entre tout phénomène, ses antécédents et ses conséquents. S'il existe une chose telle qu'un phénomène sans relations quantitatives fixes, c'est un miracle. Il échappe à la loi de la cause et de l'effet et en tant que tel transcende la capacité de notre pensée ou tout au moins c'est quelque chose vers quoi ou à partir de quoi il nous est impossible de raisonner. Nous ne pouvons penser l'univers qu'à la condition qu'il soit rationnellement saisissable ou, en d'autres termes, que chacun de ses éléments soit effet et cause dans le même sens que ceux avec lesquels nous sommes les

plus familiers. Aussi, au sens le plus large, il est vrai que le droit connaît un développement logique comme tout le reste. Le danger dont je traite n'est pas l'admission que les principes gouvernant les autres phénomènes concernent aussi le droit mais la notion qu'un système donné, le nôtre, par exemple, puisse se dérouler, comme en mathématiques, à partir de quelques axiomes généraux de conduite. C'est l'erreur naturelle des écoles mais ce n'est pas limité à elles. J'ai entendu, un jour, un juge éminent dire qu'il n'avait jamais pris une décision avant d'être absolument sûr qu'elle était bonne. C'est ainsi que l'opinion judiciaire dissidente est souvent critiquée comme si elle signifiait qu'un côté ou l'autre n'avait pas bien fait son calcul et qu'en réfléchissant davantage un accord serait inévitablement intervenu.

21. Cette manière de penser est tout à fait naturelle. La formation des juristes est une formation à la logique. Les procédés de l'analogie, de la distinction et de la déduction sont ceux avec lesquels ils sont les plus familiers. Même le langage de la décision judiciaire est celui de la logique. De plus, la méthode et la forme logiques flattent le désir de certitude et de repos qui hante l'esprit humain. Néanmoins, la certitude est une illusion et le repos n'est pas la destinée de l'homme. Derrière la forme logique se trouve un jugement sur la valeur et l'importance relative de fondements législatifs concurrents, un jugement souvent inarticulé et inconscient il est vrai mais qui est néanmoins à la racine de tout le processus et en constitue le véritable nerf. Vous pouvez faire apparaître n'importe quelle conclusion sous forme logique. Vous pouvez toujours impliquer une condition dans un contrat. Mais pourquoi le faites-vous ? Vous le faites en raison d'une certaine croyance relative aux pratiques de la communauté ou d'une classe ou en raison de quelqu'opinion en ce qui concerne la politique ou, en bref,

en raison d'une attitude qui vous est propre sur une question qui ne peut pas faire l'objet d'une mesure quantitative exacte et, en conséquence, est insusceptible de trouver des solutions logiques, exactes. De telles questions sont vraiment des champs de bataille où les moyens n'existent pas pour des déterminations qui seront bonnes pour toujours et où la décision ne peut rien faire d'autre qu'incarner la préférence d'un corps donné, à un moment donné, dans un lieu donné. Nous ne réalisons pas l'ampleur de la part de notre droit qui est ouverte à la reconsidération sous l'effet d'un léger changement dans les habitudes de l'esprit public. Aucune proposition concrète n'est évidente en soi, quelque soit notre propension à l'accepter. Pas même le M. Tout-Le-Monde d'Herbert Spencer n'a le droit de faire ce qu'il veut, pourvu qu'il n'interfère pas avec un droit identique de ses voisins.

22. Pourquoi une affirmation fausse et injurieuse bénéficie-t-elle d'un privilège si elle est sincère, lors de renseignements donnés sur un serviteur? C'est parce qu'une information donnée librement a été jugée plus importante que la protection d'un homme contre ce qui, en d'autres circonstances, serait un préjudice susceptible de poursuites. Pourquoi un homme est-il libre d'ouvrir un commerce dont il sait qu'il ruinera son voisin? C'est parce que le bien commun est censé être mieux servi par la concurrence. Il est clair que de tels jugements sur l'importance relative peuvent varier en fonction des temps et des lieux. Pourquoi un juge instruit-il un jury de la non responsabilité d'un employeur vis-à-vis d'un employé qui a été victime d'un accident au cours de son travail, sauf cas de négligence et pourquoi le jury juge-t-il en général en faveur du demandeur si le cas se fraie un passage jusqu'à lui? C'est parce que traditionnellement la politique de notre droit a été de confiner la responsabilité aux cas où un homme prudent aurait

été en mesure de prévoir le dommage ou tout au moins le danger, alors qu'une très large part de la communauté tend à exiger de certaines classes de personnes qu'elles assurent la sécurité de ceux avec qui elles traitent. Depuis que ces derniers mots ont été écrits, j'ai constaté la demande d'une telle assurance avancée dans le cadre du programme d'une des organisations de travailleurs les plus connues. Il existe un combat caché, à demi conscient, sur la question de la politique législative et si quelqu'un pense que cela peut se résoudre par la déduction et une fois pour toutes, je peux seulement dire que je pense qu'il a tort du point de vue théorique et que je suis certain que ses conclusions ne seront pas acceptées en pratique toujours, partout et par tous.

23. En fait, je crois que même maintenant notre théorie en la matière est ouverte à réexamen, même si je ne suis pas prêt à dire comment je statuerais si un revirement était proposé. Notre droit de la responsabilité délictuelle date des temps anciens, de délits isolés, non généralisés, des voies de fait, des cas de diffamation et autres choses du même genre où la charge des dommages et intérêts peut être considérée comme supportée immédiatement là où le jugement l'a assignée. Cependant les dommages qui occupent les tribunaux aujourd'hui sont essentiellement les accidents dans le fonctionnement de certaines entreprises bien connues. Ce sont des blessures infligées à des personnes ou des atteintes à la propriété par les chemins de fer, les usines et d'autres activités semblables. La responsabilité pour celles-ci est estimée et tôt ou tard se retrouve dans le prix payé par le public. C'est lui qui paie en fait les dommages et intérêts et la question de la responsabilité, si on l'approfondit assez, porte en fait sur la mesure dans laquelle il est souhaitable que le public assure la sécurité de ceux dont il utilise le travail. On pourrait dire qu'en de tels cas

la chance que le jury statue en faveur du défendeur est juste une chance : une fois de temps en temps, il interrompt le cours habituel d'indemnisation, le plus souvent dans une affaire où le demandeur est d'une conscience inhabituelle et qu'il est, dès lors, plus facile de s'en débarrasser. D'un autre côté, la valeur économique d'une vie même pour la communauté peut être estimée et aucune indemnisation, pourrait-on dire, ne devrait excéder celle-ci. Il est concevable qu'un jour, dans certains cas, nous nous retrouverons en train d'imiter, à un niveau plus élevé, les barèmes pour la vie ou pour un membre qu'on trouve dans les *Leges Barbarorum*.

24. Je pense que les juges eux-mêmes n'ont pas convenablement pris conscience de leur devoir de peser les considérations d'intérêt social. Ce devoir est inévitable et le résultat de l'aversion souvent proclamée des juges à prendre en compte des considérations de ce type est simplement de laisser le fondement même des jugements non formulé et souvent inconscient comme je l'ai dit. Quand on a commencé à parler de socialisme, les classes aisées de la communauté se sont beaucoup effrayées. Je soupçonne que cette peur ait influencé l'activité judiciaire à la fois ici et en Angleterre. Cependant il est certain que ce n'est pas un facteur conscient dans les décisions auxquelles je me réfère. Je pense que quelque chose de similaire a conduit les gens qui n'espèrent plus contrôler les assemblées législatives à se tourner vers les cours comme interprètes des constitutions et que, dans certaines cours, de nouveaux principes ont été découverts en dehors du corps de ces instruments, qui puissent être généralisés pour aboutir à l'acceptation des doctrines économiques qui ont prévalu il y a cinquante ans et à une interdiction générale de ce qu'un tribunal de juristes ne pense pas être correct. Je ne peux m'empêcher de croire que si la formation des juristes les

conduisait habituellement à envisager plus précisément et plus explicitement l'avantage social par rapport auquel la règle qu'ils établissent doit être justifiée, ils hésiteraient parfois là où ils sont si sûrs d'eux aujourd'hui et ils verraient qu'ils prennent en fait parti sur des questions controversées et brûlantes.

25. Assez parlé de l'erreur de la forme logique. Tournons-nous à présent vers l'état actuel de notre droit comme sujet d'étude et intéressons-nous à l'idéal auquel il tend. Nous sommes encore loin du point de vue que je souhaite voir atteint. Personne n'y est parvenu, ni ne peut le faire maintenant. Nous en sommes seulement au début d'une réaction philosophique et d'un réexamen de la valeur des doctrines qui, pour l'essentiel, sont considérées comme allant de soi sans un examen délibéré, conscient et systématique de leurs fondements. Le développement de notre droit s'est fait sur près d'un millier d'années, comme celui d'une plante. Chaque génération franchissant le pas inévitable de l'étape suivante, esprit, comme matière, dans l'obéissance pure et simple à une loi de croissance spontanée. Il est parfaitement naturel et bon qu'il en ait été ainsi. L'imitation est une nécessité de la nature humaine, comme l'a superbement illustré un remarquable auteur français, M. Tarde, dans un livre admirable, « Les lois de l'imitation ». La plupart des choses que nous faisons, nous les faisons pour la seule raison que nos pères les ont faites ou que nos voisins les font et il en va de même, pour une part plus large que nous le supposons, de ce que nous pensons.

26. La raison est bonne parce que notre vie courte ne nous donne pas le temps pour une meilleure, mais ce n'est pas la meilleure. Il ne s'ensuit pas que, parce que nous sommes tous contraints à donner foi en seconde main à la plupart des règles sur lesquelles nous basons notre action et notre pensée, chacun de nous ne peut pas essayer de soumettre un coin de son monde

à l'ordre de la raison ou que nous ne devrions pas tous collectivement aspirer à placer tout le domaine autant qu'il est possible sous l'empire de la raison. En ce qui concerne le droit, il est vrai, sans aucun doute, qu'un évolutionniste hésitera à affirmer la validité universelle de ses idéaux sociaux ou des principes dont il pense qu'ils devraient être incarnés par la législation. Il lui suffit de prouver qu'ils sont meilleurs pour ici et maintenant. Il peut être prêt à admettre qu'il ne sait rien d'un mieux absolu pour le cosmos et même qu'il ne sait à peu près rien de ce qui est le mieux permanent pour les hommes. Cependant il est vrai qu'un corps de droit est plus rationnel et plus civilisé quand chaque règle qu'il contient, renvoie explicitement et précisément à une fin qu'elle sert et quand les fondements pour désirer cette fin sont formulés ou ont déjà été formulés.

27. Aujourd'hui, dans de nombreux cas, si nous voulons savoir pourquoi une règle de droit a pris sa forme particulière et si nous voulons savoir, plus ou moins, simplement pourquoi elle existe, nous interrogeons la tradition. Nous suivons sa trace dans les recueils annuels de jurisprudence et peut-être en deçà dans les coutumes saliques des Francs et quelque part dans le passé, dans les forêts germaniques, dans les besoins des rois normands, dans les présupposés d'une classe dominante, dans l'absence d'idées générales, nous découvrons le motif pratique pour ce qui, aujourd'hui, est le mieux justifié par le simple fait de son acceptation et de sa familiarité aux hommes de ce temps. L'étude rationnelle du droit est encore dans une large mesure celle de l'histoire. L'histoire doit faire partie de l'étude parce que, sans elle, nous ne pouvons pas savoir la portée des règles que c'est notre travail de connaître. Cela fait partie d'une étude rationnelle parce que c'est le premier pas

vers un scepticisme éclairé, c'est-à-dire la reconsidération délibérée de la valeur de ces règles.

28. Une fois que vous avez sorti le dragon de sa grotte et l'avez amené dans la prairie et à la lumière du jour, vous pouvez compter ses crocs et ses griffes et mesurer sa force. Cependant le faire sortir n'est qu'une première étape. La suivante consistera soit à le tuer, soit à le dompter et en faire un animal utile. Dans l'étude rationnelle du droit, le spécialiste des textes peut être l'homme du présent mais l'homme du futur est le statisticien et le maître en économie. Il est révoltant de ne pas avoir de meilleure justification pour une règle de droit que le fait qu'elle a été posée à l'époque d'Henry IV. Ceci est d'autant plus révoltant si les fondements sur lesquels elle a été établie ont disparu depuis longtemps et que la règle ne subsiste que par imitation aveugle du passé. Je pense à la règle technique concernant un empiètement *ab initio*, comme on l'appelle, et que j'ai essayé d'expliquer dans une affaire récente du Massachusetts[1].

29. Une illustration devrait permettre en quelques mots de voir comment la finalité sociale à l'origine d'une règle de droit est obscurcie et atteinte seulement en partie du fait que la règle doit sa forme à un développement historique graduel, au lieu d'avoir été totalement refaçonnée par référence consciente, formulée, à la fin poursuivie. Nous pensons qu'il est désirable d'éviter qu'un homme soit dépouillé de sa propriété par un autre qui se l'approprie à tort et ainsi nous avons fait du vol un délit. Le mal est le même que l'homme qui s'approprie à tort le bien d'autrui le fasse alors que le propriétaire a remis le bien dans ses mains ou qu'il s'en empare lui-même injustement. Mais le droit primitif, dans sa faiblesse, n'allait pas beaucoup

---

1. *Commonwealth v. Rubin*, Massachusetts, Vol. 165, p. 453 *sq.*

plus loin que s'efforcer d'empêcher la violence et faisait très naturellement du détournement injuste, une violation du droit de propriété, une part de sa définition de l'infraction. Avec les temps modernes, les juges ont un peu élargi la définition en considérant que, si le malfaiteur est entré en possession du bien par ruse ou artifice, l'infraction est constituée. C'était renoncer à l'exigence d'une violation et il aurait été plus logique et aussi plus vrai par rapport à l'objet de la loi, d'abandonner totalement l'exigence. Ceci, cependant, aurait paru trop audacieux et a été laissé à la loi. Des lois ont été adoptées qui faisaient du détournement un délit. Néanmoins la force de la tradition a fait que le délit de détournement soit considéré comme si différent du vol que, jusqu'à ce jour, dans certaines juridictions tout au moins, un espace est laissé aux voleurs pour prétendre, s'ils ont été accusés de vol, qu'ils auraient dû l'être de détournement et, s'ils ont été accusés de détournement, qu'ils auraient dû l'être de vol et d'échapper ainsi à la condamnation.

30. Des questions plus fondamentales attendent encore une réponse plus appropriée que l'explication qui consiste à dire que nous faisons comme nos pères ont fait. Qu'avons-nous de mieux qu'une supposition aveugle pour montrer que le droit pénal, dans sa forme actuelle fait plus de bien que de mal ? Je ne m'arrête pas pour traiter de l'effet que cela a eu sur l'état moral des prisonniers et sur leur tendance à replonger dans les activités criminelles ou sur la question de savoir si l'amende ou l'emprisonnement ne frappe pas davantage la femme et les enfants du condamné que lui-même. J'ai en tête des questions plus larges. Est-ce que la sanction est dissuasive ? Notre manière de traiter les auteurs d'infraction est-elle fondée sur des principes adéquats ? Une école moderne de pénalistes européens se glorifie de la formule, avancée en premier par Gall et qui veut que nous devrions porter notre attention plutôt

sur le délinquant que sur le délit. La formule ne nous conduit pas bien loin mais les études qui ont débuté recherchent une réponse à mes questions, fondée sur la science pour la première fois.

31. Si le criminel typique est un dégénéré, qui escroque ou tue par nécessité organique profondément ancrée, comparable à celle qui conduit le serpent à mordre, il est inutile de parler de dissuasion par la méthode classique de l'emprisonnement. Il faut se débarrasser de lui ; il est impossible de l'améliorer ou de l'effrayer d'une façon qui le détourne de sa réaction structurelle. Si, au contraire, le crime, comme la conduite humaine normale, est principalement une question d'imitation, on peut attendre, à juste titre, de la sanction qu'elle aide à faire passer de mode la conduite. L'étude des délinquants a été considérée par des hommes de science reconnus comme venant à l'appui de la première hypothèse. Les statistiques sur l'accroissement relatif des délits dans les lieux où il y a rassemblement de foules, tels que les grandes villes, où l'exemple a le plus de chances de fonctionner et dans les endroits moins peuplés où la contagion se développe plus lentement ont été employées à grand renfort en faveur de la seconde thèse. Cependant, la croyance que, peu importe comment, « ce n'est pas la nature du crime, mais la dangerosité du criminel [qui] constitue le seul critère juridique raisonnable, propre à guider la réaction sociale inévitable contre le criminel » est revêtue d'une autorité forte [1].

32. Les obstacles à la généralisation rationnelle que j'ai illustrés avec le droit en matière de vol, se retrouvent dans les autres branches du droit, comme ils sont présents en droit

---

1. H. Ellis, *The Criminal*, p. 41, citant Garofalo. Voir aussi Ferri, *Sociologie criminelle*. Comparer avec Tarde, *La philosophie pénale*.

pénal. Prenez le droit de la responsabilité pénale ou de la responsabilité civile pour des dommages autres que contractuels. Y a-t-il une théorie générale pour cette responsabilité ou doit-on simplement énumérer les cas dans lesquels elle existe et expliquer chacun d'eux sur son fondement propre, comme on peut facilement le croire du fait que le droit d'agir pour certaines classes bien connues de préjudice, comme l'atteinte à la propriété ou la calomnie a une histoire particulière pour chaque classe ? Il me semble que le droit considère le fait pour une personne responsable d'infliger un dommage temporel susceptible de poursuites si, dans les conditions connues de lui, le danger de son acte était manifeste selon l'expérience commune, sauf dans les cas où, pour des raisons politiques spéciales, le droit refuse de protéger le demandeur et accorde un privilège au défendeur[1]. Je crois que, communément, la malveillance, l'intention et la négligence signifient que le danger était manifeste à un degré plus grand dans des conditions connues de l'auteur, bien que, dans certains cas de privilège, la malveillance puisse signifier un mobile réel de malveillance et qu'un tel mobile ôte la permission d'infliger un mal sciemment qui sinon serait accordée pour telle ou telle raison de bien public prédominante.

33. Cependant, lorsque j'ai exposé mon point de vue à un juge anglais très éminent l'autre jour, il a dit : « Vous discutez de ce que le droit devrait être ; dans l'état actuel du droit, vous devez prouver que vous avez un droit. Un homme n'est pas

---

1. Un exemple du refus, par le droit, de protéger le demandeur est lorsqu'il est interrompu par un étranger dans l'utilisation d'un passage sur lequel il a circulé pendant une semaine de moins que la période de prescription. Une semaine plus tard, il aurait acquis un droit mais, pour l'instant, il n'est qu'un intrus. Pour ce qui est des exemples de privilèges, j'en ai déjà donné. L'un des meilleurs est le droit de la concurrence en affaires.

coupable de négligence à moins qu'il n'existe un devoir qui s'impose à lui. » Si notre opposition ne portait pas seulement sur les mots ou sur la proportion entre les exceptions et la règle, selon lui, la responsabilité pour un acte ne peut pas être rattachée à la tendance manifeste de l'acte à causer un dommage temporel en général, comme explication suffisante mais se rapporte à la nature spéciale du dommage ou doit être dérivée de certaines circonstances particulières, autres que la tendance de l'acte pour lequel aucune explication généralisable n'existe. Je crois qu'une telle conception est fausse mais elle est courante et, il est vrai, généralement acceptée en Angleterre.

34. Partout le principe s'appuie sur la tradition à un point tel que nous sommes même en danger d'accorder à l'histoire un rôle plus important qu'il ne l'est. Il y a peu, le Professeur Ames a écrit un article érudit pour montrer, entre autres choses, que la *common law* ne reconnaissait pas la défense de fraude en matière d'action portant sur un contrat formel sous seing privé et la morale pourrait sembler en être que le caractère personnel de ce motif de défense est dû à son origine dans l'équité. Néanmoins, si, comme je l'ai dit, tous les contrats sont formels, la différence n'est pas simplement historique mais théorique, entre le défaut de forme qui empêche un contrat d'être conclu et les motifs erronés qui manifestement ne pourraient pas être pris en considération dans tout système quel qu'il soit qui voudrait s'appeler rationnel, si ce n'est à l'encontre de quelqu'un qui aurait été complice de ces motifs. Ceci ne se limite pas aux contrats sous seing privé mais est d'ordre général. Je voudrais ajouter que je ne pense pas que M. Ames était en désaccord sur ce point.

35. Malgré tout, si nous envisageons le droit des contrats, nous y trouvons plein d'histoire. Les distinctions entre dette, convention et contrat (*assumpit*) sont uniquement d'ordre

historique. La classification de certaines obligations de payer une somme d'argent, imposées par le droit indépendamment de tout accord de type quasi-contrat est strictement historique. La doctrine sur les contreparties est purement historique. L'effet donné à un sceau relève de l'explication historique. – La contrepartie n'est qu'une forme. Est-elle utile? Si oui, pourquoi ne devrait-elle pas être exigée dans tous les contrats? Un sceau n'est qu'une formalité et il se fond dans l'écrit et disparaît derrière l'affirmation qu'une contrepartie doit être fournie, sceau ou pas sceau. Pourquoi une distinction purement historique devrait-elle affecter les droits et les obligations des hommes d'affaires?

36. Depuis que j'ai rédigé ce discours, je suis tombé sur un très bon exemple de la façon dont la tradition non seulement l'emporte sur la politique rationnelle mais a même le dessus par rapport à elle, après avoir été mal comprise et s'être vu octroyée une portée nouvelle, plus large, qu'elle n'avait quand elle avait un sens. C'est le droit établi en Angleterre qu'une altération matérielle à un contrat écrit par l'une des parties le nullifie à son encontre. Cette doctrine est contraire à la tendance générale du droit. Nous ne disons pas à un jury que si un homme a menti un jour, sur un point particulier, il est supposé mentir sur tous. Même si un homme a essayé de tromper, cela ne paraît pas être une raison suffisante pour l'empêcher d'établir la vérité. Les objections de ce genre affectent le poids mais non l'admissibilité de la preuve. De plus, cette règle ne s'applique pas seulement à la fraude et ne se limite pas à la question de la preuve. Ce n'est pas seulement que vous ne pouvez pas utiliser l'écrit mais que le contrat est résolu.

37. Qu'est-ce que cela signifie? L'existence d'un contrat écrit dépend du fait que l'offreur et le destinataire de l'offre ont échangé leurs expressions par écrit et non de la continuité de

ces expressions. Cependant, dans le cas d'un engagement contractuel de type « *bond* », la notion primitive était différente. Le contrat était inséparable du parchemin. Si un tiers le détruisait ou arrachait le sceau ou altérait le parchemin, le bénéficiaire de l'obligation était dans l'impossibilité de la faire exécuter, bien qu'il fût totalement innocent, parce que le contrat du défendeur, c'est-à-dire le contrat tangible, réel qu'il avait scellé ne pouvait pas être produit dans la forme dans laquelle il le liait. Il y a environ cent ans Lord Kenyon entreprit de mettre sa raison à contribution sur cette tradition, comme il le fit parfois au détriment du droit et, ne la comprenant pas, affirma qu'il ne voyait aucun motif pour lequel ce qui était vrai du contrat de type « *bond* » ne devrait pas l'être des autres contrats. Sa décision s'est trouvée juste comme il s'agissait d'une promesse où la *common law* considérait encore le contrat comme inséparable du papier sur lequel il était écrit mais le raisonnement était général et, peu de temps après, a été étendu aux autres contrats écrits et divers fondements absurdes et irréels de politique ont été inventés pour rendre compte de la règle élargie.

38. Je suis sûr que personne ne confondra ma critique si libre avec un manque de respect pour le droit. Je vénère le droit et en particulier notre système juridique comme un des produits les plus ambitieux de l'esprit humain. Personne ne sait mieux que moi la quantité innombrable de grands esprits qui se sont épuisés à y apporter quelque complément ou amélioration, dont le plus grand n'est qu'un détail comparé au puissant ensemble. Il a le mérite ultime d'exister, ce n'est pas un rêve hégélien, il fait partie de la vie des hommes. Cependant on est en droit de critiquer même ce qu'on révère. Le droit est l'activité professionnelle à laquelle j'ai consacré ma vie et il me faudrait montrer moins que de la dévotion si je ne faisais pas ce

qui en moi m'invite à l'améliorer quand je perçois ce qui me semble être son idéal pour l'avenir, si j'hésitais à le signaler et à avancer vers lui de tout mon cœur.

39. Peut-être en ai-je assez dit pour mettre en évidence le rôle que l'étude de l'histoire joue nécessairement dans l'étude intelligente du droit tel qu'il est aujourd'hui. Dans l'enseignement de cette école comme à Cambridge, il n'y a aucun risque de sous-estimation. M. Bigelow ici, Messieurs Ames et Thayer là-bas ont produit d'importantes contributions qui ne seront pas oubliées et en Angleterre l'histoire récente du droit anglais ancien par Sir Frederick Pollock et M. Maitland a investi le sujet d'un charme quasi-trompeur. Il nous faut nous méfier du piège que nous tend l'amour des antiquités et nous souvenir que, pour le but que nous poursuivons notre intérêt pour le passé ne se justifie que par la lumière qu'il jette sur le présent. Je suis dans l'attente d'un temps où le rôle joué par l'histoire dans l'explication du dogme sera très limité et où nous dépenserons notre énergie non pas à mener une recherche ingénieuse mais à étudier les fins poursuivies et les raisons que nous avons de les désirer. Un pas vers cet idéal pourrait consister, me semble-t-il, pour tout juriste à tenter de comprendre l'économie. Le divorce actuel entre les écrits d'économie politique et de droit me semble être la preuve de l'étendue du progrès à réaliser dans l'étude de la philosophie. Dans l'état présent de l'économie politique, on tombe encore en réalité sur l'histoire à grande échelle mais là nous sommes appelés à considérer et à peser les fins de la législation, le moyen de les atteindre et le coût pour le faire. Nous apprenons que pour n'importe quoi nous devons abandonner quelque chose et à savoir ce que nous faisons quand nous choisissons.

40. Il est une autre étude qui est quelquefois dévaluée par ceux qui ont l'esprit pratique, pour laquelle je veux dire un

mot, même si je pense que pas mal de travail assez médiocre se présente sous ce nom. Je veux parler de l'étude de ce qui est appelé la théorie du droit (*jurisprudence*). La théorie du droit, à mes yeux, est simplement le droit dans sa part la plus générale. Toute tentative pour réduire un cas à une règle se place dans la théorie du droit, bien que le nom tel qu'il est utilisé en Angleterre, ne s'applique qu'aux règles les plus larges et aux théories les plus fondamentales. Un des signes auxquels on reconnaît un grand juriste est son aptitude à saisir la façon de s'appliquer de règles très générales. On raconte l'histoire d'un juge de paix du Vermont auquel avait été soumis le procès intenté par un fermier contre un autre à propos d'une baratte cassée. Le juge prit le temps de la réflexion, à la suite de quoi il dit qu'il avait cherché à travers toutes les lois et qu'il n'avait rien pu trouver concernant les barattes et il se prononça en faveur du défendeur.

41. La manifestation du même état d'esprit se rencontre dans l'ordinaire de tous recueils et manuels. Les applications des règles rudimentaires du contrat ou de la responsabilité sont ratatinées sous l'intitulé des Chemins de fer ou du Télégraphe ou vont grossir les divisions historiques des traités telles que le droit maritime ou l'équité ou encore sont rassemblées sous un titre arbitraire qui est supposé séduire les esprits pratiques comme le droit commercial. Si vous voulez faire du droit, vous avez intérêt à y passer maître et cela signifie parvenir, au travers de l'ensemble des incidents du drame à discerner la base véritable pour la prédiction de la décision. En conséquence, il est bon d'avoir une notion exacte de ce que vous entendez par le droit, par un droit, par un devoir, par malveillance, par intention et par négligence, par propriété, par possession, etc. J'ai présents à l'esprit des cas dans lesquels les plus hautes juridictions me semblent avoir trébuché parce

qu'elles n'avaient pas d'idées claires sur certaines de ces questions. J'en ai montré l'importance. Pour une illustration supplémentaire, on peut lire l'annexe au *Droit pénal* de Sir James Stephen au sujet de la possession et se tourner ensuite vers le brillant ouvrage de Pollock et Wright. Sir James Stephen n'est pas le seul auteur dont les tentatives d'analyse des idées juridiques sont tombées dans la confusion en recherchant une quintessence inutile de tous les systèmes au lieu de procéder à l'anatomie précise de l'un d'entre eux. L'ennui avec Austin est qu'il ne connaissait pas assez de droit anglais. Néanmoins c'est un avantage pratique de maîtriser Austin et ses prédécesseurs, Hobbes et Bentham, ainsi que ses successeurs, Holland et Pollock. Le récent petit livre de Sir Frederick Pollock est touché par la même grâce qui marque tous ses ouvrages et échappe à l'influence perverse des modèles romains.

42. Le conseil de leurs aînés aux jeunes hommes peut très bien être aussi irréel qu'une liste des cent meilleurs livres. De mon temps tout au moins, j'ai reçu ma part de conseils de ce type et haut dans la liste de ces irréalités, je place la recommandation d'étudier le droit romain. Je suppose qu'un tel conseil signifie davantage que faire provision de quelques maximes en latin avec lesquelles orner son discours – le but pour lequel Coke recommandait Bracton. Mais si c'est tout ce qu'on veut, le titre « *De Regulis Juris Antiqui* » peut se lire en une heure. Je suppose que, s'il est bien d'étudier le droit romain, il est bien de l'étudier comme un système en fonctionnement. Ce qui signifie maîtriser un ensemble de techniques plus difficiles et moins comprises que les nôtres et étudier un autre cours d'histoire par lequel, encore plus que le nôtre, le droit romain doit être expliqué. Si quelqu'un a des doutes sur ce que je viens de dire, qu'il lise *Der Römische Zivil Prozess und die Aktionen* de

Keller, un traité sur l'édit du préteur, la très intéressante *Historical Introduction to the Private Law of Rome* de Muirhead et, pour lui donner le maximum de chances possible, les admirables *Institutes* de Sohm. Non. La façon d'acquérir une conception vaste de votre sujet ne consiste pas à lire autre chose mais à aller au fond du sujet lui-même. Pour le faire, il faut, en premier lieu, suivre le corps de doctrine existant dans ses généralisations les plus élevées avec l'aide de la théorie du droit («*jurisprudence*»); ensuite, il faut découvrir dans l'histoire comment il en est venu à être ce qu'il est; et, finalement, dans la mesure où vous le pouvez, il faut examiner les fins que les différentes règles cherchent à atteindre, les raisons qui font que ces fins sont désirées, ce à quoi il est renoncé pour y parvenir et si elles en valent le prix.

43. Nous n'avons pas assez de théorie dans le droit et non pas trop, en particulier dans ce dernier domaine d'étude. Quand j'ai parlé de l'histoire, j'ai évoqué le vol comme exemple pour montrer comment le droit souffrait de ne pas avoir pris la forme claire d'une règle qui accomplirait son but manifeste. Dans ce cas, le trouble provenait de la survivance de formes venues d'un temps où une finalité plus étroite était recherchée. Je vais maintenant donner un exemple pour montrer l'importance pratique, pour la résolution des cas actuels, de la compréhension des raisons du droit, à partir de règles qui, à ce que je sais, n'ont jamais été expliquées, ni n'ont été adéquatement théorisées. Je pense aux lois sur la prescription et au droit de la prescription. La finalité de ces règles est évidente mais qu'est-ce qui justifie qu'un homme soit privé de ses droits, le mal à l'état pur, du fait qu'un lapse de temps se soit écoulé? Quelquefois la disparition des preuves est évoquée mais c'est une question secondaire. D'autres fois, le fait que la paix soit désirable mais pourquoi l'est-elle plus après vingt ans

qu'avant? C'est de plus en plus probable de se produire sans l'aide de la législation. On dit également que si un homme néglige la défense de ses droits, il ne peut pas se plaindre si, au bout d'un temps le droit suit son exemple. Maintenant, si c'est tout ce qui peut être dit à ce propos, vous allez probablement prendre le parti du demandeur dans le cas que je me prépare à exposer; si, par contre, vous adoptez le point de vue que je suggère, il est possible que vous vous décidiez pour le défendeur.

44. Un homme est poursuivi pour intrusion sur le domaine d'autrui et justifie son comportement par une servitude. Il prouve qu'il a utilisé le passage publiquement et de façon opposable pendant vingt ans mais il s'avère que le demandeur avait accordé une licence à une personne qu'il supposait raisonnablement être l'agent du défendeur, bien qu'il n'en aille pas ainsi, et avait en conséquence supposé que l'utilisation du passage était permise, auquel cas aucun droit n'aurait été acquis. Le défendeur a-t-il obtenu un droit ou non? Si son acquisition dépend de la faute ou de la négligence du propriétaire au sens ordinaire, comme cela semble être supposé en général, il n'y a pas eu de négligence de ce type et le droit de passage n'a pas été acquis. Cependant, si j'étais l'avocat du défendeur, je devrais faire entendre que le fondement de l'acquisition de droits par prescription doit être recherché dans la position de la personne qui les acquiert et non dans celle de celui qui les perd. Sir Henry Maine a mis en vogue l'établissement d'un lien entre la notion archaïque de propriété et la prescription. Néanmoins, le lien est antérieur à la première histoire recueillie. Il est dans la nature de l'esprit humain. Une chose dont vous avez eu la jouissance et que vous avez utilisée comme vôtre pendant un certain temps, qu'il s'agisse d'une propriété ou d'un sentiment, s'enracine en vous et ne peut pas

vous être arrachée sans que l'acte provoque en vous le
ressentiment et que vous essayiez de vous défendre, quelle que
soit la façon dont vous en êtes arrivé là. Le droit ne peut pas
demander de meilleure justification que les instincts les plus
profonds de l'homme. Ce n'est qu'en réponse à la suggestion
que vous décevez le propriétaire précédent que vous évoquez
sa négligence qui a permis une dissociation graduelle entre lui
et ce qu'il réclame et l'association graduelle de ceci avec un
autre. S'il sait qu'un autre pose des actes qui en eux-mêmes
montrent qu'il est en voie d'établir une telle association, je
prétendrais que, par justice envers cet autre, il avait à trouver à
ses risques et périls si l'autre agissait avec sa permission pour
voir à ce qu'il soit mis en garde et, au besoin, stoppé.

45. J'ai parlé de l'étude du droit et n'ai dit presque rien de
ce qu'on parle en général à ce sujet – les recueils de textes
et les systèmes des cas et toute la machinerie qu'un étudiant
rencontre le plus immédiatement. Je n'en dirai rien non plus.
La théorie est mon sujet, pas la pratique, les détails pratiques.
Les méthodes d'enseignement se sont améliorées depuis mon
époque, sans aucun doute, mais le talent et le travail permet-
tront de maîtriser le matériau brut de toute manière. La théorie
est la part la plus importante des doctrines juridiques, comme
l'architecte est l'homme le plus important dans la construction
d'une maison. Les progrès les plus considérables des vingt-
cinq dernières années sont intervenus au niveau de la théorie. Il
n'y a pas de raison de craindre l'éloignement de la pratique
parce que, pour celui qui est compétent, cela signifie simplement aller au fond du sujet. Pour l'incompétent, il est parfois
vrai, comme il a été dit, qu'un intérêt pour les idées générales
signifie une absence de connaissance particulière. Je me
souviens, à l'armée, avoir eu une jeune recrue qui, étant
auditionnée pour le grade le plus bas et interrogée sur le

mouvement d'un escadron, répondit qu'elle n'avait jamais
envisagé les évolutions de moins de dix mille hommes. Mais il
faut laisser les faibles et les fous à leur folie. Le danger est que
les esprits pratiques et talentueux considèrent avec indifférence ou méfiance les idées dont le lieu avec leur activité est
éloigné. J'ai entendu, l'autre jour, l'histoire d'un homme qui
avait un domestique auquel il payait un salaire élevé mais
susceptible de déductions pour fautes. L'une de ces déductions
était : « pour manque d'imagination, 5 dollars ». Ce manque
n'est pas limité aux domestiques. L'objet de l'ambition, le
pouvoir, prend en général aujourd'hui la forme de l'argent
seul. L'argent est la forme la plus immédiate et fait à juste titre
l'objet d'un désir. « La fortune », disait Rachel, « est la mesure
de l'intelligence ». C'est un bon texte pour arracher les gens au
paradis du fou. Mais, comme le dit Hegel, « en définitive ce
n'est pas l'appétit mais l'opinion qu'il faut satisfaire »[1]. Pour
une imagination de quelque envergure, la forme ultime du
pouvoir n'est pas l'argent, c'est le contrôle des idées. Si vous
voulez des exemples, lisez *History of English Thought in the
Eighteenth Century* de Leslie Stephen et voyez comment cent
ans après sa mort les spéculations de Descartes étaient devenues une force pratique contrôlant la conduite des hommes.
Lisez les ouvrages des grands juristes allemands et voyez
combien Kant gouverne davantage le monde aujourd'hui que
Bonaparte. Nous ne pouvons pas être tous des Descartes ou des
Kant mais nous désirons tous le bonheur. Et le bonheur, j'en
suis sûr pour avoir fréquenté beaucoup d'hommes qui avaient
réussi, ne peut pas venir simplement d'être un conseil auprès
de grandes entreprises ou d'avoir un revenu de cinquante mille

---

1. Hegel, *Principes de la philosophie du droit*, § 190 (N.D.E : la citation
provient d'une addition dans l'édition de Gans).

dollars. Une intelligence assez grande pour être couronnée a
besoin d'une autre nourriture que le succès. Les aspects les
plus reculés et les plus généraux du droit sont ceux qui font son
intérêt universel. C'est par eux que non seulement vous deve-
nez un grand maître dans votre profession mais aussi que vous
reliez votre sujet avec l'univers et percevez un écho de l'infini,
un aperçu de son processus insondable, une intuition du droit
universel.

ALF ROSS

DU DROIT ET DE LA JUSTICE *

CHAPITRE 2
LE CONCEPT DE « DROIT VALIDE »

§ 7 *Le contenu du système juridique*

Dans le chapitre précédent, en partant de l'analyse du jeu d'échecs et de ses règles, j'ai avancé l'hypothèse selon laquelle il doit être possible, en principe, de définir et d'expliquer le concept de « droit valide » de la même manière que le concept de « norme valide des échecs ». Je vais maintenant m'efforcer de développer à partir de cette hypothèse une théorie précisant le sens de « droit valide ».

Cette hypothèse implique que les normes juridiques, tout comme les normes des échecs, servent de schémas d'interprétation à toute une série d'actes sociaux, le droit en vigueur,

---

* Alf Ross, *On Law and Justice*, trad. M. Dutton, Stevens & Sons, Londres, 1958, chap. 2, p. 29-38. Il s'agit de la traduction anglaise de l'ouvrage danois : *Om Ret og Retfœdighed, en indførelse i den analytiske retsfilosofi*, Copenhague, Busck, 1953. L'extrait qui suit est traduit à partir de la version anglaise qui sert de référence dans les analyses et les interprétations contemporaines (trad. C. Béal).

de sorte qu'il devient possible à la fois de comprendre ces actions comme un tout cohérent qui a un sens et une raison d'être, mais aussi de prédire, dans certaines limites, ces actions. Cette propriété du système repose sur le fait que ces normes sont effectivement respectées parce qu'elles sont ressenties comme socialement obligatoires.

Afin de développer cette hypothèse, il faut répondre à deux questions :

1) En quoi l'ensemble particulier de normes qui constitue le système juridique d'une nation se distingue-t-il, par son contenu, d'autres ensembles particuliers de normes comme ceux des échecs, du bridge ou de la courtoisie ?

2) Si la validité d'un système de normes, au sens général, signifie que le système peut, en raison de son efficacité, servir de schéma d'interprétation, qu'est-ce que cela implique pour le droit ?

La première question sera traitée dans cette section et la seconde aux paragraphes 8-10.

Encore une fois, considérons un instant le jeu d'échecs. Il est évidemment absurde de vouloir définir les règles des échecs en les distinguant, par exemple, des règles du tennis, du football ou du bridge. « Les règles des échecs » est le nom d'un ensemble particulier de normes qui constituent un tout cohérent qui a un sens. Tout comme John Smith est le nom d'un individu qu'on ne peut définir, mais qu'on peut montrer du doigt, « les règles des échecs » est le nom d'un ensemble particulier de normes qu'on ne définit pas, mais qu'on montre du doigt : voici les règles des échecs. En pratique, il est facile de distinguer les règles des échecs de celles du tennis, du football, du bridge ou d'autres normes sociales. Le problème de la définition se poserait seulement si on avait à classer les règles du jeu d'échecs avec les règles du jeu de football et les

règles du jeu de bridge dans une seule catégorie intitulée
« règles de jeu ». Il faudrait alors se demander quelle est la
caractéristique décisive qui permet de déterminer si un
système particulier de normes doit être inclus dans cette
catégorie. Ce problème de définition ne se pose pas lorsqu'on
cherche seulement à décrire les règles des échecs. Pour cela, il
n'est pas nécessaire de savoir ce que les règles des échecs ont
en commun avec d'autres systèmes particuliers de règles
qu'on pourrait classer ensemble dans la catégorie « règles de
jeu ».

C'est exactement la même chose pour le droit. « Le droit
danois » est le nom d'un ensemble particulier de normes
formant un tout cohérent qui a sens; par conséquent, on ne
définit pas ces normes, mais on peut les désigner. « Le droit
danois », « le droit norvégien », « le droit suédois », etc., sont
équivalents aux différents ensembles particuliers de règles de
jeu. Un problème de définition se poserait seulement si on
devait classer ensemble ces différents systèmes particuliers
dans la catégorie « droit » ou « système juridique ». De plus, ce
problème de définition ne se pose pas si on cherche seulement
à décrire le droit danois valide. Pour cela il n'est pas nécessaire
de savoir ce que ce système de normes a en commun avec
d'autres systèmes de normes qu'on pourrait classer ensemble
dans la catégorie « droit » ou « système juridique ».

Puisque la philosophie du droit doit se contenter d'étudier
les concepts que présuppose la doctrine, la définition du terme
« droit » (« système juridique ») n'est pas un problème qui
relève de la philosophie du droit. On ne s'en était jamais rendu
compte. On pensait que pour définir la sphère dont s'occupe le
juriste il était nécessaire de produire une définition du droit qui
le distingue des autres types de normes sociales. Cette erreur
provenait du fait qu'on ne concevait pas le droit interne valide

comme un tout particulier. Or, c'est parce que ce tout a un sens
cohérent qu'on peut déterminer ce qui est du droit. Le terme
« droit » n'est pas le nom d'une classe de règles de droit, mais
celui d'une classe de systèmes juridiques particuliers. C'est ce
que confirme l'expérience car, dans la pratique, il n'est guère
difficile pour un juriste de déterminer si une règle de droit fait
partie du droit interne ou si elle appartient à un système de
normes différent – par exemple, au système juridique d'un
autre pays, aux règles des échecs ou à la morale.

Même si le problème de la définition de « droit » (« système
juridique ») ne relève pas du domaine de la philosophie du
droit (tel qu'on l'a délimité ici), il serait normal, en raison de ce
qui se faisait traditionnellement et par souci d'exhaustivité,
d'exposer quelques idées sur le sujet. J'y reviendrai au § 12.
Pour le moment, je souhaite seulement insister sur l'idée que la
définition du concept de droit ne présente aucun intérêt particulier (sauf si on veut suivre la tradition). Les débats philosophiques sans fin sur la « nature » du droit reposent sur
l'hypothèse que la « validité » spécifique du droit dérive d'une
idée *a priori* et que la définition du droit est donc décisive pour
savoir si un ordre normatif donné peut prétendre au « titre
honorifique » de droit. Si on abandonne ces présupposés métaphysiques et les réactions émotionnelles qu'ils impliquent, ce
problème de définition perd son intérêt. Le rôle de la doctrine
est de décrire un certain système interne de normes. Il existe
d'autres systèmes particuliers qui lui ressemblent plus ou
moins, par exemple, les systèmes d'autres nations, le droit
international, l'ordre social d'une communauté primitive qui
ne repose sur aucune institution chargée de le maintenir, l'ordre qui règne dans une bande de gangsters, l'ordre maintenu
par l'occupant dans un pays occupé et ainsi de suite. Tous ces
systèmes sont des faits que cela nous plaise ou non. Dans

chacun de ces cas, nous avons besoin d'un terme pour décrire ces faits; choisir le terme « droit » ou un autre terme est une simple question de terminologie sans aucune implication morale. Il n'y a aucune raison de refuser l'emploi du terme « droit » pour des systèmes qui nous déplaisent. Par exemple, si l'ordre qui domine au sein d'un gang est appelé « système juridique » (le droit du gang), ce n'est, du point de vue scientifique – c'est-à-dire, en ôtant au mot « droit » son poids émotionnel et moral – qu'une question de définition arbitraire. Certains ont dit que le règne de la violence sous Hitler n'était pas un ordre juridique et le « positivisme » juridique a été accusé de trahison morale pour avoir reconnu sans la moindre réserve qu'un tel ordre était du droit[1]. Mais une terminologie descriptive n'a rien à voir avec l'approbation ou la désapprobation morale. Lorsque je classe un certain ordre comme « ordre juridique », je peux, en même temps, estimer qu'il est de mon plus haut devoir moral de renverser cet ordre. Ce mélange de descriptions et d'attitudes morales d'approbation dans le débat autour du concept de droit est un exemple de ce que Stevenson appelle une définition persuasive[2].

Voilà ce qu'on peut dire sur cette question vaine de la définition du concept de « droit » ou de « système juridique ». Je peux maintenant passer à la question de savoir comment le contenu d'un certain système juridique interne se distingue d'autres ensembles particuliers de normes.

Le système juridique d'une nation constitue, tout comme les normes des échecs, un système particulier dont le sens présente une cohérence interne; notre tâche est d'indiquer en

1. « Gesetzliches Unrecht und Übergesetzliches Recht », Anhang 4 in Gustav Radbruch, *Rechtphilosophie*, 4th ed, 1950, p. 347 *sq.*
2. C.L. Stevenson, *Ethics and Language*, 1944, p. 206 *sq.*

quoi elle consiste. Concernant les règles des échecs, le problème est simple. Elles ont un sens cohérent parce que toutes ces règles font, directement ou indirectement, référence aux mouvements effectués par les personnes qui jouent aux échecs. Si les règles de droit constituent un système de cette sorte, elles doivent aussi faire référence à certaines actions déterminées accomplies par des personnes déterminées. Mais quelles actions et accomplies par qui ? Pour pouvoir répondre à cette question, il faut, à partir d'une analyse des règles considérées généralement comme formant un système juridique interne, montrer à qui s'adressent ces règles et dans quel but.

En fonction de leur contenu immédiat, les normes juridiques peuvent être divisées en deux groupes, les normes de conduite et les normes de compétence ou de procédure. Le premier groupe inclut ces normes qui prescrivent un certain type d'action – par exemple, la règle contenue dans *Uniform Negotiable Instruments Act, s. 62*, prescrit que l'acheteur s'engage à payer ce qu'il doit selon les conditions fixées au moment de la vente. Le second groupe contient les normes qui créent une compétence (pouvoir, autorité) – ce sont des directives qui font que les normes créées selon un mode de procédure officiel doivent être considérées comme des normes de conduite. Une norme de compétence est ainsi indirectement l'expression d'une norme de conduite. Par exemple, les normes constitutionnelles relatives au pouvoir législatif sont indirectement l'expression des normes de conduite qui prescrivent de se conformer aux normes de conduite qui seront créées par la législation.

À qui ces normes s'adressent-elles ? *Uniform Negotiable Instruments Act, s. 62*, par exemple, prescrit apparemment comment doit se conduire une personne qui a souscrit une traite. Mais cela ne permet pas de rendre complètement compte de la force normative de cette règle. En effet, on reste assez loin de ce qui est vraiment essentiel. La section 62 est en même temps une directive adressée aux tribunaux leur indiquant comment exercer leur autorité dans une affaire relevant de cette loi. C'est évidemment la seule chose qui intéresse le juriste. Si une disposition légale ne contenait aucune directive adressée aux tribunaux, elle pourrait être considérée comme une simple déclaration morale ou idéologique sans valeur juridique. Par contre, s'il est établi qu'une disposition légale contient une directive adressée aux tribunaux, alors il n'est pas nécessaire de donner à l'individu de nouvelles instructions concernant sa conduite. Ce sont deux aspects d'une même chose. L'instruction adressée à l'individu est implicite puisqu'il sait à quelles réactions des tribunaux il doit s'attendre dans certaines conditions. Cela l'incite donc, s'il veut éviter de telles réactions, à adapter sa conduite en conséquence.

Les lois pénales sont conçues ainsi. Elles ne disent pas qu'il est interdit aux citoyens de commettre un homicide, mais elles indiquent simplement au juge quelle doit être leur décision en cas d'homicide. En principe, rien n'empêche que les règles contenues dans *Uniform Negotiable Instruments Act*, ou toute autre norme de conduite, soient conçues de cette manière. Ceci montre que le contenu réel d'une norme de conduite est une directive adressée au juge, tandis que l'instruction adressée à l'individu est une norme juridique au sens figuré, dérivée et déduite de cette directive.

Les normes de compétence sont réductibles à des normes de conduite et doivent par conséquent être interprétées comme des directives adressées aux tribunaux.

L'exécution est fondée sur la décision du juge. Quelle que soit la forme que prenne l'exécution, elle implique la possibilité de faire usage de la force physique contre une personne qui refuse d'agir conformément à ce qui a été jugé.

Un « juge » est une personne compétente en vertu des règles qui régissent l'organisation des tribunaux, la nomination et l'élection des juges. Ainsi les règles du droit privé (adressées au juge) sont intégrées aux règles du droit public. Le droit, dans sa totalité, détermine non seulement – par des règles de conduite – dans quelles circonstances il sera ordonné de faire usage de la force, mais aussi quelles autorités publiques, quelles juridictions, sont chargées d'ordonner l'usage de la force [1].

Il s'ensuit naturellement que si l'usage public de la force a un effet et un sens particulier, c'est parce que le droit de faire usage de la force physique est pour l'essentiel le monopole des autorités publiques. S'il existe un mécanisme garantissant le monopole de la force, on parle d'État.

En résumé : le système juridique interne est un corps organisé de règles qui déterminent dans quelles conditions il sera fait usage de la force physique à l'encontre d'une personne ; le système juridique interne établit un mécanisme constitué d'autorités publiques (les tribunaux et les institutions chargées de l'exécution) dont la fonction est d'ordonner et de mettre en œuvre l'usage de la force dans des cas spécifiques. En bref : le système juridique interne est constitué des règles qui permettent de créer et de faire fonctionner le mécanisme par lequel l'État fait usage de la force.

---

1. Les faits sont un peu plus compliqués que ce qui est décrit ici car, dans certains cas relativement rares, l'usage de la force peut être ordonné directement par l'administration sans l'intervention des tribunaux.

§ 8 *La validité du système juridique*

Nous partirons de l'hypothèse selon laquelle un système de normes est « valide » s'il peut être utilisé comme schéma d'interprétation d'un ensemble d'actions sociales, de sorte qu'il est possible de comprendre cet ensemble d'actions comme un tout cohérent qui a un sens et une raison d'être, mais aussi de prédire, dans certaines limites, ces actions. Cette propriété du système repose sur le fait que les normes sont effectivement observées parce qu'elles sont ressenties comme socialement obligatoires.

Mais quels sont les faits sociaux qui correspondent, en tant que phénomènes juridiques, aux normes juridiques ? Il ne peut s'agir que des actions humaines réglées par des normes juridiques. Celles-ci, on l'a vu, ne sont finalement que des normes qui déterminent à quelles conditions la force sera exercée par le mécanisme de l'État ; ou, pour être bref, des normes par lesquelles les tribunaux ordonnent l'usage de la force. Il s'ensuit que les phénomènes juridiques qui correspondent aux normes ne peuvent être que les décisions des tribunaux. C'est là qu'on doit rechercher l'effectivité et donc la validité du droit.

On peut donc définir le système juridique d'une nation, en tant que système valide de normes, comme l'ensemble des normes qui, pour le juge, sont effectivement en vigueur parce qu'il les perçoit comme socialement obligatoires et donc comme devant être obéies. Selon cette hypothèse – à savoir considérer le système de normes comme un schéma d'interprétation – tester validité consiste à savoir s'il est possible de comprendre le sens des actions du juge (les décisions des tribunaux) en tant que réactions à des conditions déterminées et de pouvoir les prédire dans certaines limites – tout comme les normes des échecs nous permettent de comprendre les mouvements effectués par les joueurs comme des réactions qui ont un sens et de le prédire.

L'action du juge est une réaction à un certain nombre de conditions déterminées par les normes juridiques – si un contrat de vente a été conclu, si le vendeur n'a pas tenu parole, si la notification de l'acheteur a été effectuée dans les délais, et ainsi de suite. Ces conditions sont des faits qui acquièrent la signification spécifique d'actes juridiques grâce à une interprétation effectuée à la lumière des normes. C'est pour cette raison que ces faits peuvent être qualifiés de phénomènes juridiques au sens large ou de droit en vigueur.

Cependant, lorsqu'il s'agit de déterminer la validité de normes juridiques, seuls importent les phénomènes juridiques au sens strict – à savoir l'application du droit par les tribunaux. Contrairement aux idées généralement admises, il faut souligner que le droit est constitué de normes qui régissent le comportement des tribunaux et non celui des personnes privées. L'effectivité qui conditionne la validité des normes ne peut donc être recherchée que dans l'application judiciaire du droit et non pas dans le droit en vigueur pour les personnes privées. Si, par exemple, l'avortement est interdit, le véritable contenu du droit consiste dans une directive adressée au juge selon laquelle il doit, dans certaines conditions, punir l'avortement. Le critère décisif pour savoir si cette interdiction est du droit valide ne peut être que le fait qu'elle est effectivement appliquée par les tribunaux en cas d'infractions et de poursuites [1]. Que les gens respectent cette interdiction ou qu'ils

---

1. Le terme « tribunaux » est pris ici au sens large et désigne les autorités qui concourent à la répression pénale : police, autorité chargée des poursuites, tribunaux proprement dits. Si la police s'abstient régulièrement d'enquêter sur certaines infractions, ou si l'autorité chargée des poursuites s'abstient

l'ignorent fréquemment ne change rien. De là vient ce paradoxe apparent selon lequel plus une règle est effective-ment respectée sans que la justice ait à intervenir, plus il est difficile de déterminer si cette règle est valide, car les tribu-naux ont alors moins l'occasion de manifester leurs réactions[1].

Jusqu'à présent, les termes « juge » ou « tribunaux » ont été employés indifféremment. Lorsqu'on parle d'un système juridique interne, on suppose qu'on a affaire à un ensemble de normes supra-individuelles au sens où elles sont propres à une seule nation, qu'elles sont différentes de celles d'autres nations, mais qu'elles sont les mêmes d'un juge à l'autre. C'est pourquoi on peut parler indifféremment du « juge » ou des « tribunaux ». Mais, dans la mesure où un juge particulier est influencé par certaines idées personnelles, celles-ci ne peuvent être considérées comme faisant partie du droit interne, même s'il s'agit là d'un facteur à prendre en considération si on désire prévoir une décision juridique concrète.

Chercher le fondement de la validité du droit dans les décisions des tribunaux c'est suivre un raisonnement qui peut paraître circulaire. On peut en effet avancer que la compétence de juge n'est pas simplement une qualité de fait, mais qu'on ne peut l'attribuer qu'en se référant au droit valide, en particulier aux règles du droit public qui régissent l'organisation des tribunaux et la nomination des juges. Avant de savoir si telle ou telle règle du droit privé est valide je dois donc établir ce qu'est le droit public valide. Quel est alors le critère de validité ?

régulièrement d'engager des poursuites, le droit pénal perd son caractère de droit valide, même s'il est appliqué par les tribunaux à de rares occasions.

1. Pour l'application de cette idée au droit international voir Alf Ross, *Textbook of International Law*, 1947, § 24, § 28.

La réponse à ce problème est que le système juridique forme un tout qui intègre les règles du droit privé et celles du droit public. Fondamentalement, la validité est une qualité attribuée à la totalité du système. Tester la validité c'est déterminer si le système dans son ensemble, lorsqu'il est utilisé comme schéma d'interprétation, nous permet de comprendre ce que font les juges, mais aussi qu'ils le font avec la compétence de « juges ». Il n'y a aucun point d'Archimède pour cette vérification, aucune partie du droit qui puisse être vérifiée avant une autre partie [1].

Le fait que ce soit fondamentalement le système juridique tout entier qui soit soumis à vérification n'exclut pas la possibilité de rechercher si telle règle particulière est du droit valide. Cela implique seulement que le problème ne peut être résolu sans référence au « droit valide » dans sa totalité. Ces problèmes plus spécifiques à propos de la vérification sont abordés aux paragraphes 9 et 10.

Suivant l'explication exposée dans cette section, le concept de validité d'une loi repose sur des hypothèses relatives à l'esprit du juge. On ne peut établir ce qu'est le droit valide par une démarche purement béhavioriste, c'est-à-dire en observant de l'extérieur des régularités dans les réactions des juges (leurs habitudes). Il est possible que durant une longue

---

1. Il n'y a rien de surprenant à ce que la vérification porte sur le système considéré comme un tout. Le même principe s'applique dans les sciences de la nature. La vérification d'une loi de la nature ne peut se faire qu'en supposant qu'un certain nombre d'autres lois sont vraies. La question est seulement de savoir si cette loi particulière est compatible avec le système admis jusqu'alors. Mais rien ne peut être établi de façon certaine. Rien n'empêche qu'une nouvelle expérience nous oblige à réviser les principes admis jusqu'alors. C'est toujours la totalité du système qui reste le critère ultime pour juger ce qui doit être tenu pour vrai.

période le juge manifeste une conduite spécifique ; par exemple, il inflige des peines en cas d'avortement. Puis, soudain, sa conduite change car une nouvelle loi a été promulguée. La validité ne peut pas non plus être déterminée en faisant appel à une habitude plus générale, observable de l'extérieur, qui serait celle « d'obéir au législateur ». Car il est impossible d'identifier, par l'observation externe, le « législateur » auquel on obéit. Une observation purement externe peut conduire à la conclusion que l'on obéit à des personnes, désignées par leurs noms, qui forment, au moment de l'observation, le législatif. Mais, un jour, ces personnes changent. On pourrait continuer ainsi en remontant jusqu'à la constitution, mais rien n'empêche que la constitution ne change elle aussi un jour.

Une interprétation béhavioriste ne mène donc à rien. Le changement de comportement du juge ne peut être compris et prédit que par une interprétation idéologique, c'est-à-dire en faisant l'hypothèse qu'une certaine idéologie anime le juge et motive ses actions.

Pour dire les choses autrement, le droit présuppose non seulement que le juge ait un comportement régulier, mais aussi qu'il ait le sentiment d'être lié par les règles. Le concept de validité implique deux éléments : d'une part un comportement régulier, observable de l'extérieur et conforme à un modèle ; d'autre part le sentiment que ce modèle est une norme qui oblige socialement. Aux échecs, il peut y avoir une manière de jouer observable de l'extérieur qui ne soit pas l'expression d'une norme valide des échecs, comme, par exemple, faire une ouverture avec le pion tour. De la même manière, toute régularité observable de l'extérieur dans les réactions du juge n'est pas l'expression d'une norme juridique valide. Il est possible, par exemple, que se soit développée l'habitude d'imposer seulement des amendes pour certaines infractions alors que la loi permet aussi de prononcer des peines de prison. Il faut ajouter, cela va de soi, que les habitudes des juges montrent une forte tendance à se transformer en normes obligatoires et que, dans ce cas, l'habitude sera interprétée comme l'expression du droit valide. Mais ce n'est pas le cas tant qu'il ne s'agit que d'une habitude de fait.

Ce double aspect du concept de validité explique le dualisme associé à ce concept dans la théorie métaphysique du droit contemporaine. Selon cette théorie, « droit valide » signifie à la fois un ordre effectif et un ordre qui possède une « force obligatoire » dérivée de principes *a priori*. Le droit est à la fois quelque chose de factuel qui fait partie du monde réel et quelque chose de valide qui fait partie du monde des idées. Il est facile de voir que ce dualisme peut conduire à des problèmes logiques et épistémologiques qui se manifestent dans un certain nombre d'antinomies de la théorie du droit[1]. Il mène logiquement à un énoncé métaphysique affirmant que l'existence en elle-même est intrinsèquement valide (Hegel). Comme la plupart des constructions métaphysiques, cette conception de la validité du droit positif repose sur une mauvaise interprétation des données de l'expérience qui montre notamment que le droit n'est pas seulement un ordre coutumier de fait mais un ordre qu'on se représente comme socialement obligatoire. Par conséquent, la conception traditionnelle, si on supprime ce qu'elle a de métaphysique, vient appuyer ma propre conception en tant qu'elle s'oppose à une interprétation purement béhavioriste de la validité du droit.

---

1. La démonstration de ces antinomies est le thème principal de mon livre, *Towards a Realistic Jurisprudence* (1946).

NORBERTO BOBBIO

ÊTRE ET DEVOIR-ÊTRE
DANS LA SCIENCE DU DROIT [*]

1. Considérer le problème de la science du droit du point de vue de la distinction entre l'« être » et le « devoir-être » signifie se poser à nouveau la vieille question usée jusqu'à la corde, de savoir si la science du droit, dans la mesure où elle est une science, est une « science normative ». Vieille, parce qu'elle a connu sa grande période à travers l'« école scientifique » en France et de la *Freirechtsbewegung* en Allemagne ; usée, parce que l'expression « science normative » est ambiguë, et a donné lieu à trop de discussions purement verbeuses pour être utilisée avec profit. En abordant une fois encore cette question, je sais que je touche à un nid de guêpes. Je dirai immédiatement que, dans une discussion générale comme celle-ci, je ne prétends nullement attraper ces guêpes, mais seulement les dénicher avec l'espoir d'en capturer au moins quelques-unes.

[*] Norberto Bobbio, « Être et devoir-être dans la science du droit », dans *Essais de théorie du droit*, trad. M. Guéret, C. Agostini, Paris, Bruylant-LGDJ, 1998, p. 185-206. Communication présentée au Congrès international de philosophie juridique et sociale qui a eu lieu à Milan-Gardone du 9 au 13 septembre 1967. Les sections 2 et 5 de l'article ne sont pas reproduites ici.

Que la science du droit soit une science normative signifie deux choses très différentes et non nécessairement liées. Au sens faible, cela veut dire que la science du droit s'occupe – ou traite – des normes; au sens fort, qu'elle pose, propose, ou impose franchement des normes. L'équivoque naît du fait que la science du droit, à la différence par exemple des autres sciences sociales, peut être dite « normative » dans les deux sens : Alors que les sciences sociales ne peuvent en général être dites « normatives » qu'au second sens, dans la mesure où elles ne s'occupent habituellement pas de règles, la science du droit peut être dite « normative » à double titre : elle s'occupe de règles, et elle en pose.

Les choses se sont compliquées avec Kelsen : dans la théorie normative du droit, « normatif » est employé en un sens qui ne correspond à aucun des deux mentionnés plus haut. Dans l'expression « théorie normative », le terme « normatif » a une signification qui, au regard du premier sens, est trop indéterminée, et trop ambitieuse à l'égard du second : la théorie normative est quelque chose de plus qu'une recherche sur les règles, et quelque chose de moins que le fait de poser ou d'imposer des règles. En d'autres termes, la théorie normative n'est normative dans aucun des sens les plus évidents du terme « normatif », même si elle est plus éloignée du second, totalement exclu, que du premier, une fois corrigé et précisé. En effet, si l'on doit exclure que « normatif », rapporté à l'activité du juriste et du théoricien du droit, puisse signifier selon la théorie normative « prescriptif », on ne peut à l'inverse exclure qu'il veuille dire « relatif à des normes ». Il nous faut seulement mieux préciser en quel sens.

Depuis les *Hauptprobleme*, Kelsen est revenu à de nombreuses reprises sur la question et avec insistance[1]. D'un côté, il n'a jamais pu se passer de la catégorie du « normatif » pour distinguer la science du droit des sciences sociales; de l'autre, il a toujours dû conjurer le danger de l'usage de la catégorie du « normatif », qui conduit à attribuer à la science du droit une fonction prescriptive qui ne lui appartient pas. « Normatif », déjà dans les *Hauptprobleme*[2], s'oppose non à « descriptif », mais à « explicatif »; parallèlement, « descriptif » s'oppose – surtout dans ses derniers travaux – non à « normatif », mais à « prescriptif »[3]. Puisque les deux couples « normatif-explicatif » et « prescriptif-descriptif » ne s'opposent pas, il n'y a rien de contradictoire à affirmer, comme le fait Kelsen, que la science du droit est à la fois descriptive et normative: descriptive au sens où elle ne prescrit pas; normative au sens où ce qu'elle décrit n'est pas constitué de faits, mais de normes. Elle décrit ce qui doit être et non ce qui est. En cela, les *Sollsätze*, les propositions qui caractérisent la science du droit, se distinguent d'une part des *Seinsätze*, propres aux sciences sociales – causales –, et de l'autre des *Sollnormen* de tout système normatif.

Par ailleurs, que la caractéristique de la science du droit soit d'énoncer des *Sollsätze* ne signifie pas qu'elle soit normative

---

1. H. Kelsen, *Hauptprobleme der Staatsrechtlehre, entwickelt aus der Lehre vom Rechtssatze*, Mohr, Tübingen, 1911, p. 225 *sq.* (noté désormais *HS*); *Théorie pure du droit*, trad. H. Thévenaz, Neuchâtel, éd. la Baconnière, 1953, p. 48 *sq.* (traduction faite à partir de l'édition de *Reine Rechtslehre* de 1934; notée désormais *RR1*); *Théorie générale du droit et de l'État*, trad. B. Laroche, Paris, Bruylant-LGDJ, 1997, p. 216 *sq.*; *Théorie pure du droit*, trad. C. Eisenmann, Paris, Dalloz, 1962, p. 95 *sq.* (traduction faite à partir de l'édition de *Reine Rechtslehre* de 1960; notée désormais *RR2*).

2. H. Kelsen, *HS*, p. VI, p. 42.

3. *RR2*, p. 96.

au sens faible, c'est-à-dire qu'elle s'occupe de normes. La sociologie du droit ou, plus encore, la théorie générale du droit d'inspiration sociologique s'occupent aussi des normes. Elles ne doivent cependant pas être confondues avec la science du droit strictement et rigoureusement entendue. Pour distinguer la science du droit de la sociologie du droit, il faut recourir à une nouvelle signification de «normatif», différente des deux autres significations déjà mentionnées. Quoique Kelsen ait repris maintes fois cette question, ou peut-être à cause de cela, la nouvelle signification de «normatif» n'a sans doute pas encore été établie d'une manière claire et univoque[1]. On perçoit une oscillation et une superposition entre deux significations, liées sans être bien différenciées : a) les normes, un système déterminé de normes, sont le point de vue à partir duquel le juriste, à la différence du sociologue, considère les comportements sociaux[2] ; la réalité sociale apparaît à travers le filtre d'une certaine structure normative et les comportements l'intéressent dans la mesure où ils sont réglés, et selon un certain mode ; b) les propositions de droit sont le «résultat» qu'obtient le juriste dans son travail d'identification, d'interprétation et de systématisation d'un ordre juridique positif donné[3]. Peut-être pourrait-on formuler cela d'une autre manière : quoique descriptive, la science du droit décrit des

1. Elle a provoqué des discussions sans fin. Kelsen y fait allusion, pour reprendre sa propre thèse, dans *RR2*, p. 102, note 1.

2. «La science du droit vise à comprendre son objet juridiquement, c'est-à-dire du point de vue du droit», *RR2*, p. 95.

3. Cette seconde acception apparaît dans tous les passages dans le *sq.*uels Kelsen affirme que le devoir de la science du droit n'est jamais celui de prescrire, mais de décrire ce qui doit être : «Les propositions qu'utilise la présente théorie pour décrire son objet ne sont donc pas des propositions sur ce qui est mais sur ce qui doit être. C'est en ce sens que nous pouvons parler de théorie normative» (*Théorie générale du droit et de l'État, op. cit.*, p. 215).

faits qualifiés de normes ou qualifiés par le biais de normes, ou bien formule des propositions de devoir-être à travers des assertions. Il n'est pas dit que ces deux sens de « normatif » ne se rejoignent pas dans l'affirmation maintes fois reprise par Kelsen, que la science du droit est normative dans la mesure où elle décrit non ce qui est, mais ce qui doit être, et utilise pour ce faire un système normatif déterminé.

Après Kelsen, le caractère du « normatif » peut donc être attribué à la science du droit a) soit parce qu'elle s'intéresse aux normes ; b) soit parce qu'elle considère la réalité sociale à travers un système normatif ; c) soit parce qu'elle pose des normes [1]. De manière synthétique, même si elle s'en trouve un peu figée, la catégorie du normatif peut être considérée du point de vue de *l'objet*, de la *méthode* et de la *fonction de* la science du droit. En laissant de côté le cas des normes comme objet, puisque cette signification est la moins contestée, et en ne tenant compte du « normatif » que du point de vue de la méthode et de la fonction, on peut concevoir idéalement quatre modèles de science du droit comme science normative : a) normative dans la méthode et non dans la fonction – c'est le modèle kelsénien ; b) normative dans la méthode et dans la fonction ; c) normative non dans la méthode, mais dans la fonction ; d) normative ni dans la méthode ni dans la fonction.

Cette classification en quatre types idéaux de science du droit peut être formulée plus clairement en partant des deux couples d'attributs que nous avons déjà mentionnés, et qui servent à identifier le modèle kelsénien « explicatif-normatif » et « descriptif-prescriptif ». Nous avons vu que la science du droit est pour Kelsen à la fois normative et descriptive. Ces

---

1. Cette tripartition correspond à peu près à celle de Ross, *On Law and Justice*, Londres, Stevens, p. 1-3.

deux caractères de la science kelsénienne, nous le savons, ont été contestés à plusieurs reprises et par différents partis : d'abord, par les courants réalistes ou plus généralement sociologiques ; ensuite, par les courants jusnaturalistes ou plus généralement anti-positivistes. Pour les premiers, la science du droit est une science explicative qui utilise les méthodes des sciences naturelles ; elle est d'autant plus parfaite qu'elle réussit à les appliquer rigoureusement. Pour les seconds, la science du droit possède une fonction prescriptive d'une manière qui n'est pas différente de celle du législateur ou du juge, même si le degré d'autorité n'est pas le même. Puisque les termes des deux couples ne se superposent pas plus qu'ils ne s'excluent, on peut, en partant des critiques faites à l'un, à l'autre ou aux deux des caractères de la science kelsénienne du droit, obtenir quatre modèles idéaux de science du droit : a) normative descriptive – le modèle kelsénien ; b) normative-prescriptive ; c) explicative-prescriptive ; d) explicative-descriptive. Le modèle opposé à celui de Kelsen est le c), lequel conçoit la science du droit comme une science des faits, et lui attribue, en même temps, la mission de donner des directives aux juges : un exemple assez fidèle de ce modèle peut être trouvé dans l'œuvre de Ross[1]. [...] [2]

1. En effet, Ross considère d'un côté, la science du droit comme une science factuelle, en opposition directe avec Kelsen – même s'il accepte le « normatif » au sens faible en admettant que la science du droit puisse s'occuper de normes ; de l'autre côté, il souligne la fonction pratique du travail du juriste de *sententia ferenda* – même s'il reconnaît le principe que la science du droit, dans la mesure où elle est une science, décrit mais ne prescrit pas.

2. La section 2 de l'article, qui n'est pas reproduite ici, porte sur la métascience du droit. L'auteur défend l'idée d'une méta-science du droit analytique et descriptive qu'il distingue de la méta-science prescriptive de Kelsen. *(NdT)*

3. Si nous tentons de reformuler maintenant la question dont nous sommes partis, celle de la science du droit comme science normative, abstraction faite de tel ou tel modèle, ou à la lumière d'une méta-science descriptive, nous nous rendons compte que les trois réponses possibles que nous avions indiquées dans le premier paragraphe de cet article sont trop rigides et doivent donc être remises en question.

Commençons par la première : la science du droit est une science normative en ce qu'elle s'occupe des normes. Certes, les normes d'un système déterminé constituent, pour le juriste, les instruments principaux de son travail : c'est d'elles, pour l'essentiel, qu'il tire les connaissances et les arguments qui lui sont utiles afin d'atteindre la fin visée. Mais les normes sont, pour employer une métaphore, comme la matière travaillée par rapport à la matière brute. Le juriste ne peut négliger, sous peine de tomber dans le plus aride des verbalismes, la matière brute dont toute norme dérive, c'est-à-dire, en dehors de toute métaphore, les intérêts individuels et collectifs dont l'équilibre constitue la fin principale d'un ordre juridique. Une des expressions les plus obscures, employée par les juristes, est celle de la « nature des choses » : l'expression est terriblement obscure parce qu'elle résume en une formule synthétique et générique le champ varié et complexe du matériau extra-normatif dans lequel le juriste puise. Le vif intérêt que le problème de la « nature des choses » a suscité ces dernières années est un indice du changement d'attitude du juriste à l'égard de l'idée, typiquement positiviste, selon laquelle la science du droit ne s'intéresse qu'aux seules normes.

En second lieu, quand on parle aujourd'hui des normes, on n'entend pas parler d'une catégorie restreinte aux contours bien définis, comme celle des théories impérativistes qui entendaient par « norme juridique » les lois, et identifiaient donc « norme juridique » à « norme générale et abstraite ». Quand on dit que le juriste s'intéresse aux normes juridiques, il faut entendre par là qu'il s'intéresse à une catégorie de choses dont certaines sont, à l'égard de la norme entendue comme norme générale et abstraite, *moins* que des normes, et d'autres, plus que des normes. Les premières sont les décisions juridictionnelles – normes individuelles – les secondes sont les principes – normes très générales. Nous savons que l'une des directions que prend la science du droit, dans les pays de droit codifié, est celle d'une ouverture au droit prétorien ; l'autre direction, à peine ébauchée, mais destinée également à peser dans la théorie générale, conduit à prendre conscience, en particulier dans les ordres juridiques dont la constitution est rigide, de la fonction non seulement interprétative, mais aussi intégrative et créatrice des principes.

La science du droit, par conséquent, ne traite pas uniquement des normes, mais quand elle en traite, elle opère d'une manière beaucoup plus variée et hétérogène que ce qu'on le croit habituellement.

Il devient dès lors évident que l'expression que nous avons employée jusqu'ici, faute de mieux, « s'occuper uniquement des normes », est générique et a besoin d'être précisée. Quels sont les moyens par lesquels le juriste approche-t-il les normes du système ? Combien sont-ils ? La réponse à cette question nécessiterait une recherche analytique qu'une méta-théorie prescriptive ne veut et ne peut entreprendre [1].

---

1. Pour ce paragraphe, j'ai utilisé l'étude de A. Baratta, *Ricerche su essere e dover essere nell'esperienza normativa e nella scienza del diritto*, Milan, Giuffrè, 1968, p. 41. Baratta distingue douze espèces différentes de discours que les juristes tiennent sur les normes. J'ai cherché à les regrouper ici en quelques catégories qui m'ont semblé plus importantes.

Voyons plus avant : les normes d'un système sont, pour le juriste, des instruments de travail qu'il utilise pour remplir sa fonction sociale, qui consiste à qualifier les comportements comme étant obligatoires, défendus ou permis et donc, d'attribuer des droits et devoirs. D'une manière qui ne diffère pas de celle d'un artisan qui serait également artiste, le juriste ne trouve pas ces instruments prêts à être utilisés ; il doit avant tout, afin de pouvoir les employer, aller les chercher – et ils sont parfois loin et cachés. Il doit ensuite les façonner en fonction du but qu'il se propose, et parfois même, les fabriquer de ses propres mains. Lorsque tout ce travail avant usage n'est pas à faire, c'est le signe qu'un autre artisan, c'est-à-dire un autre juriste, l'a fait avant lui. Un bon critère susceptible d'orienter l'analyse des différentes façons qu'a la science du droit de s'occuper des normes, est celui qui distingue la « mise au point » de l'instrument, de son « utilisation ». On peut alors distinguer différentes phases au sein de ces deux moments principaux.

Les deux phases principales de la mise au point sont le relevé des normes nécessaires et leur révision dans le but d'en proposer de nouvelles. Ces deux phases sont successives : la seconde n'intervient que lorsque la première n'a pas donné de résultats satisfaisants. De même, le rapport que chacune d'elles entretient avec le moment de l'application est différent : le relevé a un rapport direct avec le moment de l'application, tandis que la révision n'entretient qu'un rapport indirect, dans la mesure où elle est destinée à n'être qu'un outil au profit des juristes, qui décideront ultérieurement.

Le relevé est un processus très complexe qui peut consister en diverses opérations, dont les plus facilement reconnaissables sont les suivantes : a) l'opération *d'identification*, à travers laquelle on constate l'existence de la norme ou des normes qui devront ensuite servir lors du moment de l'application; il s'agit du jugement de *validité* – en précisant que le jugement de validité du juriste sur les normes n'est pas uniquement un jugement de validité formelle, comme on l'entend habituellement, mais aussi, bien que cela soit plus rare, un jugement de validité axiologique et de validité factuelle; b) l'opération de *compréhension*, par laquelle on attribue aux normes, une fois l'opération de confirmation effectuée, la signification la plus appropriée à l'usage que l'on veut en faire : il s'agit de l'opération habituellement appelée *d'interprétation*, en précisant là encore que l'activité interprétative n'a pas lieu uniquement lors de cette phase-ci, mais intervient également lors de la phase antérieure. puisque l'on ne parvient au jugement de validité formel, habituellement, qu'à travers l'interprétation des normes de structure, et lors de la phase suivante, puisque la découverte de nouvelles normes est liée à la façon dont les juristes ont interprété les anciennes; c) l'opération de *découverte*, à travers laquelle le juriste, en manipulant de plusieurs manières les normes du système ou en ayant recours à la nature des choses, pourvoit au besoin continu de normes nouvelles, provoqué par les exigences d'une vie commune organisée en un développement permanent.

La phase du relevé se termine par l'opération de découverte, et celle de la révision commence. Malgré la séparation nette que la théorie du droit positiviste, pour des raisons théoriques et idéologiques assez claires – division du travail entre les diverses opérations du droit, séparation des pouvoirs, dogme de la certitude. etc. – trace entre la recherche *de iure condito* – ce que nous avons appelé le relevé – et les propositions *de iure condendo* – ce que nous avons appelé la révision –, le passage de l'une à l'autre phase est progressif, et, parfois, insensible. Un système juridique n'est pas un système statique : le travail de la science du droit sert à le maintenir en état d'équilibre dynamique à travers la découverte de normes nouvelles, et tend à transformer le système soit en introduisant des normes nouvelles, soit en s'écartant des normes anciennes. Le critère distinctif le plus utilisé pour différencier les deux moments du relevé et de la révision, fondé sur la distinction entre jugements de fait et jugements de valeur, nous semble de plus en plus flou : des jugements de valeur interviennent, comme nous le verrons sous peu, à toutes les phases de la recherche du juriste et pas uniquement dans celle où, en se plaçant en dehors d'un système donné, il propose des règles nouvelles pour un nouveau système.

Les normes sont identifiées, interprétées, trouvées, pour être employées. À la phase de la mise au point, succède celle de l'utilisation. Les normes peuvent être employées de diverses manières, mais, en tenant compte de la fin spécifique du travail du juriste – qui est d'attribuer des droits et des devoirs dans le cadre d'un système normatif donné, la distinction la plus appropriée, dans ce cas également, est celle entre l'usage direct et l'usage indirect. L'usage aux fins d'application est direct ; l'usage aux fins de systématisation – ou autrement dit, à des fins dogmatiques – est indirect.

Il y a usage à des fins d'application lorsque la norme est confrontée aux faits, c'est-à-dire à la conduite effective – ou seulement possible – qui doit être juridiquement qualifiée ; il y a usage à des fins dogmatiques lorsque les normes d'un système ou un groupe homogène de normes sont utilisées comme matériau linguistique informe, ou encore peu formé, afin d'en extraire des concepts rigoureux, ou du moins des concepts dont les contours sont mieux définis, et ordonnés d'une manière systématique. Il s'agit d'un usage indirect des normes, parce que, dans l'élaboration conceptuelle à des fins dogmatiques, le matériau offert par les normes est utilisé non pas pour une application immédiate, mais afin de fournir des instruments plus fins pour une application future et éventuelle. Les concepts dogmatiques sont extraits, des normes et, en ce sens, ils utilisent des normes; en même temps, ils servent à une application plus exacte, et plus cohérente des normes. L'usage direct, c'est-à-dire, l'application proprement dite, est habituellement médiatisée par l'usage non immédiatement applicable que la dogmatique fait des normes. C'est en se rendant compte que la dogmatique élabore des instruments utiles à l'application que l'on évite les excès tant de fois déplorés de la construction conceptuelle et systématique qui n'a d'autre fin qu'elle-même.

4. Les questions qui naissent du second sens de « normatif » – le sens kelsénien – et des diverses critiques qu'il a suscitées, sont plus intéressantes et également plus subtiles d'un point de vue analytique. Dans le premier paragraphe, nous avons cherché à comprendre le concept kelsénien de science du droit comme science normative, dans son double sens de science qui a pour tâche de qualifier d'une manière normative des comportements – le *Sollen* comme *point de vue* –, et qui atteint son but en formulant des propositions contenant un devoir-être – le *Sollen* comme *résultat*.

Pour ce qui concerne la première signification – le *Sollen* comme point de vue –, la position de Kelsen a bien résisté aux critiques des réalistes[1]. Comme nous avons déjà eu l'occasion de le dire, la tâche fondamentale de toute science du droit – et la morale casuistique est aussi une science du droit – est de

---

1. Sur cet aspect du problème, je suis d'accord avec M.A. Cattaneo, « Quattro punti », *Rivista internazionale di filosofia del diritto*, XLIV, 1967, p. 436-442, et les arguments qu'il développe.

qualifier les comportements humains sur la base du critère qui permet de différencier ce qui est licite de ce qui est illicite. Eh bien, licite et illicite sont des qualifications normatives, ce qui signifie qu'afin de déterminer ce qui est licite et ce qui est illicite, il faut se référer à un système de normes. Quoique l'on attribue au jusnaturalisme la théorie des *bona in se* et des *mala in se*, des jusnaturalistes comme Pufendorf et Locke savent bien que le *bonum* et le *malum*, juridiquement entendus sont des concepts normatifs. Il est vrai, par ailleurs, que la critique du normativisme qui, aujourd'hui, provient non plus des jusnaturalistes, alliés dans cette bataille aux normativistes, mais des sociologues, est plus subtile : elle ne conteste pas que le licite et l'illicite soient des concepts normatifs – et ne retombe donc pas dans les bras de la théorie des *bona* et des *mala in se* –, mais soutient que les normes ne sont pas autre chose qu'un schéma de prédiction. Dire d'un comportement qu'il est illicite parce qu'il n'est pas conforme à une norme, signifie par conséquent que si ce comportement a lieu, il s'en suivra *probablement* un autre, normalement considéré comme désagréable. Ainsi, tout se réduirait en description d'événements liés les uns aux autres d'une manière causale. En termes de *Sein* et de *Sollen*, la critique réaliste insiste sur la négation de la distinction, c'est-à-dire sur la réduction du *Sollen* au *Sein*.

Le premier mouvement défensif de Kelsen n'a pas consisté dans la négation de la légitimité d'une recherche qui, partant de l'observation de ce qui arrive, en fait, dans le champ de la conduite juridiquement réglée, fait des prévisions sur ce qui peut plus ou moins probablement arriver. La sociologie du droit et la science normative du droit peuvent opérer tranquillement, l'une à côté de l'autre, sans se heurter ; ou mieux, il est probable que leurs résultats, quoiqu'ils aient été obtenus au terme d'une approche différente, ne seront pas dissemblables.

Le second mouvement – la meilleure défense est la contre-attaque – a été de soutenir que cette science causale du phéno-mène juridique présuppose la science du droit dans le sens traditionnel du mot, qui est une science normative et non causale[1].

On peut tirer de l'œuvre de Kelsen certains arguments en faveur de cette seconde thèse, exposés en ordre épars et sans liens entre eux, dont certains ont été repris et développés par Hart : a) la norme n'opère pas comme schéma prédictif lorsqu'il s'agit d'organes supérieurs comme les organes légis-latifs, dont les comportements ne sont que formellement et non matériellement prédéterminés par la constitution – le droit imprévisible est également du droit, et il est tel avant toute prévision possible[2] ; b) la norme opère uniquement comme schéma qualificatif à l'égard des règles que le juge applique pour infliger une sanction – *le juge ne s'en remet pas au droit pour savoir ce qu'il va faire exactement, mais pour savoir ce qu'il doit faire*[3] ; c) la prévision, à son tour, n'est possible que sur la seule base du présupposé d'un système normatif qui fonctionne – et la possibilité de prévision est d'autant plus grande que le système normatif aura été décrit par la science normative du droit ; d) la prévisibilité du comportement du juge est d'autant plus grande que le comportement est réglé, c'est-à-dire qualifié par les normes du système ; e) la prévision qu'un délit, dans des circonstances particulières, restera impuni, ne supprime pas l'obligation qu'a l'individu de ne pas

---

1. *RR1*, p. 87 ; RR2, p. 104 ; *Théorie générale du droit et de l'État, op. cit.*, p. 215.

2. *RR1*, p. 89 ; *RR2*, p. 120.

3. H. Kelsen, *Théorie générale du droit et de l'État, op. cit.*, p. 222.

le commettre[1]; f) utiliser la norme comme seul schéma de prédiction, et non comme schéma de qualification, ne permet pas d'établir de différence entre le commandement du législateur et celui du bandit[2]. Tous ces arguments peuvent être regroupés ainsi : 1) certains tendent à souligner l'insuffisance du schéma prédictif (a, h, e, f); 2) d'autres tendent à montrer que, même lorsque ce schéma est suffisant, son résultat *dépend* de l'application, même tacite, d'une norme ou un groupe de normes comme schéma qualificatif.

La discussion se déplace alors du *Sollen* entendu comme approche caractéristique de la science du droit, au *Sollen* comme résultat, c'est-à-dire comme il apparaît dans les conclusions du travail interprétatif du juriste. Le fondement et l'origine de cette discussion se situent dans le fait de n'avoir pas compris, ou de n'avoir pas voulu reconnaître le *tertium genus* des *Sollsätze*, que Kelsen a posé à mi-chemin entre les *Seinsätze* et les *Sollnormen*. Cette mauvaise compréhension ou cette méconnaissance voulue résultent clairement de cette phrase de Ross : *Comme toutes les autres propositions descriptives, celles de la science du droit doivent exprimer ce qui est et non ce qui doit être – elles doivent être des assertions et non des directives – des normes*[3]. Il semble qu'il n'y ait, pour Ross, si l'on s'en tient à cette phrase, que des assertions ou des normes : *tertium non datur*. À l'inverse. selon Kelsen, les propositions sur les normes ne sont pas des normes, mais des assertions d'une nature spéciale; on ne peut donc pas dire *sic et simpliciter*; c'est-à-dire sans précision ultérieure, qu'elles sont des assertions identiques à celles des sciences sociales.

---

1. *Ibid.*, p. 221 – dans une critique bien connue de la thèse de Holmes.
2. *Ibid.*, p. 228.
3. A. Ross, *On Law and Justice, op. cit.*, p. 10.

Il faut bien admettre que, si mauvaise compréhension il y a, une bonne partie de la responsabilité en incombe à Kelsen lui-même. Pour expliquer ce *tertium non datur*, il imagine la figure ambiguë et composite – un parfait centaure véritable – du *Sollen* descriptif[1]. On trouve, dans ses commentaires, deux affirmations discutables : a) *on méconnaît cette dualité de signification du mot Sollen lorsqu'on identifie les propositions normatives – c'est-à-dire, relatives à des normes – à des impératifs*[2] ; et b) la *norme et la proposition formulée par la science du droit pour décrire cette norme... ont, du point de vue logique, un caractère différent.* Une première possibilité de confusion naît du fait que le mot *Sollen* en allemand, comme le mot « devoir » en italien, peut être employé également au sens d'« être probable » – *mon père doit être à la maison* –, c'est-à-dire en un sens qui en autorise l'usage dans des propositions descriptives[3]. Il pourrait donc sembler qu'en parlant de *Sollen* descriptif, Kelsen ait voulu entendre que le mot *Sollen*, se trouvant non plus dans une norme, mais dans une proposition relative à une norme, change de signification, c'est-à-dire qu'il passe de la signification – la plus importante – d'« être obligatoire » à celle d'« être probable ». De cette manière, la doctrine kelsénienne finirait par rejoindre, sans le vouloir, et même, en voulant le contraire, la doctrine réaliste ; la grande controverse entre normativistes et réalistes

---

1. « Mais le *Sollen* de la proposition juridique n'a pas comme le *Sollen* de la norme juridique, un sens prescriptif ; il n'a qu'un sens descriptif », *RR2*, p. 102 ; *cf.* également, p. 110.

2. *RR1*, p. 102.

3. J'ai utilisé, pour les observations de ce paragraphe, la contribution de M.G. Losano, « Per un'analisi del Sollen in H. Kelsen », *Rivista internazionale di filosofia del diritto*, XLVI, 1967, p. 546-68, à laquelle je renvoie pour de plus amples remarques sur la signification du mot « Sollen ».

finirait en un jeu de mots, en une véritable plaisanterie linguistique. Mais il n'en est rien : rien chez Kelsen ne permet de penser que le *Sollen* des propositions de la science du droit aurait une signification différente du *Sollen* des normes d'un ordre juridique. Il dit même expressément, et en le répétant, le contraire : tout aussi bien dans les normes que dans les propositions sur les normes, le *Sollen* exprime un lien d'imputation distinct du lien de causalité, et le lien d'imputation signifie une nécessité juridique distincte de la nécessité naturelle. Que la nécessité juridique, c'est-à-dire une nécessité à un niveau normatif, puisse faire naître l'idée d'une possibilité de fait, à partir du moment où les normes, à la différence des lois naturelles, peuvent être violées, peut expliquer le passage de la signification du *Sollen* de « c'est obligatoire » à « c'est probable » : mais Kelsen n'entend rien de cela quand il parle de *Sollen* descriptif.

Accordons à Kelsen que le *Sollen* ne change pas de signification. On peut en effet admettre sans aucune difficulté, tant dans la norme *Si A commet un vol, il doit être puni*, que dans la proposition *Si A commet un vol, il doit être puni selon le droit valide*, que le terme « doit » a toujours la même signification de « juridiquement nécessaire ». Toutefois, l'expression kelsénienne de *Sollen* descriptif est une source inutile d'équivoque, et parler d'une signification « descriptive » du *Sollen* distincte de sa signification « prescriptive » est impropre. En se tenant strictement à la théorie de Kelsen, ce qui change, dans le passage d'une norme à une proposition sur une norme, n'est pas la signification du *Sollen*, mais le contexte dans lequel le *Sollen* est employé. Si l'on veut parler, comme le fait Kelsen, de *status logico*, ce n'est pas le *Sollen* qui change de *status logico*, mais l'ensemble de la proposition dans laquelle le *Sollen* est contenu, et qui peut être tantôt une norme, tantôt une proposition sur les normes, c'est-à-dire une proposition de droit. En acceptant la distinction entre prescriptions et assertions, en admettant comme critère de distinction entre les unes et les autres, comme l'admet Kelsen, l'applicabilité ou non du critère du caractère vérifiable, le *Sollen* peut appartenir, avec la même signification de « juridiquement juste – ou nécessaire, ou obligatoire », tout autant à une prescription qu'à une assertion. Cela démontre qu'il n'existe aucun *Sollen* descriptif distinct du *Sollen* prescriptif, mais plutôt qu'il est possible que le *Sollen* fasse partie soit d'une prescription, soit d'une assertion. Une expression considérée d'une manière isolée peut difficilement être dite prescriptive ou descriptive : elle devient descriptive ou prescriptive selon l'usage que l'on en fait, et en dernière analyse, selon le contexte auquel elle appartient, et la force[1] de ce contexte dans une situation donnée.

Une fois la signification des *Sollsätze* correctement comprise, il ne me semble pas que la thèse kelsénienne du résultat que vise la science du droit apporte quelque chose de nouveau, si on la compare à la thèse du point de vue de la science du droit. Cette dernière arrive à ce résultat parce qu'elle se place, pour connaître le phénomène social, d'un certain point de vue qui est, nous l'avons vu, le point de vue normatif.

---

1. J'utilise le mot « force » sans entrer dans la controverse soulevée par la contribution de Tarello, publiée par la *Rivista internazionale du filosofia del diritto*, XLVI, 1967, p. 419-435. *Cf.* les observations pertinentes de L. Gionformaggio à ce sujet, dans le même numéro, p. 459-464.

LA THÈSE DE LA SÉPARATION DU DROIT
ET DE LA MORALE

INTRODUCTION

Cette partie aborde une thèse, celle de la séparation entre le droit et la morale, qui a été une des cibles privilégiées des critiques contemporaines du positivisme juridique. Comme l'a bien montré Norberto Bobbio[1], les usages de l'expression de « positivisme juridique » donnent lieu à certains flottements propices aux malentendus. Selon les contextes, le positivisme juridique peut se trouver associé à des thèses distinctes. 1) Il renvoie d'abord à une certaine conception de la science du droit dont l'objectif est de rendre compte du droit positif, d'étudier le droit tel qu'il est, en s'abstenant de tout jugement de valeur qui ferait appel à un principe de justice ou à un droit idéal. 2) En tant que théorie du droit, le positivisme est associé à une conception légaliste et étatiste du droit. 3) Il arrive enfin qu'on qualifie de positiviste une forme d'idéologie qui conduit à justifier le droit positif ainsi que l'obligation d'obéir aux normes juridiques quel que soit leur contenu. L'essentiel est de noter que ces différentes thèses auxquelles renvoie le terme de « positivisme juridique » sont indépendantes les unes des

---

1. N. Bobbio, « Sur le positivisme juridique », dans *Essais de théorie du droit*, *op. cit.*, p. 23-38. Dans « Le positivisme et la séparation du droit et de la morale », Hart distingue, quant à lui, cinq significations possibles du « positivisme juridique » (cf. *infra*, note 1, p. 195).

autres. Il est ainsi possible d'adopter une conception positiviste de la science du droit tout en rejetant les versions impérativistes du droit et en dénonçant leur dimension idéologique. Il n'est donc pas toujours aisé de savoir ce que visent exactement les critiques du positivisme juridique, d'où une présentation parfois réductrice de l'opposition entre les théories positivistes et les doctrines du droit naturel.

Dans son célèbre article « Le positivisme et la séparation du droit et de la morale », Hart met en avant ce qu'il croit être une thèse commune aux différentes théories du droit qualifiées de positiviste et dont il situe la source chez les utilitaristes et leurs critiques du droit naturel moderne. Selon la formulation qu'en donne Hart, cette thèse affirme qu'il n'y a aucune connexion nécessaire entre le droit et la morale, entre le droit tel qu'il est et le droit tel qu'il doit être. Bien évidemment, personne ne peut nier l'existence de liens entre le droit et la morale au sein d'une société donnée : l'ordre juridique est en partie le reflet de certaines valeurs morales, il évolue en fonction des transformations de la morale commune, mais peut également exercer une influence sur les mœurs. Alors, comment faut-il interpréter cette thèse ? Cette thèse de la séparation présente d'abord une portée épistémologique, puisqu'elle coïncide avec une certaine idée de la science du droit dont la fonction serait de décrire l'ordre juridique tel qu'il est et non de le justifier à partir de valeurs morales ou d'un idéal de justice. Mais une telle séparation implique également que la validité d'une règle juridique ne dépend pas nécessairement de son contenu moral.

Hart tente de justifier cette thèse de la séparation en répondant aux différentes objections dont elle a pu être l'objet. Il montre, dans un premier temps, qu'il est possible de soutenir cette thèse sans pour autant adopter une théorie impérativiste du droit qu'il réfute par ailleurs. La seconde étape de son argumentation porte sur la théorie de la décision judiciaire. Selon Hart, le droit présente une « texture ouverte » qui fait que les règles juridiques présentent une forme d'indétermination qui requiert parfois des juges un travail d'interprétation qui peut faire intervenir des considérations morales. Les décisions des juges ne sont donc pas nécessairement, comme le prétend le formalisme juridique, le résultat d'inférences logiques à partir des règles juridiques en vigueur. Néanmoins, Hart rejette l'idée d'une indétermination totale du droit qui conduirait à une position sceptique (celle qu'il attribue aux réalistes américains) et qui multiplierait les interférences entre le droit et la morale dans le processus judiciaire. Dans les cas ordinaires, qui constituent l'essentiel du droit, les juges peuvent identifier le contenu des règles juridiques au moyen d'une règle de reconnaissance qui n'a aucune connexion nécessaire avec la morale.

Dans un troisième temps, Hart tente de répondre aux critiques du positivisme juridique qui se sont développées après la guerre et dans lesquelles on a pu voir une résurgence du droit naturel. Une de ses cibles est le célèbre article de Gustav Radbruch publié en 1946, dans lequel le juriste allemand accuse le positivisme d'avoir annihilé les capacités de défense qu'auraient pu déployer les juristes allemands contre la législation nationale-socialiste. Radbruch vise en particulier certaines versions du positivisme légaliste qui réduisent le droit aux règles imposées par le pouvoir (confondant ainsi la validité du droit avec un simple fait) et qui ont contribué à justifier le principe « la loi c'est la loi ». Aux yeux d'un positiviste, les lois instituées sous le Troisième Reich seraient valides malgré leur caractère « arbitraire et criminel » et il n'y aurait aucune raison de juger comme injustes les décisions ou les actions de ceux qui ont contribué à l'application de ces lois; l'idée « d'injustice légale » serait alors totalement privée de sens. Se faisant l'écho des considérations mises en avant au sein des cours pénales après-guerre, Radbruch tente de montrer que le droit positif ne peut être conçu indépendamment de valeurs comme l'utilité, la sécurité ou la justice. La théorie du droit de Radbruch repose sur un dualisme entre le devoir-être et l'être. Mais, contrairement à Kelsen, il considère que le devoir-être constitutif du droit se fonde sur des valeurs appartenant à un « droit supra-légal ». Il s'ensuit que certaines lois instituées par l'État national-socialiste, en raison de leur caractère particulièrement injuste, étaient dénuées de toute validité. Au-delà les difficultés que pose cette hypothèse au plan pénal, Hart décèle dans les arguments de Radbruch une conception confuse de la validité du droit. Une loi peut, en vertu de la thèse de la séparation, être reconnue comme valide indépendamment de sa valeur morale. Il est donc possible d'affirmer que « des lois, bien que moralement iniques sont tout de même des lois ». Il importe donc de distinguer la validité et la moralité du droit. De plus, on peut reconnaître la valeur juridique de lois iniques sans pour autant affirmer qu'on est tenu d'y obéir au nom d'un impératif moral; comme l'écrit Hart, « il n'y a pas de contradiction à affirmer qu'une règle de droit est trop inique pour qu'on lui obéisse »[1]. La validité du droit ne signifie pas pour autant qu'on l'approuve ni qu'on est moralement tenu de s'y conformer. En d'autres termes, la thèse de la séparation entre droit et morale est indépendante de l'idéologie qui considère l'obéissance aux normes juridiques valides comme un devoir moral.

---

1. H.L.A. Hart, *Le concept de droit, op. cit.*, p. 251.

À la fin de l'article, Hart apporte quelques nuances à cette thèse de la séparation en admettant que, si on considère l'ordre juridique en tant que tel (et non des règles juridiques particulières), il y a des connexions entre ce qu'est le droit et ce qu'il doit être. Il est possible de dégager rationnellement, à partir de certains faits naturels, un ensemble de principes qui déterminent certaines conditions nécessaires à l'existence et au contenu d'un ordre juridique[1]. Hart reconnaît également l'existence de règles procédurales constitutives de tout ordre juridique (par exemple, la règle d'impartialité), mais sans que cela remette en cause la thèse de la séparation. C'est précisément ce que conteste Lon Fuller dans une série de critiques adressées à Hart[2]. Lon Fuller défend l'idée d'une moralité interne du droit qui vise explicitement la thèse de la séparation. Dans *The Morality of Law*, dont nous traduisons un extrait, l'auteur part d'une fiction (celle du roi Rex qui tente d'instaurer une législation) pour montrer que l'existence du droit repose nécessairement sur un ensemble de règles d'ordre moral : un système juridique exige des lois générales, non rétroactives, qui font l'objet d'une promulgation, dont le sens est suffisamment clair, qui ne présentent pas de contradiction, qui n'obligent pas à l'impossible, qui sont relativement constantes et effectivement mises en œuvre par les autorités. Le concept même de légalité repose sur un ensemble de règles morales. Parce qu'il ne respecte pas cette moralité interne du droit, Rex ne parvient pas à créer un ordre juridique. Selon

1. Hart parlera d'un « contenu minimum du droit naturel » (*Ibid.*, p. 232). Sur ce point, Hart semble adopter une théorie morale cognitiviste. Pour lui, la thèse de la séparation ne coïncide pas, comme c'est le cas chez Kelsen, avec une théorie non cognitiviste des valeurs.

2. Sur le débat Hart-Fuller, *cf.* P. Cane (ed), *The Hart-Fuller Debate in the Twenty-First Century*, Oxford, Hart Publishing, 2010.

cette hypothèse, les règles imposées par un pouvoir qui ne se conformeraient pas à cette moralité interne ne seraient pas du droit à proprement parler. Fuller distingue toutefois cette morale interne de nature essentiellement procédurale d'une morale substantielle qui serait extérieure au droit. La distinction est capitale car reconnaître les règles morales inhérentes au droit n'implique pas une conception moraliste du droit qui subordonnerait le droit à un idéal moral extérieur au droit. Lon Fuller précise également que cette moralité interne ne peut être ramenée à un ensemble de devoirs clairement définis; elle relève de ce qu'il appelle une «morale d'aspiration» de type téléologique plutôt que d'une morale du devoir. Pour Hart, la théorie de Lon Fuller repose en fait sur un usage confus du terme «morale». Les règles qu'il met en évidence peuvent être interprétées comme des règles constitutives du droit sans qu'on leur attribue une dimension morale prescriptive.

Dans une série de textes postérieurs au *Concept de droit*, et notamment dans un *Postscript* publié de façon posthume, Hart apporte quelques nuances à cette thèse de la séparation en admettant que, même s'il n'y a aucune connexion nécessaire entre le droit et la morale, il est possible, d'un point de vue positiviste, d'admettre que la règle de reconnaissance incorpore des principes moraux. Il s'ensuit que «les critères ultimes de validité juridique peuvent explicitement incorporer, à côté du *pedigree*, des principes de justice ou des valeurs morales substantielles qui constituent le contenu de contraintes constitutionnelles»[1]. Le VIIIe amendement de la constitution des États-Unis qui interdit «les châtiments cruels ou exceptionnels» serait, selon cette interprétation, une illustration de la manière dont un critère moral peut être incorporé parmi les

1. H.L.A. Hart, *Concept of Law, Postscript*, p. 247.

conditions de validité du droit. À cette occasion, Hart qualifie sa théorie du droit de « positivisme faible » pour la distinguer des théories positivistes qui réduisent la validité à une question de fait ou de *pedigree*, ouvrant ainsi la voie à une forme de « positivisme juridique inclusif »[1].

On peut toutefois s'interroger sur ce remaniement et cet aménagement de la thèse de la séparation. Les partisans d'un positivisme juridique « exclusif » s'en tiennent à une version stricte de cette thèse et jugent que la validité d'une règle juridique ne dépend pas directement de sa valeur morale. Dans son article « Le positivisme juridique et les sources du droit », Joseph Raz défend une version du positivisme qui repose sur ce qu'il appelle une « thèse sociale forte ». Selon cette thèse, l'existence et le contenu du droit sont entièrement déterminés à partir de sources sociales et ne font pas intervenir de considérations morales. Ces sources renvoient à un ensemble de faits sociaux qui peuvent être décrits indépendamment de tout jugement de valeur. On peut évidemment admettre que des normes morales deviennent des normes juridiques, mais elles ne tirent pas leur validité de leur contenu moral en tant que tel, mais de leur source. Il arrive également que les juges, confrontés à des cas difficiles, mobilisent des principes moraux dans leurs décisions : on peut dire alors qu'ils créent du droit en suivant certaines considérations morales, mais sans pour cela en conclure que la morale est un critère de validité du droit. Selon Raz, le positivisme exclusif est la seule version cohérente du positivisme, plus fidèle à nos conceptions du droit et au caractère institutionnel du droit.

---

1. *Cf.* Introduction générale.

GUSTAV RADBRUCH

INJUSTICE LÉGALE ET DROIT SUPRALÉGAL[*]

I

C'est par le moyen de deux principes que le national-socialisme sut rallier ses partisans (d'une part les soldats, d'autre part les juristes) à ses projets : « un ordre, c'est un ordre » et « la loi, c'est la loi ». Le principe « un ordre, c'est un ordre » n'a jamais été valable sans restriction. Le devoir d'obéissance trouvait sa limite lorsque le commandant donnait des ordres à buts criminels (§ 47 MStGB [1]). Le principe « la loi, c'est la loi » n'était par contre soumis à aucune restriction. Il était l'expression de la pensée juridique positiviste qui, durant des décennies, dominait presque sans partage les juristes allemands. Ainsi la notion d'injustice légale, de même que la notion de droit supralégal, étaient-elles des contradictions dans les termes. C'est à ces deux problèmes que la pratique se voit

---

[*] Gustav Radbruch, « Gesetzliches Unrecht und übergesetzliches Recht », *Süddeutsche Juristenzeitung*, 1, 1946, p. 105-108 ; « Justice légale et droit supralégal », trad. Michael Walz, *Archives de philosophie du droit*, 39, 1995, p. 307-317.

1. MStGB : *Militärstrafgesetzbuch* (Code de justice militaire).

maintenant confrontée dans bien des cas. Par exemple, on a publié et commenté, dans la *Süddeutsche Juristenzeitung* (p. 36), un jugement du Tribunal cantonnal de Wiesbaden, selon lequel « les lois, en vertu desquelles la propriété des juifs fut déclarée dévolue à l'État sont en contradiction avec le droit naturel. Elles étaient nulles déjà au moment de leur promulgation ».

II

Dans le domaine du droit pénal, le même problème a été soulevé, notamment par des discussions et des décisions dans la zone d'occupation russe.

1. Dans l'audience principale devant la Cour d'assises thuringienne de Nordhausen, un employé des autorités judiciaires, Puttfarken, ayant provoqué par dénonciation la condamnation et l'exécution d'un agent commercial, Göttig, a été condamné aux travaux forcés à perpétuité. Puttfarken avait dénoncé Göttig à cause d'une inscription que ce dernier avait laissée dans les cabinets : « Hitler est un assassin de masse et responsable de la guerre ». La condamnation ne résultait pas seulement de cette inscription, mais aussi du fait d'avoir écouté des stations de radio étrangères. La plaidoirie du procureur général de la Thuringe, le Dr Kuschnitzki, a été rapportée en détail par la presse *(Thüringer Volk* du 10 mai 1946). Le procureur général discute d'abord la question de savoir si l'acte était contraire à la loi. « Si l'accusé déclare qu'il a déposé la plainte par conviction nationale-socialiste, c'est alors insignifiant en droit. Il n'existe pas d'obligation juridique de dénoncer quelqu'un, même pas par conviction politique. Même sous le régime d'Hitler, une telle obligation juridique n'était pas en vigueur. Le critère décisif est de savoir si

l'accusé a agi au service de l'administration de la justice. Cela présuppose que la justice soit en mesure de dire le droit. *La légalité, la prétention à la justice et la sécurité du droit sont les exigences d'une juridiction.* La justice pénale à caractère politique sous le régime hitlérien ne répond à aucune de ces trois présuppositions. »

> Celui qui a dénoncé quelqu'un en ces années-là devait s'attendre – et s'attendait – à ce qu'il livrât l'accusé, non pas à une procédure judiciaire donnant les garanties juridiques d'une instruction et d'un jugement impartial, mais à une procédure arbitraire.
>
> Je me range sur ce point entièrement à une expertise juridique qu'a fournie à ce propos le doyen de la faculté de droit de l'université d'Iéna, monsieur le professeur Lange. Les conditions politiques caractéristiques du Troisième Reich étaient tellement connues que l'on savait exactement que, si l'on demandait des comptes à quelqu'un, dans la troisième année de guerre, pour avoir noté sur une fiche "Hitler est un assassin de masse et responsable de la guerre", cet homme ne pouvait alors avoir la vie sauve. Une personne comme Puttfarken n'était certainement pas en mesure de concevoir *comment* la justice allait faire une entorse au droit ; mais il pouvait bien se fier à ce qu'elle y parvînt.
>
> Il n'existait pas non plus d'obligation juridique de dénonciation d'après le § 139 SIGB[1]. Il est vrai que, d'après cette disposition, est passible d'une peine celui qui apprend de source digne de foi un projet de haute trahison et qui omet de le dénoncer en temps utile aux autorités. Il est certain que Göttig a été condamné à mort par le Tribunal régional supérieur de Kassel pour cause de *préparation à la haute*

---

1. StGB : *Strafgesetzbuch* (Code pénal). Article sur la non-dénonciation de projets d'infraction.

trahison, mais au sens juridique, il n'y avait nullement de préparation à la haute trahison. La phrase courageusement proclamée par Göttig, "Hitler est un assassin de masse et responsable de la guerre", n'était bel et bien que la vérité crue. Celui qui la prononça et la propagea n'était une menace ni pour le Reich ni pour sa sûreté. Il ne faisait que tenter de contribuer à l'élimination du corrupteur du Reich, voulant ainsi sauver le Reich, ce qui est le contraire d'une haute trahison. Il faut rejeter tout effort de troubler ces faits clairs par des réserves juridiques formelles. De surcroît, on peut douter que le soi-disant *Führer* et Chancelier du Reich ait jamais pu être considéré comme chef d'État légal et dès lors protégé par l'article sanctionnant la haute trahison. En aucun cas l'accusé n'a-t-il donc, lorsqu'il procédait à la dénonciation, réfléchi sur une application de la règle de droit à son acte, ni même pu y réfléchir, compte tenu du degré de son discernement. Il n'a jamais non plus déclaré qu'il avait dénoncé Göttig, parce qu'il avait vu, dans l'acte de Göttig, une entreprise de haute trahison et qu'il se croyait pour cela obligé de le dénoncer.

Le procureur général passe ensuite à la question de savoir s'il y a faute pénale.

> « Puttfarken avoue en substance qu'il a voulu faire monter Göttig à l'échafaud. Un bon nombre de témoins l'ont confirmé. *C'est la préméditation de l'assassin au sens du § 211 StGB*. Que ce soit un tribunal sous le Troisième Reich qui a condamné Göttig à mort ne va pas à l'encontre du fait que Puttfarken est l'auteur de l'infraction. Il *en est l'auteur intellectuel*. On doit admettre, il est vrai, que la notion d'auteur intellectuel, développée par la jurisprudence de la Cour suprême du Reich, comprend généralement des éléments constitutifs différents de celui-ci, à savoir surtout des éléments qui consistent en ce que l'auteur intellectuel se sert d'un instrument sans volonté ou irresponsable. Qu'un

tribunal allemand puisse être l'instrument d'un criminel, personne ne l'a imaginé auparavant. Or aujourd'hui, nous nous trouvons bel et bien face à un tel fait. Et le cas de Puttfarken *ne sera pas unique. Que* le tribunal ait agi *d'un point de vue formel* conformément à la loi lorsqu'il a prononcé le jugement injuste ne peut aller à l'encontre du fait qu'il y a eu un auteur intellectuel. Par ailleurs, les réserves que l'on pourrait faire sur ce point sont écartées par la loi complémentaire thuringienne du 8 février 1946 qui précise dans son article II, afin de lever tous les doutes, le libellé du § 47 al. 1 StGB de la manière suivante : "Sera puni comme auteur celui qui commet, lui-même ou par l'intermédiaire d'autrui, l'infraction, même si autrui agit conformément à la loi." Il ne s'agit pas là de droit matériel nouveau qui crée un effet rétroactif, mais seulement d'une interprétation authentique du droit pénal en vigueur depuis 1871 » [1].

« Moi-même, je suis d'avis que, après avoir pris en considération soigneusement tous les aspects pour et contre, l'hypothèse d'un assassinat commis par un auteur intellectuel *ne* souffre *pas* de réserves. Cependant, à supposer que le tribunal en arrive peut-être à une conception divergente, et nous devons nous y attendre, quelles sont les considérations qui entreraient alors en ligne de compte ? Si l'on rejette l'hypothèse selon laquelle il y a un auteur intellectuel, force est, très probablement, de *considérer comme assassins les juges qui, contrairement au droit et à la loi, ont condamné Göttig à*

---

1. Dans la version thuringienne du StGB éditée par le professeur R. Lange (Weimar, 1964), celui-ci écrit (p. 13) qu'« il y avait eu souvent des doutes sur la notion d'auteur intellectuel, dans les cas où l'auteur avait abusé la justice, afin de poursuivre ses buts criminels (détournement de procédure, dénonciation politique). L'article II de la loi complémentaire du 8 février 1946 précise pour cela que l'auteur intellectuel est passible d'une peine, même si celui qui a servi d'instrument a agi conformément à la loi ou en remplissant une obligation de service ».

mort. L'accusé aurait alors été *complice de l'assassinat* et serait à punir de ce fait. Pour le cas où il y aurait, là aussi, d'importantes objections à faire (et je ne les méconnais nullement), il reste la *Loi n° 10 en date du 30 janvier 1946 du Conseil de contrôle allié.* Conformément à l'article 2-1c de cette loi, l'accusé se serait rendu coupable d'un crime contre l'humanité. Dans le cadre de cette loi, la question n'importe plus de savoir s'il y a eu ou non violation de la loi nationale dans le pays où le crime a été perpétré. Sont passibles d'une peine les actes inhumains et les persécutions pour des motifs d'ordre politique, racial ou religieux. D'après l'article 2-3 de cette loi, la personne reconnue coupable peut être frappée d'une peine que le tribunal estimera juste. Même la peine capitale » [1].

« En tant que juriste, je suis par ailleurs accoutumé à me limiter à une appréciation purement juridique. On fait toujours bien de se placer *au-dessus de* la cause et de la considérer à la lumière du sens commun. La jurisprudence n'est toujours qu'un instrument dont se sert le juriste conscient de sa responsabilité, afin de parvenir à un jugement qui soit juridiquement soutenable. »

La cour d'assises, dans son jugement, a condamné Göttig, non pas pour être auteur intellectuel, mais pour complicité d'assassinat. En conséquence, les juges ayant condamné Göttig à mort, contrairement au droit et aux lois, seraient coupables d'assassinat [2].

---

1. La question de savoir s'il s'agit d'un acte punissable en vertu de la Loi n°10 du Conseil de contrôle allié ne sera pas discutée par la suite, pui *sq.*u'elle ne relève pas, en premier lieu, de la compétence de la juridiction allemande.

2. Un autre procès pour dénonciation, où ont été inculpés les dénonciateurs de Sophie et Hans Scholl, a eu lieu devant la Cour d'assises de Munich. La dénazification est dirigée contre des convictions politiquement et moralement inférieures, elle n'a besoin d'examiner ni la légalité, ni la conformité au droit, ni

2. Actuellement, on peut lire dans la presse *(Tägliche Rundschau* du 14 mars 1946) que le procureur général du *Land* Saxe entend faire valoir, avec les moyens du droit pénal, la «responsabilité des juges de leurs sentences inhumaines», même si de tels jugements avaient été rendus en vertu des lois nationales-socialistes :

> La législation de cet État dominé par le parti national-socialiste, en vertu de laquelle ont été prononcées des sentences capitales comme celles que je viens de citer, est *dénuée de toute validité juridique.*
>
> Elle est fondée sur la loi dite *"Loi sur les pleins pouvoirs"*, qui n'a pas été votée à la majorité des deux tiers requise par la constitution. Hitler avait empêché de force les députés communistes du *Reichstag* d'assister aux séances, les avait fait arrêter au mépris de leur immunité. Les députés restants, notamment ceux qui appartenaient au parti du Centre, ont été forcés, par l'intervention imminente des S.A., à voter la passation des pleins pouvoirs. [1]
>
> Aucun juge ne peut s'appuyer sur une loi qui n'est pas seulement injuste, mais *criminelle*, et l'appliquer dans les jugements. *Nous* invoquons les *droits de l'homme* qui se situent au-dessus de tous les règlements écrits, les droits dont on ne peut être déchu, qui existent de temps immémorial et

la culpabilité de la mise en pratique de ces convictions. De là s'ensuit la délimitation de la dénazification d'avec la justice répressive, mais aussi leur chevauchement. *Cf.* article 22 de la Loi sur la libération.

1. Il aurait également été nécessaire de discuter la question de savoir dans quelle mesure des ordres nés d'une révolution, de par «la force normative des faits», sont devenus du droit en vigueur. Par ailleurs, l'affirmation que la majorité des deux tiers en faveur de la Loi sur les pleins pouvoirs ne fut atteinte que par l'exclusion des députés communistes est inexacte, comme l'indique aimablement mon collègue Jellinek.

qui annulent toute validité des ordres criminels donnés par des tyrans inhumains.

Partant de ces considérations, je suis d'avis qu'il faut mettre en accusation les juges qui ont rendu des jugements inconciliables avec les principes de l'humanité et qui ont prononcé la peine capitale pour des vétilles.[1]

3. On nous apprend qu'à la ville de Halle, ont été condamnés à mort les auxiliaires de l'exécuteur des hautes œuvres, Kleine et Rose, pour participation active à plusieurs exécutions illicites. Kleine a participé, d'avril 1944 jusqu'en mars 1945, à 931 exécutions de jugements, percevant 26 433 *Reichsmark* d'indemnités. La condamnation semble être fondée sur la Loi n° 10 du Conseil de contrôle allié (crimes contre l'humanité). «Les deux accusés ont exercé leur métier atroce de leur plein gré, car tout exécuteur est libre de démissionner à tout moment de sa fonction pour des raisons de santé ou autres» (*Liberaldemokratische Zeitung*, Halle, du 12 juin 1946).

4. On nous fait également connaître le cas suivant, actuellement discuté en Saxe (cf. l'article du 9 mai 1946 par le procureur général, le Dr J.U. Schroeder) : en 1943, un soldat originaire de la Saxe envoyé au front Est et auquel on avait commandé de garder des prisonniers de guerre a déserté, «dégoûté du traitement inhumain que subirent les prisonniers, las peut-être aussi de servir dans les troupes d'Hitler». Il ne put s'empêcher, en fuyant, de se présenter au domicile de son épouse, où il fut découvert. Un brigadier vint le chercher. Il réussit à s'emparer discrètement du pistolet du brigadier et à

---

1. Pour la responsabilité pénale des juges ayant prononcé des sentences non conformes au droit, voir également Buchwald, dans son ouvrage considérable, *Gerechtes Recht*, Weinar, 1946, p. 5 *sq.*

l'abattre, en lui tirant dans le dos. En 1945, il revint de Suisse en Saxe, fut arrêté et le ministère public s'apprêta à le mettre en accusation pour assassinat d'un agent. Le procureur général a prononcé un non-lieu et ordonné la mise en liberté de cet homme, considérant les éléments du §54 StGB[1] comme remplis. Il estime que l'état de nécessité n'a pas été causé par faute pénale, en argumentant que «ce que les détenteurs du droit faisaient alors passer pour du droit n'est plus valable aujourd'hui. Déserter l'armée d'Hitler et de Keitel ne constitue pas, pour notre conception juridique, un manquement susceptible de déshonorer le fugitif et de justifier sa punition; un tel acte n'entraîne pas de culpabilité. »

Partout, on se met donc à lutter contre le positivisme, sous l'aspect de l'injustice légale et du droit supralégal.

III

Le positivisme, de par sa conviction que «la loi, c'est la loi», a en effet privé les juristes allemands de toute défense contre des lois arbitraires et criminelles. Pourtant, le positivisme n'est pas en mesure de fonder par ses propres moyens la validité des lois. Il prétend avoir prouvé la validité d'une loi par le simple fait qu'elle ait eu le pouvoir de s'imposer. Or, le pouvoir peut peut-être servir de fondement à une nécessité, mais en aucun cas à un devoir-être *(ein Sollen)* ou à une validité *(ein Gelten)*. Ces derniers ne peuvent se fonder que sur une valeur inhérente à la loi. Encore que toute loi positive comporte d'emblée une valeur, sans égard à son contenu : mieux vaut encore une loi quelconque que pas de loi du tout,

1. Paragraphe relatif à la légitime défense et à l'état de nécessité.

parce qu'elle produit au moins la sécurité du droit. Mais la sécurité du droit n'est pas l'unique valeur, ni la valeur décisive, que le droit doit rendre effective. Au contraire, viennent s'ajouter à la sécurité du droit deux autres valeurs : l'utilité et la justice. Dans l'ordre hiérarchique de ces valeurs, il faut placer l'utilité du droit au bien commun au dernier rang. Le droit n'est nullement tout « ce qui est utile au peuple », mais est utile au peuple, en fin de compte, seulement ce qui est droit, ce qui crée la sécurité du droit et ce qui vise à la justice. La sécurité du droit, que toute loi assure déjà par sa positivité, occupe une position intermédiaire curieuse entre l'utilité et la justice ; d'un côté, elle est exigée par le bien commun, de l'autre, par la justice. Que le droit soit sûr et certain, qu'il ne soit pas interprété et appliqué ici et aujourd'hui de telle façon, là et demain d'une autre, c'est une exigence de la justice. Là où s'élève un conflit entre la sécurité du droit et la justice, entre une loi contestable en son contenu, mais positive, et un droit juste, mais non moulé dans la forme d'une loi, il y a en vérité un conflit de la justice avec elle-même, un conflit entre la justice spécieuse et la justice véritable. Ce conflit est magnifiquement exprimé dans l'Évangile, en ce qu'il ordonne d'une part que « tu obéiras aux autorités qui ont prise sur toi », et commande d'autre part que « tu obéiras à Dieu plus qu'aux hommes ».

Le conflit entre la justice et la sécurité du droit devrait se résoudre de manière à ce que le droit positif, assuré par le pouvoir et par le fait d'être posé, ait la primauté, quand bien même son contenu est injuste et inapproprié, à moins que la contradiction de la loi positive avec la justice n'atteigne un degré tellement insupportable que la loi, en tant que « droit non juste » (« *unrichtiges Rech* »), doit céder à la justice. Il est impossible de tracer de manière plus nette une ligne de séparation entre les cas d'injustice légale et les lois qui doivent rester en vigueur en dépit de leur contenu non juste. Or, on peut parvenir à une autre délimitation qui, elle, est tout à fait nette : là où l'on ne vise même pas à la justice, où l'on désavoue sciemment, en posant le droit positif, l'égalité, qui fait le cœur de la justice, la loi ne devient pas seulement du « droit non juste », mais elle est au contraire dénuée de toute nature juridique en général. Car on ne peut définir le droit, et donc le droit positif, autrement que par un ordre et règlement dont l'esprit est de servir la justice. Mesurées à cet étalon, des parties entières du droit national-socialiste n'ont jamais obtenu le statut d'un droit en vigueur.

La qualité la plus frappante de la personnalité d'Hitler, devenue par la suite le trait caractéristique du « droit » national-socialiste tout entier, ce fut l'absence complète de sens de la vérité et du droit ; parce que tout sens de la vérité lui fit défaut, il sut, sans honte ni scrupules, donner à ses discours un ton de vérité, augmentant ainsi son efficacité d'orateur ; parce que tout sens du droit lui fit défaut, il sut, sans hésiter, ériger en loi des décisions gravement arbitraires. Au début de son régime, il y a ce télégramme adressé aux assassins dits « de Potempa », dans lequel il exprime sa sympathie. À la fin, il y a le déshonneur épouvantable des martyrs du 20 juillet 1944. À l'occasion de l'arrêt Potempa, Alfred Rosenberg[1], dans le *Völkischer Beobachter*[2], avait déjà fourni la théorie relative à cette négation du droit, en affirmant que les hommes ne se valaient pas l'un l'autre, de même que les meurtres ne se valaient pas l'un l'autre. Selon lui, en France, on avait estimé

1. Homme politique et théoricien du mouvement national-socialiste, auteur d'ouvrages de théorie raciale

2. Journal de l'extrême droite allemande dont Rosenberg fut le rédacteur en chef à partir de 1923.

de deux manières différentes, et à juste titre, l'assassinat du pacifiste Jaurès et la tentative d'assassinat du nationaliste Clemenceau. Il était impossible, dit-il, d'infliger les mêmes peines à l'auteur d'un crime qui avait agi pour des motifs patriotiques et à un autre dont les mobiles se tournaient (du point de vue national-socialiste) contre le peuple. C'est ainsi que fut exprimé d'emblée le dessein selon lequel le « droit » national-socialiste se soustrairait au critère essentiel de la justice, à savoir le principe de l'égalité de traitement. Par conséquent, ce « droit » est dénué sur ce point de toute nature juridique, il n'est pas seulement un droit non juste, mais pas du droit du tout. Tel est le cas notamment des dispositions par lesquelles le parti national-socialiste, contrairement au caractère partiel qui est propre à tous les partis, a revendiqué l'État dans sa totalité. Le caractère juridique fait encore défaut à toutes les lois considérant des êtres humains comme sous-hommes et les privant des droits de l'homme ; à toutes les peines qui, sans tenir compte de la gravité respective des crimes et inspirées uniquement par des besoins d'intimidation momentanés, prévoyaient la même sanction (souvent la peine capitale) pour des infractions dont la gravité était très variable. Ce ne sont là que des exemples de l'injustice légale.

Il ne faut pas méconnaître, précisément à la suite des expériences vécues pendant ces douze années, que la notion d'« injustice légale », par laquelle est niée la nature juridique de certaines lois positives, peut entraîner des dangers effrayants pour la sécurité du droit. Il nous faut espérer qu'une telle injustice restera un errement et un égarement unique pour le peuple allemand, mais, pour tous les cas, nous devons nous armer contre le retour d'un tel État fondé sur l'injustice, en surmontant définitivement le positivisme, qui a affaibli la capacité de défense contre les abus de la législation nationale-socialiste [1].

IV

Cela vaut pour l'avenir. À l'égard de l'injustice légale qui a régné pendant ces douze années, nous devons chercher à répondre à l'exigence de la justice, tout en diminuant autant que possible la perte de sécurité du droit. "Tout juge ne devrait pas être autorisé à concevoir des lois de son propre chef. Cette tâche devrait plutôt rester réservée à un tribunal supérieur ou bien au législateur (de même Kleine, *Süddeutsche Juristenzeitung*, p. 36). Une telle loi a déjà été promulguée, sur la base d'un accord du Conseil des *Länder*, dans la zone d'occupation américaine : il s'agit de la « *Loi concernant la réparation des injustices nationales-socialistes dans le domaine de la justice répressive* ». Du fait que, d'après cette loi, « les actes politiques qui consistaient à faire résistance au national-socialisme ou au militarisme ne sont pas punissables », les difficultés que présente, par exemple, le cas du déserteur peuvent être levées. En revanche, la loi affiliée, à savoir la « *Loi relative à la punition des infractions nationales-socialistes* », n'est applicable aux autres cas traités ici qu'à la condition que de tels actes fussent déjà punissables lors de la perpétration du crime. Nous avons donc à examiner, indépendamment de cette loi, la question de savoir si les actes constituant les trois autres cas sont punissables en vertu du droit du Code pénal du Reich.

---

1. Buchwald, *op. cit.*, p. 8 *sq.*, défend également la thèse du droit supralégal. *Cf.* aussi l'article de Walter Roemer, « Von den Grenzen und Antinomien des Rechts », *Süddeutsche Juristenzeitung*, 1, 1946, p. 5 *sq.*

Dans le cas du dénonciateur discuté ci-dessus, l'hypothèse que le dénonciateur est l'auteur intellectuel d'un homicide ne peut être contestée, si celui-ci a montré l'intention d'être l'auteur du crime et s'il s'est servi, pour réaliser cette intention, de la juridiction pénale comme instrument et de l'automatisme d'une procédure criminelle comme moyen. Il y a une telle intention notamment dans les cas où « l'auteur avait intérêt à faire disparaître la personne soupçonnée (*sic!*), fût-ce pour épouser sa femme ou pour prendre possession de son emploi ou de son habitation, fût-ce par soif de vengeance ou autres motifs de ce genre » (ainsi l'expertise mentionnée plus haut du professeur Richard Lange d'Iéna[1]). De même qu'est auteur intellectuel celui qui a abusé, à des fins criminelles, de son pouvoir de commandement sur une personne obligée de lui obéir, de même est auteur intellectuel celui qui a fait entrer en action, à des fins criminelles, l'appareil judiciaire par une dénonciation. Qu'un auteur intellectuel ait utilisé un tribunal comme simple instrument est particulièrement clair dans les cas où il pouvait s'attendre, et s'attendait, à ce que les fonctions judiciaires fussent exercées d'une manière politiquement tendancieuse, soit par fanatisme politique, soit sous la pression des détenteurs du pouvoir de cette époque. Si le dénonciateur n'a pas eu l'intention d'être l'auteur du crime, s'il ne voulait plutôt que fournir des documents au tribunal et s'en remettre, pour la suite, à la décision du juge, il ne peut alors être condamné pour complicité, en tant que celui qui a causé

---

1. Encore faut-il signaler que, selon la théorie de la participation criminelle, c'est le comble du subjectivisme que de déterminer que l'intention d'être l'auteur du crime a pour conséquence (comparable à un élément moral) l'illégalité de l'acte, illégalité qui manque à l'égard d'un tiers par qui l'auteur intellectuel a fait commettre l'infraction.

directement la condamnation et indirectement l'application de la peine capitale, que si le tribunal, en rendant le jugement et en l'exécutant, s'est de son côté rendu coupable d'homicide. Le tribunal de Nordhausen a en effet pris ce chemin.

Les juges sont passibles d'une peine pour homicide, à condition que l'on puisse constater une application volontairement incorrecte du droit (§ 336, 344 StGB). Car le jugement d'un juge indépendant ne peut faire l'objet d'une punition que si le juge a violé le principe même de la soumission à la loi, c'est-à-dire au droit, que l'indépendance de l'autorité judiciaire est destinée à servir. Si l'on peut constater, en s'appuyant sur les principes que nous avons exposés, que la loi appliquée n'était pas du droit, que la sanction infligée, par exemple la peine capitale prononcée discrétionnairement, bafouait toute volonté de justice, il y a objectivement application volontairement incorrecte du droit. Or les juges, tellement déformés par le positivisme prédominant qu'ils ignoraient tout droit qui ne fût pas posé, pouvaient-ils avoir, en appliquant les lois positives, l'intention d'une application volontairement incorrecte? Même s'il en est ainsi, il leur reste comme dernier moyen de recours (pénible, il est vrai) d'invoquer le danger de mort qu'ils auraient couru en attribuant au droit national-socialiste le caractère d'injustice légale, d'invoquer l'état de nécessité d'après le § 54 StGB; moyen de recours pénible, puisque *l'ethos* du juge devrait se concentrer sur la justice à tout prix, y compris celui de la vie.

La question de savoir si les auxiliaires de l'exécuteur des hautes œuvres sont passibles d'une peine pour avoir exécuté des condamnations à mort ne fait aucune difficulté. Il ne faut se laisser influencer ni par l'image que donnent les personnes qui se font un métier de mettre d'autres personnes à mort, ni par la conjoncture expansive et le bon rendement de ce métier à cette époque. Du temps où le métier de bourreau était encore une sorte de charge héréditaire, les personnes chargées de cette fonction avaient coutume de se disculper en s'appuyant sur le fait qu'ils ne faisaient qu'exécuter, qu'il incombait par contre à messieurs les juges de juger. « Les messieurs remédient au malheur, moi, j'exécute leur jugement final »; cette sentence de 1698 se trouve gravée sous une forme ou sous une autre à maintes reprises sur les lames des glaives de la justice. De même qu'un arrêt de mort rendu par un juge ne peut constituer un homicide punissable que s'il provient d'une application volontairement incorrecte du droit, de même l'exécuteur d'un jugement ne peut être puni pour l'avoir exécuté que si les éléments légaux du § 345 StGB (exécution intentionnelle d'une peine qui n'est pas à exécuter) sont remplis. Kart Binding *(Lehrbuch des Strafrechts, vol. 2,* 1905, p. 569) dit de ces éléments légaux qu'il y a une analogie entre le rapport du juge à la loi et celui de l'agent d'exécution par rapport au jugement exécutoire. Son devoir consiste seulement et entièrement en la mise en œuvre exacte du jugement. Son action est tout entière déterminée par le jugement : « elle sera juste tant qu'elle s'y conformera, elle deviendra injuste lorsqu'elle y dérogera. Puisque le point essentiel de la culpabilité tient à ce que la seule décision qui fait autorité pour l'exécution est désavouée, on peut alors qualifier le délit (du § 345) d'exécution volontairement incorrecte du jugement. » Il n'est pas du devoir de l'exécuteur des hautes œuvres de contrôler la conformité du jugement au droit. Qu'il suppose que le jugement n'est pas conforme au droit ne peut donc lui être reproché, qu'il n'ait pas quitté son emploi ne constitue pas une infraction d'omission qui lui est imputable.

V

Nous ne partageons pas l'avis exprimé à Nordhausen, selon lequel des «objections juridiques formelles» sont susceptibles de «troubler les faits qui sont clairs». Nous sommes au contraire d'avis qu'au bout de douze années, pendant lesquelles on a désavoué la sécurité du droit, il est plus que jamais nécessaire de se défendre, au moyen de considérations «juridiques formelles», des tentations qui, on le comprend aisément, peuvent surgir en toute personne ayant vécu douze ans de menace et d'oppression. Nous devons à la fois chercher à obtenir la justice et respecter la sécurité du droit, celle-ci étant elle-même une partie de la justice, et nous devons reconstituer un État de droit qui doit satisfaire, autant que possible, aux deux idées. La démocratie est certes un bien digne d'éloges, mais l'État de droit est comme le pain quotidien, comme l'eau que nous buvons et comme l'air que nous respirons, et le meilleur de la démocratie est justement qu'elle est seule propre à garantir l'État de droit.

HERBERT L.A. HART

LE POSITIVISME ET LA SÉPARATION DU DROIT ET DE LA MORALE *

II [1]

En mettant l'accent sur la distinction entre le droit tel qu'il est et le droit tel qu'il devrait être, Bentham et Austin avaient à l'esprit des lois *particulières*, dont la signification était claire et ne faisait pas débat. Leur intention était de montrer que de telles lois, même si elles étaient moralement scandaleuses, étaient tout de même des lois. Cependant, lorsqu'on aborde les critiques développées ultérieurement, il est nécessaire, pour comprendre d'où vient l'indignation suscitée, de ne pas se limiter aux critiques portant sur ces lois particulières. Il faut prendre également en compte l'objection selon laquelle, même si les utilitaristes avaient raison à propos de ces lois, le fait de

---

* H.L.A. Hart, « Positivism and the Separation of Law and Morals », *Harvard Law Review*, vol. 71, 1958 ; repr. in *Essays in Jurisprudence and Philosophy*, Oxford, Calrendon Press, 1983, p. 49-87 (traduction C. Béal). Étant donné la longueur du texte, les sections I et VI de l'article ne sont pas publiées.

1. La section I est consacrée à la thèse de la séparation dans la pensée de Bentham et d'Austin. *(NdT)*

mettre l'accent sur cette distinction, dans une terminologie suggérant un clivage général entre ce qu'est le droit et ce qu'il devrait être, a occulté le fait que, sur d'autres points, il existe une connexion essentielle entre les deux. Je considère donc, dans ce qui suit, non seulement les critiques portant sur ces lois particulières que les utilitaristes avaient à l'esprit, mais aussi l'affirmation selon laquelle une connexion essentielle entre le droit et la morale se manifeste chaque fois qu'on examine comment les lois dont la signification est problématique sont interprétées et appliquées dans des cas concrets. Cette connexion se manifeste également lorsqu'on adopte un point de vue plus large en se demandant, non pas si chaque règle de droit particulière doit être conforme à un minimum moral pour être une loi, mais si un système de règles qui, dans l'ensemble, n'est pas conforme à ce minimum peut être un système juridique.

Il y a, cependant, un premier point très complexe qui embarrasse beaucoup la critique. Il faut se rappeler que chez les utilitaristes, l'insistance sur la séparation entre le droit et la morale se combinait avec deux autres thèses aussi célèbres, mais bien distinctes. La première était cette vérité importante selon laquelle une étude purement analytique des concepts juridiques, c'est-à-dire une étude de la signification du vocabulaire propre au droit, est aussi nécessaire à notre compréhension de la nature du droit que les études historiques ou sociologiques, même si, évidemment, elle ne peut les remplacer. L'autre thèse était la célèbre théorie impérative de la loi – la loi est essentiellement un commandement.

Ces trois thèses constitutives de la tradition utilitariste dans la philosophie du droit sont cependant des thèses distinctes. Il est possible de soutenir la séparation entre le droit et la morale et d'accorder une valeur aux recherches analytiques sur la signification des concepts juridiques et penser néanmoins qu'il est faux de concevoir la loi comme étant, par essence, un commandement. La critique de la séparation du droit et de la morale se révéla assez confuse car on pensait que la fausseté de l'une de ces trois thèses de la tradition utilitariste impliquait la fausseté des deux autres et, plus grave encore, car on était incapable de voir que ces trois thèses étaient tout à fait distinctes dans la tradition utilitariste. Faire un usage inconsidéré de l'étiquette « positivisme » pour désigner de façon ambigüe chacune de ces trois doctrines distinctes (ainsi que d'autres que les utilitaristes n'ont jamais soutenues) est peut-être ce qui, plus que tout, a rendu le problème confus [1]. Parmi les premiers critiques américains de la doctrine austinienne, certains ont cependant fait preuve d'une clarté admirable sur cette question précise. Gray, par exemple, à la fin de son

---

1. Il peut être utile de préciser cinq significations du « positivisme » (il y en a peut-être plus) qui sont un usage dans la philosophie du droit contemporaine. On peut se servir de ce terme pour affirmer :

    1) que les lois sont des commandements venant d'êtres humains.

    2) qu'il n'y a pas de connexion nécessaire entre le droit et la morale, ou entre le droit tel qu'il est et le droit tel qu'il devrait être.

    3) que l'analyse (ou l'étude de la signification) des concepts juridiques (a) mérite d'être faite et (b) se distingue des études historiques sur les causes ou les origines des lois, des études sociologiques sur la relation entre le droit et d'autres phénomènes sociaux, et de la critique du droit en termes de morale, de fins sociales, de fonctions ou autres.

    4) qu'un système juridique est un « système logique clos » dans lequel les décisions correctes peuvent se déduire de manière logique à partir de règles juridiques prédéterminées sans aucune référence à des fins sociales, à des politiques ni à des standards moraux.

    5) que les jugements moraux ne peuvent être établis ni justifiés, comme peuvent l'être les énoncés portant sur des faits, par un argument rationnel, ni par un témoignage, ni par une preuve (non-cognitivisme éthique).

    Bentham et Austin soutiennent les points de vue décrits en (1), (2) et (3) mais pas ceux en (4) et (5). L'opinion (4) est souvent attribuée aux juristes analytiques, mais je ne connais aucun « analyste » qui la soutienne.

hommage à Austin que j'ai déjà cité, ajouta les mots suivants :
« Il a peut-être eu tort de traiter le droit de l'État comme un
commandement du souverain »[1], visant ainsi de façon judi-
cieuse les nombreux points faibles de la théorie du commandement. Mais d'autres critiques ont été moins lucides et ont cru
que les défauts que révélait la théorie du commandement
suffisaient à démontrer que la thèse de la séparation entre le
droit et la morale était fausse.

Ce fut une erreur, mais une erreur naturelle. Pour montrer
en quoi elle est naturelle, nous devons regarder d'un peu plus
près l'idée de commandement. La célèbre théorie de la loi
comme commandement fait partie d'une thèse plus large et
plus ambitieuse. Austin affirmait que la notion de commandement était « la *clé* des sciences juridiques et morales »[2] et les
tentatives contemporaines pour analyser les jugements
moraux comme des énoncés « impératifs » ou « prescriptifs »
font écho à cette proposition ambitieuse. La théorie du
commandement, en tant qu'effort pour identifier la quintessence même du droit, et *a fortiori* la quintessence de la morale,
impressionne par sa simplicité, mais elle n'est pas vraiment
adéquate. Présenter un système juridique, même le plus
simple, comme un commandement c'est en avoir une conception très déformée. Les utilitaristes pensaient toutefois qu'on
pouvait exprimer l'essence d'un système juridique en ajoutant
à la notion de commandement celle d'une habitude d'obéir. Le
modèle le plus simple était le suivant : qu'est-ce qu'un
commandement ? C'est simplement l'expression par une
personne du désir qu'une autre personne doive faire ou s'abste-

1. J.C. Gray, *The Nature and Sources of the Law*, Second Edition, New
York, Macmillan, 1921, p. 94-95.
2. J. Austin, *The Province of Jurisprudence Determined*, London,
Weidenfeld-Nicolson, 1954, p. 13.

nir de faire quelque action, accompagnée par la menace d'une peine qui suivra probablement la désobéissance. Les commandements sont des lois si deux conditions sont remplies : la première, ils doivent être généraux ; la seconde, ils doivent être commandés, comme l'affirmaient à la fois Bentham et Austin, par une personne ou un groupe de personnes auquel la majeure partie de la société a l'habitude d'obéir, mais qui ne prête pas une telle obéissance à d'autres (ce qu'on retrouve dans toute société politique, quelle que soit sa forme constitutionnelle). Ces personnes sont le souverain de cette société. Ainsi la loi est le commandement de ceux qui commandent à la société, mais ne sont pas soumis à quelque commandement – ce qui est créé, sans aucune contrainte juridique, par la volonté du souverain qui est, par définition, au-dessus de la loi.

Il est facile de voir que cette conception d'un système juridique est dépassée. On voit aussi en quoi son inadéquation provient de l'omission d'un lien essentiel avec la moralité. La situation que permet de décrire la simple trilogie du commandement, de la sanction et du souverain, si on prend toutes ces notions dans un sens précis, est semblable à celle d'un homme armé disant à sa victime « l'argent ou la vie ». La seule différence est que, dans le cas d'un système juridique, l'homme armé s'adresse à un grand nombre de gens qui ont l'habitude d'être rackettés et qui obéissent régulièrement. Il va de soi que le droit n'est pas une généralisation de la situation de l'homme armé et que l'ordre juridique ne doit pas être ramené simplement à la contrainte.

En dépit des analogies évidentes entre une loi et un commandement, ce modèle néglige certains des éléments les plus caractéristiques du droit. Laissez-moi en citer quelques-uns. On ne peut considérer un corps législatif (et *a fortiori* un corps électoral) dont les membres changent comme un groupe de personnes auxquelles on a l'habitude d'obéir : cette

conception simple convient seulement pour un monarque qui
vit suffisamment longtemps pour qu'une telle habitude puisse
se développer. Mis à part ça, ce que font les législateurs n'a
valeur de loi que s'ils respectent les règles communes fondamentales qui précisent les principales procédures législatives.
Ceci est vrai même dans un système ayant une constitution
unitaire comme celle de l'Angleterre. Ces règles communes
fondamentales qui précisent ce que le législatif doit faire pour
légiférer ne sont pas des commandements auxquels on a
l'habitude d'obéir et on ne peut pas non plus en parler comme
des habitudes d'obéir à certaines personnes. Elles sont à la base
du système juridique et ce qui manque le plus au modèle
utilitariste c'est d'analyser ce que signifie, pour un groupe
social et ses autorités, suivre de telles règles. C'est cette notion,
et non celle de commandement comme le prétend Austin, qui
est la « clé de la science juridique » ou du moins une de ses clés.

De plus, dans le cas d'une démocratie, Austin considérait
que le « souverain » (ou une partie de celui-ci comme en
Angleterre) était le corps électoral plutôt que les législateurs. Il
pensait qu'aux États-Unis c'était la masse des électeurs de
l'État et des corps législatifs fédéraux qui étaient le souverain
dont les commandements, émanant de leurs « représentants »,
avaient valeur de loi. Mais, dans ce cas, cela remet en cause
complètement la notion de souverain considéré comme celui
qui est au-dessus de la loi et auquel le « plus grand nombre » a
l'habitude d'obéir ; car, dans ce cas, le « plus grand nombre »
obéit au plus grand nombre, autrement dit, obéit à lui-même. Il
est clair qu'on déforme la réalité si on analyse l'acceptation
générale d'une procédure législative faisant autorité (en
faisant abstraction des individus qui se succèdent pour
l'exercer) comme l'obéissance habituelle d'une masse de gens
à certaines personnes qui sont par définition au-dessus de la
loi. On déformerait tout autant la réalité si on représentait un

phénomène similaire, mais beaucoup plus simple, d'acceptation générale d'une règle au sein de la société, comme par exemple ôter son chapeau en entrant dans une église, comme l'obéissance habituelle d'une masse de gens à des personnes déterminées.

D'autres critiques ont vaguement aperçu dans la théorie du commandement un autre défaut plus grave, mais sont restées assez floues en considérant que ce défaut venait du fait d'avoir sous-estimé une connexion essentielle entre le droit et la morale. Ce défaut plus radical est le suivant. La théorie du commandement représente le fait de vivre sous une loi comme étant essentiellement une simple relation entre celui qui commande et celui qu'il commande, une relation allant du supérieur vers l'inférieur, du haut vers le bas. Il s'agit d'une relation verticale entre ceux qui commandent, les auteurs de la loi, conçus comme étant au-dessus de la loi, et ceux qu'ils commandent et qui sont assujettis à la loi. Cette représentation ne permet pas, sinon de manière secondaire et accessoire, de distinguer des types de règles juridiques qui sont en fait radicalement différents. Certaines lois requièrent que les hommes agissent d'une certaine manière ou qu'ils s'abstiennent d'agir, qu'ils le veuillent ou non. Le droit pénal est principalement constitué de règles de cette sorte : on y obéit ou on y désobéit comme à des commandements. Mais il y a d'autres règles juridiques qui se manifestent au sein de la société d'une toute autre façon et qui ont des fonctions tout à fait différentes. Elles permettent aux individus de disposer de moyens plus ou moins élaborés afin de créer des structures de droits et de devoirs destinées à diriger leur vie dans le cadre coercitif de la loi. Telles sont les règles permettant aux individus de passer des contrats, d'établir des testaments ou des fidéicommis, et en général de façonner les relations juridiques entre eux. Ces règles, contrairement à celles du droit pénal, ne sont pas destinées à faire obstacle à des désirs ou à des choix de type antisocial. Au contraire, ces règles fournissent des moyens pour réaliser des désirs et des choix. Elles ne disent pas (comme des commandements) « faites ceci que vous le vouliez ou non », mais plutôt « si vous souhaitez faire ceci, voici comment le faire ». Grâce à ces règles nous exerçons des pouvoirs, nous pouvons exiger quelque chose et faire valoir des droits. Ces énoncés sont caractéristiques des lois qui confèrent des droits et des pouvoirs ; ce sont des lois qui, à proprement parler, s'appliquent aux individus d'une autre manière que ne le fait le droit pénal. On a fait preuve de beaucoup d'ingéniosité pour tâcher de « réduire » les lois de cette seconde sorte à quelque variante complexe des lois de la première sorte. L'œuvre de Kelsen se caractérise en grande partie par cet effort pour montrer que les lois qui confèrent des droits ne font « en réalité » que stipuler, sous forme d'énoncés conditionnels, les sanctions qui doivent être infligées à la personne à laquelle s'impose en fait un devoir juridique[1]. Mais dire cela c'est vraiment faire preuve d'une détermination dogmatique pour supprimer un aspect du système juridique afin de maintenir la théorie selon laquelle la stipulation d'une sanction, tout comme le commandement d'Austin, représente la quintessence du droit. On pourrait alors tout aussi bien dire que les règles du baseball ne font « en réalité » qu'indiquer au buteur un ensemble de directions possibles et qu'il s'agit là de leur nature réelle ou « essentielle ».

Un des premiers juristes anglais à rompre avec la tradition austinienne, Salmond, a fait remarquer que l'analyse en termes

---

1. H. Kelsen, *Théorie Générale du droit et de l'État*, *op. cit.*, p. 58-61, 143-144. Selon Kelsen, toutes les lois, et pas seulement celles qui confèrent des droits et des pouvoirs, sont réductibles à ces « normes primaires » qui définissent les conditions des sanctions

de commandements ne laissait aucune place à la notion de droit[1]. Mais il s'est embrouillé. Il a d'abord déclaré, et à juste titre, que si les lois étaient simplement des commandements, il serait impossible d'expliquer pourquoi on est amené à dire que des droits et des pouvoirs sont conférés ou créés par ces lois, mais il en a conclu, à tort, que les règles d'un système juridique devaient nécessairement être liées à des règles morales ou à des principes de justice et que c'était le seul moyen d'expliquer le phénomène des droits. Sinon, cela voudrait dire, selon Salmond, qu'il y aurait une simple « coïncidence verbale » entre les concepts de droit moral et de droit juridique. De même, les critiques continentales de l'utilitarisme, toujours attachées à la notion complexe de droit subjectif, insistèrent sur le fait que la théorie du commandement ne lui accordait aucune place. Pour Hägerström, si les lois étaient simplement des commandements la notion de droit individuel serait en fait inexplicable car les commandements sont, comme il dit, quelque chose à quoi on obéit ou non, mais ils ne confèrent pas de droits[2]. Il en a conclu, lui aussi, que l'analyse de toute structure juridique suffisamment élaborée pour conférer des droits devait nécessairement inclure des notions de justice tirées de la morale ou, comme il l'a dit, du sens commun.

Cependant, ces arguments sont assurément confus. Les règles qui confèrent des droits, même si elles se distinguent des commandements, n'ont pas besoin d'être des règles morales ni de coïncider avec elles. Après tout, les règles des cérémonies ou les règles de jeu peuvent créer des droits, et il en va de même

---

1. J.W. Salmond, *The First Principles of Jurisprudence*, London, Stevens &Haynes, 1893, p.97-98

2. A. Hägerström, *Inquiries Into the Nature of Law and Morals*, Uppsala, Almqvist, 1953, p.217 : « toute la théorie des droits individuels subjectifs est incompatible avec la théorie impérative ».

dans beaucoup d'autres sphères régies par des règles et où ne se pose pas la question de la justice ni de ce que devrait être le droit. Il n'est pas non plus nécessaire que les règles qui confèrent des droits soient des règles justes ou moralement bonnes. Les droits d'un maître sur ses esclaves nous le prouvent. « Leur mérite ou leur démérite », selon les termes d'Austin, dépend de la manière dont sont répartis les droits dans la société, sur qui ou sur quoi ils s'exercent. Ces critiques ont par ailleurs montré que les simples notions de commandement et d'habitude n'étaient pas pertinentes pour analyser le droit. Il est évident que, sur de nombreux points, cette analyse doit prendre en compte l'acceptation sociale d'une règle ou d'un principe d'autorité (même si elle est seulement motivée par la crainte et la superstition ou si elle résulte d'une forme d'inertie) et qu'on ne peut la réduire à ces deux termes simples. Mais tout ceci ne montre absolument pas que l'insistance de l'utilitarisme sur la distinction entre l'existence du droit et ses « mérites » est fausse.

III

J'en viens maintenant à une critique proprement américaine de la séparation entre le droit tel qu'il est et le droit tel qu'il devrait être. Elle provient de l'étude critique du processus judiciaire à laquelle la philosophie du droit américaine s'est consacrée et avec profit. La plus sceptique de ces critiques – en gros celles des « Réalistes » des années 30 – a adopté, peut-être trop naïvement, le cadre conceptuel des sciences naturelles en le jugeant adéquat pour caractériser le droit et analyser l'action accomplie en suivant une règle, action dont est constitué, du moins en partie, un système juridique en vigueur. Mais elles nous ont ouvert les yeux sur ce qui se passe vraiment lorsque les tribunaux prennent leurs décisions et elles ont mis en évidence, de façon souvent éclairante, le contraste entre la décision judiciaire telle qu'elle est en réalité et la terminologie qu'on emploie traditionnellement pour la décrire comme s'il s'agissait d'une opération purement logique. Malgré leurs exagérations, les réalistes nous ont véritablement fait prendre conscience d'une caractéristique majeure de la pensée et du langage humain qu'il est indispensable de souligner pour comprendre le droit, mais aussi d'autres domaines de la philosophie, bien au-delà des limites de la philosophie du droit. On peut donner un aperçu de cette école à partir de l'exemple suivant. Une règle juridique vous interdit d'utiliser un véhicule dans un parc public. Il est clair qu'elle interdit une automobile, mais qu'en est-il pour les vélos, les rollers, les voitures pour enfants? Et pour les avions? Ces choses doivent-elles, comme on dit, être qualifiées de « véhicules » afin de leur appliquer la règle? Si on doit communiquer entre nous et si on doit exprimer notre intention d'imposer des règles de conduite, comme le fait une loi sous sa forme la plus élémentaire, on doit employer des termes généraux – comme « véhicule » dans le cas présent – qui renvoient à des types auxquels on peut les appliquer sans aucune hésitation. Il doit y avoir un noyau dont la signification est fixée, mais il y aura aussi une zone de pénombre constituée de cas douteux pour lesquels il n'est pas évident de savoir si ces termes s'appliquent ou non. Chacun de ces cas aura quelques caractéristiques communes avec le type; mais il lui manquera d'autres caractéristiques ou bien il aura des propriétés qui ne sont pas présentes dans le type. L'invention humaine et les processus naturels font constamment apparaître de tels écarts par rapport à ce qui nous est familier. Dans ce cas, pour déterminer si les faits tombent ou non sous des règles existantes, celui qui les classe doit prendre une décision totalement libre car les faits et les phénomènes auxquels nous attribuons nos mots et auxquels nous appliquons nos règles sont comme *muets*. La voiture pour enfant ne peut pas prendre la parole et dire « je suis un véhicule et cette règle juridique s'applique », les rollers ne peuvent pas non plus dire en chœur « nous ne sommes pas un véhicule ». Les faits ne nous attendent pas, soigneusement étiquetés rangés et triés; leur qualification juridique n'est pas non plus inscrite sur eux de sorte que le juge aurait simplement à la lire. Au contraire, pour appliquer des règles juridiques, il faut que quelqu'un prenne la responsabilité de décider si les mots s'appliquent ou non à un cas donné, avec toutes les conséquences pratiques qui découlent de cette décision.

Les problèmes qui apparaissent en dehors du noyau dur des types ou du sens courant, nous pouvons les appeler des « problèmes de pénombre ». Ces problèmes se présentent constamment que ce soit pour des choses aussi triviales que le règlement d'un parc public ou pour des généralités multidimensionnelles contenues dans une constitution. Si une pénombre d'incertitude entoure toutes les règles juridiques, alors leur application à des cas particuliers situés dans cette zone de pénombre ne relève pas d'une déduction logique et donc le raisonnement déductif qui a été, depuis des générations, vanté comme la forme la plus parfaite du raisonnement humain, ne peut servir de modèle pour ce que les juges ou d'autres personnes doivent faire afin de subsumer des cas particuliers sous des règles générales. Dans cette zone, les hommes ne peuvent se contenter de la déduction. Par conséquent, s'il faut que les arguments et les décisions juridiques qui se rapportent aux questions situées dans cette pénombre soient rationnels, leur rationalité doit reposer sur quelque chose d'autre qu'une déduction logique à partir de prémisses. Dès lors, s'il est rationnel et « pertinent » de décider qu'au regard de cette règle un avion n'est pas un véhicule, cet argument doit être rationnel et pertinent sans être logiquement concluant. Mais alors qu'est-ce qui fait que de telles décisions sont correctes ou, du moins, meilleures que d'autres décisions ? Encore une fois, il semble juste de dire que le critère qui fait qu'une décision est pertinente dans de tels cas est un concept de ce que devrait être le droit ; il est alors facile d'opérer un glissement en affirmant que ce doit être un jugement moral sur ce que devrait être le droit. On touche là un point « d'intersection nécessaire entre le droit et la morale » qui démontre la fausseté ou, dans une certaine mesure, le caractère trompeur de la séparation, sur laquelle les utilitaristes ont amplement insisté, entre le droit tel qu'il est et le droit tel qu'il devrait être. Bentham et Austin n'ont certainement pas pu écrire autre chose puisqu'ils n'ont pas compris et ont sous-estimé cet aspect du processus judiciaire et parce qu'ils n'ont pas pris en compte les problèmes de la pénombre.

La conception erronée du processus judiciaire qui consiste à ignorer les problèmes de la pénombre et à considérer ce processus comme un raisonnement déductif est souvent stigmatisée comme l'erreur du « formalisme » ou du « litéralisme ». Ma question est alors de savoir comment et dans quelle mesure cette erreur permet de montrer que la distinction utilitariste est fausse ou trompeuse. Sur ce point de nombreuses questions se confondent et je ne peux qu'en démêler quelques-unes. La critique du formalisme a été formulée à l'encontre à la fois du théoricien du positivisme juridique et des tribunaux, mais cette critique est évidemment très différente dans les deux cas. Adressée au théoricien du droit, cette critique lui reproche d'avoir commis une erreur théorique concernant la nature de la décision juridique ; il a cru qu'elle reposait sur un raisonnement consistant en une déduction à partir de prémisses et dans laquelle les décisions et les choix pratiques du juge n'avaient aucun rôle. Il serait facile de montrer qu'Austin n'a pas commis cette erreur; seule une mauvaise compréhension de ce qu'est la philosophie du droit analytique et de la raison pour laquelle il la jugeait importante, a pu conduire à l'idée qu'il croyait ou que quelque autre analyste croyait que le droit était un système logique fermé dans lequel les juges déduisaient leurs décisions à partir de prémisses[1]. Au contraire, Austin était particulièrement attentif aux propriétés du langage, à son imprécision et à son caractère ouvert[2]; il pensait que dans la zone de pénombre les juges devaient nécessairement légiférer[3] et, avec des accents qui rappellent parfois le juge Jerome Franck, il reprochait aux juges de la *Common Law* de ne légiférer que timidement et sans conviction et de se fier aveuglément à des analogies réelles ou imaginaires avec des cas passés au lieu d'adapter leurs décisions aux besoins croissants de la société conformément au principe moral de l'utilité[4]. Les fautifs, responsables de cette conception du juge comme automate, ce ne sont pas les penseurs utilitaristes. La responsa-

1. Cette mauvaise compréhension de la philosophie du droit analytique se trouve notamment chez J. Stone (*The Province and Function of Law*, Harvard University Press, 1950, p. 141) et chez W.G. Friedmann (*Legal Theory*, London, Stevens, 1953, p. 209). Cette mauvaise compréhension semble provenir de la croyance fausse et non réfléchie selon laquelle l'étude analytique de la signification des termes juridiques est impossible et absurde car, pour parvenir à des décisions pertinentes dans des cas particuliers, il faut autre chose qu'une capacité à raisonner suivant la logique formelle en partant de prémisses clairement déterminées et sans aucune ambiguïté

2. Sur la discussion, l'imprécision et l'incertitude en droit, *cf.* J. Austin, *The Province of Jurisprudence Determined*, *op. cit.*, p. 202-5, 207. Austin reconnaît que, en raison de son imprécision, on ne peut souvent avoir pour seul recours que des « tests faillibles » afin de déterminer si des cas particuliers sont subsumés sous des expressions générales

3. J. Austin, *The Province of Jurisprudence Determined*, *op. cit.*, p. 191. *Cf.* aussi J. Austin, *Lectures on Jurisprudence*, London, J. Murray, 1885, p. 633, p. 638-639, p. 662-681.

4. *Ibid.*, p. 641; p. 647.

bilité, si on doit l'attribuer à un théoricien, en incombe à des penseurs comme Blackstone et, si on remonte un peu plus loin, Montesquieu. Cette faute provient de l'attention portée à la séparation des pouvoirs et à la « fiction puérile » de Blackstone (selon les termes d'Austin) selon laquelle les juges se contentent de « découvrir » le droit, mais ne le « créent » en aucun cas.

Mais le formalisme dont nous parlons est un vice des juges et non des juristes. Quelle est précisément cette erreur commise par un juge qui consiste à être « formaliste », « automatique » ou une « machine » ? Assez curieusement, la littérature consacrée essentiellement à dénoncer ces vices ne le dit jamais clairement en des termes précis ; elle se contente de descriptions qui ne peuvent vouloir dire ce qu'elles semblent dire. Il est dit que l'erreur formaliste consiste en ce que les tribunaux font un usage excessif de la logique, qu'ils traitent les choses avec une « logique aride jusqu'à l'extrême »[1] ou qu'ils font un usage excessif des méthodes analytiques. Mais en quoi un juge qui est formaliste fait-il un usage excessif de la logique ? Il est évident que son erreur consiste essentiellement à donner à un terme général une interprétation qui ne tient pas compte des valeurs et des conséquences sociales (ou qui, d'une certaine manière, s'avère stupide ou, peut-être, qui déplaît simplement à ceux qui le critiquent). Mais la logique ne prescrit pas l'interprétation des termes ; elle n'impose ni une interprétation stupide ni une interprétation intelligente d'une expression. La logique ne fait que vous indiquer de manière hypothétique que *si* vous donnez à tel terme telle interprétation alors il en découle telle conclusion. La logique ne dit rien sur la manière de classer les choses particulières – ce qui est au cœur

---

1. *Cf.* R. Pound, *Interpretations in Legal History*, Cambridge, University Press, 1930, p. 123 ; J. Stone, *The Province and Function of Law*, *op. cit.*, p. 140-141.

de la décision judiciaire. Ainsi cette référence à la logique et à ses excès est une façon inappropriée pour désigner tout autre chose que nous allons préciser. Un juge doit appliquer une règle à un cas concret – par exemple la règle selon laquelle aucun « véhicule » volé ne doit franchir les frontières de l'État, appliquée au cas d'un avion. Il ne voit pas ou prétend ne pas voir que les termes généraux de cette règle sont susceptibles de différentes interprétations, ce qui lui laisse un choix qui n'est pas limité par des conventions de langage. Il ignore ou ne veut pas voir le fait qu'il se situe dans la zone de pénombre et qu'il ne traite pas d'un cas typique. Au lieu de faire son choix à la lumière de certaines fins sociales, le juge interprète ces termes d'une autre manière. Il attribue au mot soit le sens qui vient immédiatement à l'esprit de l'homme ordinaire dans un contexte non juridique, soit le sens qu'on lui a donné dans un autre contexte juridique, soit, encore pire, il se représente le cas type, sélectionne arbitrairement certaines de ses propriétés – par exemple, dans le cas d'un véhicule, 1) le fait d'être normalement utilisé sur terre, 2) de pouvoir transporter une personne humaine, 3) de pouvoir être autopropulsé – et considère celles-ci comme des conditions toujours nécessaires et suffisantes pour l'usage du mot « véhicule », quel que soit le contexte et quelles que soient les conséquences sociales de cette interprétation. Ce choix, qui n'est pas « logique », obligerait ainsi le juge à inclure une voiture pour enfant (si elle avait un moteur électrique) et à exclure les bicyclettes et les avions. C'est peut-être faire preuve d'une grande stupidité, mais ce n'est ni plus logique, ni moins logique, que d'interpréter un terme général et d'appliquer une règle générale à un cas particulier en suivant délibérément une fin sociale déterminée.

Des décisions prises aussi aveuglément ne mériteraient pas vraiment le nom de décisions ; on pourrait tout aussi bien tirer à pile ou face pour appliquer une règle de droit. Mais il paraît pour le moins douteux que des décisions judiciaires (y compris en Angleterre) aient été prises de façon aussi automatique. Les interprétations stigmatisées comme automatiques résultent plutôt de la conviction selon laquelle il est plus juste de donner à une loi pénale une signification qui est évidente dans l'esprit de l'homme ordinaire même si c'est aux dépens d'autres valeurs, ce qui constitue en soi une politique sociale (même si elle est probablement mauvaise). Ou bien, ce qui est plus fréquent, ce qu'on stigmatise comme « mécanique » ou « automatique » est un choix déterminé en vue d'une fin sociale, mais une fin sociale conservatrice. De nombreuses décisions de la Cour Suprême, au début du siècle, qui ont sans doute été ainsi stigmatisées[1] constituent des choix évidents dans la zone de pénombre ayant pour but de réaliser une politique conservatrice. C'est particulièrement vrai des opinions du juge Peckham lorsqu'il définit l'étendue du pouvoir de la police et le procès équitable[2].

Mais qu'il soit erroné de statuer sur des cas de manière automatique et mécanique et qu'il soit correct de statuer en se référant à des fins sociales, en quoi cela montre-t-il que les utilitaristes se trompent en insistant sur la distinction entre le droit tel qu'il est et le droit tel qu'il devrait être ? Je pense que ceux qui veulent utiliser ces vices du formalisme pour prouver que cette distinction entre ce qui est et ce qui devrait être est fausse reconnaîtront néanmoins que les décisions stigmatisées

---

1. *Cf.* R. Pound, « Mechanical Jurisprudence », *Columbia Law Review*, 8, 1908, p. 605, p. 651-616.

2. Cf. *Lochner vs. New York*, 198 U.S. 45, 1905. L'opinion du juge Peckham selon laquelle il n'y a aucune raison d'interférer avec la liberté de contracter en déterminant les heures de travail quotidiennes d'un boulanger est sans doute un exemple de conservatisme borné mais il n'y a là rien d'automatique ni de mécanique.

comme automatiques sont du droit et que le système au sein duquel ces décisions sont prises est un système juridique. Ils diront très certainement qu'elles sont du droit, mais du mauvais droit; qu'elles ne devraient pas être du droit. Ce qui reviendrait à utiliser la distinction et non à la réfuter. Et c'est évidemment ainsi que Bentham et Austin l'utilisaient pour attaquer les juges incapables de statuer sur les cas situés dans la pénombre en fonction des besoins croissants de la société.

Il est clair que si la démonstration des erreurs du formalisme vise à montrer que la distinction utilitariste est fausse alors il faut tout reprendre radicalement. Cela voudrait dire non seulement qu'une décision judiciaire ne peut être rationnelle que si elle est prise à la lumière d'une conception de ce que devrait être le droit, mais aussi que les fins, les politiques sociales et les buts auxquels les juges font appel afin que leurs décisions soient rationnelles doivent aussi être considérés comme une partie du droit, le terme « droit » étant pris dans un sens large qui semble plus adéquat et plus éclairant que le sens que lui attribuaient les utilitaristes. Cette reformulation a les conséquences suivantes : au lieu de dire que, en raison de la fréquence des questions de pénombre, les règles juridiques sont par essence incomplètes et que les juges, lorsqu'ils ont du mal à prendre des décisions, doivent légiférer et exercer ainsi un choix créateur entre différentes alternatives, on dira que les politiques sociales qui guident le choix des juges sont en quelque sorte là pour être découvertes. Les juges ne font qu'extraire de la règle, une fois bien comprise, ce qu'elle contient implicitement. Appeler cela une législation c'est occulter une continuité essentielle entre les cas clairs auxquels s'applique la règle et les décisions portant sur la pénombre. Je m'interrogerai plus loin pour savoir si cette manière de parler est valable, mais je veux d'abord souligner quelque chose d'évident, mais qui, si on ne le dit pas, risque de rendre les choses confuses. Ce qui s'oppose à une décision à laquelle on parvient aveuglément de manière formaliste et littérale c'est une décision à laquelle on parvient intelligemment en se référant à une conception de ce qui devrait être ; mais il ne s'ensuit pas qu'il y a une jonction entre le droit ct la morale. Nous devons faire attention, je crois, à ne pas concevoir de manière trop simple le mot « devrait ». Non pas qu'il n'y ait aucune distinction à faire entre le droit tel qu'il est et le droit tel qu'il devrait être. Loin de là. La raison en est qu'il faut distinguer ce qui est et ce qui, selon plusieurs points de vue différents, devrait être. Le mot « devrait » reflète simplement la présence de quelque principe critique ; un de ces principes est un principe moral, mais tous les principes ne sont pas moraux. On dit à notre prochain « Tu ne devrais pas mentir » ce qui est certainement un jugement moral, mais il faut avoir à l'esprit que l'empoisonneur qui ne parvient pas à ses fins peut dire « j'aurais dû doubler la dose ». Ce qui veut dire que les décisions intelligentes qu'on oppose aux décisions mécaniques et formelles ne sont pas nécessairement des décisions justifiées à partir de fondements moraux. On peut dire, à propos de nombreuses décisions : « oui, elle est correcte ; elle est telle qu'elle devrait être », ce qui signifie simplement qu'elle permet de promouvoir une certaine fin ou une certaine politique jugée acceptable ; cela ne signifie pas approuver la qualité morale de cette politique ou de cette décision. Ainsi la distinction entre la décision mécanique et la décision intelligente se retrouve à l'intérieur d'un système orienté vers les fins les plus mauvaises. Ce contraste n'existe pas uniquement au sein des systèmes juridiques qui, comme le nôtre, reconnaissent dans l'ensemble des principes de justice et des droits moraux aux individus.

Un exemple permet d'éclaircir ce point. Selon nous, la tâche qui consiste à juger des affaires criminelles est celle qui paraît évidemment demander au juge de faire usage de son jugement moral. Dans ce cas, les facteurs qui doivent être pris en compte apparaissent clairement comme des facteurs moraux : la société ne doit pas être exposée à des agressions gratuites ; la personne condamnée ou ses proches ne doivent pas subir un sort trop misérable ; des efforts doivent être faits pour lui permettre de mener une vie meilleure et de retrouver une position dans la société dont elle a violé les lois. Lorsqu'un juge met en balance ces exigences, avec toute la prudence et toute la complexité que cela implique, son travail apparaît comme l'exemple le plus clair qu'il soit de cet exercice du jugement moral ; et c'est tout l'opposé de l'application méca-nique d'une échelle des peines dont résulte une décision qui ne se soucie pas des considérations morales qui doivent être prises en compte dans notre système. On a là une décision intelligente et rationnelle qui est guidée, bien que de façon approximative, par des exigences morales. Mais il suffit de prendre un autre exemple pour voir qu'il ne doit pas nécessairement en être ainsi et que, dès lors, la thèse utilitariste n'est pas remise en cause. Sous le régime nazi, des hommes furent condamnés par les tribunaux pour avoir critiqué le régime. Le choix de la sentence se faisait alors exclusivement en fonction de ce qui était nécessaire pour maintenir efficacement la tyrannie exercée par l'État. Quelle sentence pouvait à la fois terroriser le public dans son ensemble et plonger les amis et la famille du prisonnier dans l'incertitude, exploitant ainsi l'espoir et la crainte comme facteurs d'asservissement ? Dans un tel systè-me, le prisonnier était perçu simplement comme un objet dont on se sert pour parvenir à certaines fins. Cependant, contraire-ment à une décision mécanique, une décision qui reposerait sur de tels fondements serait intelligente et orientée vers une fin, et, d'un certain point de vue, elle serait telle qu'elle devrait être. Bien évidemment, je suis conscient que toute une tradition philosophique a cherché à démontrer que des décisions ou une conduite ne peuvent vraiment être qualifiées de rationnelles si elles ne sont pas conformes à des fins ou à des principes moraux. Mais l'exemple que j'ai utilisé me semble du moins servir à rappeler que les erreurs du formalisme ne peuvent être utilisées comme des preuves *en soi* suffisantes pour démontrer que les utilitaristes se trompent en insistant sur la distinction entre le droit tel qu'il est et le droit tel qu'il devrait être *moralement*.

Nous pouvons maintenant revenir au point principal. S'il est vrai qu'une décision intelligente portant sur des questions situées dans la pénombre est celle qu'on prend, non pas de façon mécanique, mais à la lumière de certaines fins, de buts ou de politiques, mais sans que ce soit nécessairement à la lumière de ce qu'on pourrait appeler des principes moraux, alors est-il correct de présenter ce point important en disant qu'il faut abandonner la distinction claire que font les utilitaristes entre le droit tel qu'il est et tel qu'il devrait être? Il est sans doute difficile de réfuter, au plan théorique, ceux qui pensent qu'il est préférable de l'abandonner car, en effet, cela nous invite à revoir notre conception de ce qu'est une règle juridique. Cela nous invite à inclure dans la «règle» les différentes fins et politiques à la lumière desquelles les cas situés dans la pénombre peuvent être jugés en se fondant sur le fait que ces fins peuvent légitimement, en raison de leur importance, être nommées comme du droit tout autant que peut l'être le noyau de toute règle juridique dont la signification est déterminée. Mais bien qu'on ne puisse réfuter une invitation, il est possible de la refuser, et je formulerai deux raisons de refuser cette invitation. Premièrement, tout ce qu'on a appris à propos du processus judiciaire peut être exprimé autrement et de façon moins énigmatique. On peut dire que les lois sont irrémédiablement incomplètes et qu'on doit statuer rationnellement sur les cas situés dans la pénombre en se référant à des fins sociales. Je pense que Holmes, qui a si brillamment reconnu le fait que « des propositions générales ne permettent pas de juger des cas concrets », aurait pu dire la même chose. Deuxièmement, insister sur la distinction utilitariste c'est souligner que le droit, au sens le plus important, réside dans le noyau dur des règles dont la signification est déterminée ; et même si ce noyau a une étendue limitée, il est avant tout délimité. Si ce n'était pas le cas alors l'idée que les tribunaux suivent des règles dans leurs décisions n'aurait aucun sens, tout comme le prétendent certains réalistes – dans ce qu'ils ont d'extrême et, je crois, pour de mauvaises raisons [1].

Au contraire, minimiser cette distinction et soutenir de façon énigmatique que le droit tel qu'il est et le droit tel qu'il devrait être se confondent, c'est suggérer que toutes les questions de droit ressemblent fondamentalement à celles qui portent sur la zone de pénombre. Cela revient à affirmer qu'il n'y a, dans le droit réel, aucun élément central qui constitue le noyau de signification des règles ; c'est affirmer qu'il n'y a aucune contradiction entre la nature d'une règle juridique et toutes les questions qu'on est amené à prendre en considération à la lumière d'une politique sociale. Bien sûr, il est bon de s'occuper de la pénombre. Elle pose des problèmes qui constituent justement le régime quotidien des écoles de droit. Mais s'occuper de la pénombre est une chose, en être préoccupé en est une autre. Or, être préoccupé par la pénombre est, si je puis dire, une source de confusion dans la tradition juridique américaine aussi importante que l'est le formalisme dans la tradition anglaise. On pourrait évidemment abandonner l'idée que les règles ont une autorité ; on pourrait considérer que tout

1. *Cf.* K. Llewellyn, *The Bramble Bush*, New York, Oceana, 1930, p. 3, 5.

raisonnement visant à montrer qu'une règle ou qu'un précédent s'applique à un cas déterminé n'a aucune valeur ni même aucun sens. On pourrait qualifier ce type de raisonnement de « mécanique » ou « d'automatique », ce qui nous ramène à la critique habituelle des tribunaux. Mais avant de décider que c'est bien là ce qu'on veut, il vaudrait mieux ne pas aller en ce sens en anéantissant la distinction utilitariste.

IV

La troisième critique de la séparation du droit et de la morale a un caractère très différent. Il s'agit moins d'un argument rationnel contre la distinction utilitariste que d'un appel lancé avec passion et qui repose non pas sur un raisonnement rigoureux, mais sur les souvenirs de faits terribles. Cette critique est constituée du témoignage de ceux qui sont descendus en Enfer et qui, comme Ulysse ou Dante, ont rapporté aux hommes un message. Seulement, dans ce cas, l'Enfer n'était ni au-dessous ni au-dessus de la terre, mais ici-bas; ce fut un Enfer créé sur terre par des hommes pour d'autres hommes.

Cet appel provient de penseurs allemands qui ont vécu sous le régime nazi et qui ont réfléchi sur les effets néfastes qu'il a eus sur le système juridique. Un de ces penseurs, Gustav Radbruch, avait lui-même adhéré à la doctrine « positiviste » jusqu'à la tyrannie nazie, mais cette expérience l'a converti. L'appel qu'il lance aux autres hommes pour qu'ils abandonnent la doctrine de la séparation du droit et de la morale a donc le caractère poignant d'une rétractation. Ce qu'il y a d'important dans cette critique c'est qu'elle s'attaque vraiment au point particulier que Bentham et Austin avaient à l'esprit en préconisant la séparation entre le droit tel qu'il est et le droit tel qu'il devrait être. Ces penseurs allemands ont mis l'accent sur la nécessité de relier ce que les utilitaristes séparaient et porté leur attention sur le problème posé par l'existence de lois immorales, précisément le point pour lequel cette séparation était la plus importante aux yeux des utilitaristes.

Avant de se convertir, Radbruch considérait que résister à la loi était une affaire de conscience personnelle à laquelle on devait réfléchir en tant que problème moral, mais qu'on ne pouvait contester la validité d'une loi sous prétexte qu'elle exigeait quelque chose d'immoral ou qu'il serait pire de respecter cette loi que de désobéir. Austin, rappelons-le, condamnait vigoureusement ceux qui affirmaient que si des lois humaines étaient en conflit avec les principes fondamentaux de la morale alors elles cessaient d'être des lois, en disant qu'il s'agissait là d'un « pur non-sens ».

> Les lois les plus pernicieuses et par conséquent celles qui s'opposent le plus à la volonté de Dieu ont été et sont toujours appliquées comme des lois par les tribunaux. Supposons qu'un acte inoffensif ou bénéfique soit interdit par le souverain sous peine de mort ; si j'accomplis cet acte, je serai jugé et condamné, et si je m'oppose à la sentence en disant qu'elle est contraire à la loi de Dieu… la cour de justice démontrera que mon raisonnement n'est pas concluant en me faisant pendre conformément à la loi dont j'ai contesté la validité. Depuis la création du monde jusqu'à aujourd'hui, on n'a jamais entendu parler dans une cour de justice d'exception, d'objection, ni d'argument fondé sur la loi de Dieu [1]

Ce sont des propos durs et même cruels, mais il faut se rappeler qu'ils s'accompagnaient – dans le cas d'Austin et, bien sûr, de Bentham – de la conviction selon laquelle si les lois atteignaient un certain degré d'iniquité, il y avait évidemment

---

1. J. Austin, *The Province of Jurisprudence Determined, op. cit.*, p. 185.

une obligation morale d'y résister et de refuser d'obéir. On verra, lorsqu'on abordera les alternatives, qu'il y a beaucoup à dire à propos de cette présentation simple du dilemme auquel l'homme peut être confronté.

Cependant, considérant la facilité avec laquelle le régime nazi avait exploité l'asservissement à la loi en tant que telle – ce qu'exprimait, selon lui, le slogan positiviste « la loi, c'est la loi » (*Gesetz als Gesetz*) – et le fait que la profession juridique allemande ne put protester contre les énormités qu'on lui demandait de perpétrer au nom de la loi, Radbruch a en conclu que le « positivisme » (à savoir ici l'insistance sur la séparation entre le droit tel qu'il est et le droit tel qu'il devrait être) a largement contribué à ces horreurs. Ses réflexions l'ont conduit à la doctrine selon laquelle les principes fondamentaux de la morale humaniste constituaient une partie du concept de *Recht* ou de Légalité. Une loi ou une disposition, même si elle était formulée clairement et même si elle était conforme au critère formel de validité d'un système juridique déterminé, ne pourrait être valide si elle contrevenait aux principes fondamentaux de la morale. Pour comprendre vraiment cette doctrine, il faut saisir les nuances contenues dans le mot allemand *Recht*. Mais, il va de soi, que cette doctrine avait pour but de montrer que tout juge et tout juriste aurait dû dénoncer les lois qui transgressaient les principes fondamentaux comme étant non seulement immorales ou mauvaises, mais aussi comme étant dépourvues de valeur juridique ; les dispositions qui, pour cette raison, n'ont pas valeur de loi, ne devraient donc pas être prises en considération pour juger un individu dans des circonstances particulières. Ce saisissant revirement par rapport à son ancienne doctrine a été malheureusement omis dans ses œuvres traduites, mais tous ceux qui veulent renouveler la réflexion sur le problème de l'interconnexion entre le droit et la morale devraient le lire [1].

Il est impossible de ne pas approuver cette exhortation de Radbruch pour que la conscience juridique allemande s'ouvre aux exigences de la morale et les reproches qu'il formule en disant que cela a été négligé dans la tradition allemande. D'un autre côté, il y a une extraordinaire naïveté à penser que si un peuple comme les Allemands fut insensible aux exigences de la morale et asservi au pouvoir de l'État, c'est parce qu'il croyait que la loi était la loi même lorsqu'elle ne se conformait pas aux exigences minimales de la morale. L'histoire incite plutôt à se demander pourquoi le slogan emphatique « loi, c'est la loi », ainsi que la distinction entre droit et morale ont pris un caractère si sombre en Allemagne alors qu'ailleurs, avec notamment les utilitaristes, cela a conduit aux positions libérales les plus éclairées. Mais il y a, de manière latente, quelque chose de plus troublant que la naïveté dans la présentation que fait Radbruch des problèmes que posent les lois moralement iniques. Ce n'est pas, je crois, manquer de charité de dire que son argumentation révèle qu'il n'a pas entièrement digéré le message spirituel du libéralisme qu'il cherche à transmettre à la profession juridique. Car tout ce qu'il dit montre qu'il accorde en réalité une importance totalement démesurée à ce qui fait qu'une règle peut être qualifiée de règle de droit valide, comme si cela suffisait pour répondre à la question morale ultime : « Faut-il obéir à cette règle de droit ? ». La réponse vraiment libérale à l'utilisation cynique du slogan « la loi, c'est la loi » ou de la distinction entre le droit et la morale est celle-ci : « Très bien, mais cela ne résout pas la question. Le droit n'est pas la morale ; ne le laissez pas supplanter la morale. »

---

1. Voir ce texte dans le présent volume.

Néanmoins, on ne peut se contenter d'une discussion purement académique sur la valeur de cette exhortation par laquelle Radbruch nous invite à réviser la distinction entre droit et morale. Après guerre, la conception de Radbruch selon laquelle le droit contient en lui-même le principe moral essentiel de l'humanisme a été mise en pratique par les tribunaux allemands dans certaines affaires impliquant la condamnation de criminels de guerre, d'espions et d'informateurs du régime nazi. Ces cas ont une valeur particulière dans la mesure où les personnes incriminées ont prétendu que ce qu'elles avaient fait n'était pas illégal au regard des lois du régime en place au moment des faits. À cet argument il fut opposé que les lois invoquées étaient invalides car elles contrevenaient aux principes fondamentaux de la morale. Permettez-moi de citer brièvement un de ces cas [1].

En 1944, une femme qui souhaitait se débarrasser de son mari, le dénonça aux autorités pour avoir fait des remarques injurieuses sur Hitler lorsqu'il était chez elle en permission. Cette femme n'était pas juridiquement obligée de rapporter ces actes même si ce qu'il avait dit constituait apparemment une violation des lois interdisant de tenir des propos allant à l'encontre du gouvernement du Troisième Reich ou d'affaiblir par quelques moyens que ce soient la défense militaire du peuple allemand. Le mari fut arrêté et condamné à mort, manifestement par application de ces lois ; il ne fut cependant pas exécuté, mais renvoyé au front. En 1949, la femme fut poursuivie devant un tribunal ouest-allemand pour une infraction qu'on pourrait qualifier de privation illégale de liberté d'une personne. Ce qui était puni comme crime sous le Code

1. Jugement du 27 juillet 1949, Oberlandesgericht, Bamberg, *Süddeutsche Juristen-Zeitung*, 5, 1950, p. 207 *sq.* ; *Harvard Law Review*, 64, 1951, p. 1005 *sq.*

Criminel allemand de 1871 qui était resté en vigueur sans
interruption depuis sa promulgation. La femme déclara, pour
sa défense, que l'emprisonnement de son mari découlait de
l'application des lois nazies et que, par conséquent, elle n'avait
commis aucun crime. La cour d'appel qui fut finalement saisie
de l'affaire déclara la femme coupable d'avoir privé de liberté
son mari en le dénonçant aux tribunaux allemands, même s'il
avait été condamné par un tribunal pour avoir violé une loi car,
pour citer les propos de la cour, la loi « était contraire à la
conscience morale et au sens de la justice de tout honnête
homme ». Ce raisonnement fut suivi dans de nombreuses
affaires qui furent saluées comme une victoire des doctrines du
droit naturel et le signe de la défaite du positivisme. À mes
yeux, l'enthousiasme suscité par une telle issue relève de
l'hystérie. On serait nombreux à applaudir le but – punir une
femme pour un acte immoral et scandaleux –, mais, pour
l'atteindre, il a fallu reconnaître qu'une loi établie depuis 1934
n'avait pas force de loi ; mais je doute que c'était là ce qu'il y
avait de plus sage à faire. Il y avait évidemment deux autres
choix possibles. L'un était de ne pas condamner la femme ; on
peut être d'accord pour soutenir que cela aurait été une
mauvaise solution. L'autre était d'admettre que si la femme
devait être punie, elle devait l'être conformément à une loi
manifestement rétroactive, en ayant pleinement conscience de
ce qui était sacrifié en la condamnant de cette manière. Aussi
odieuses que soient une législation pénale rétroactive et les
peines qui en découlent, s'y référer ouvertement dans ce type
d'affaire aurait au moins eu le mérite d'être franc. Cela aurait
montré qu'en punissant la femme, un choix avait été fait entre
deux maux, celui de ne pas la condamner et celui de sacrifier un
principe moral très précieux reconnu par la plupart des
systèmes juridiques. Si l'histoire de la morale nous a appris
quelque chose c'est que, face à un dilemme moral, la meilleure

chose à faire est de ne pas l'occulter. Chaque fois qu'on doit se jeter à l'eau et que la vie nous contraint de choisir le moindre mal, il faut se dire que les circonstances sont ce qu'elles sont. Le principe selon lequel, dans certains cas limités, ce qui est totalement immoral ne peut être du droit et ne peut être légal, présente un défaut : il sert à dissimuler la véritable nature des problèmes auxquels nous sommes confrontés et il va dans le sens de l'optimisme romantique qui consiste à penser que toutes les valeurs auxquelles nous sommes attachés formeront un seul système sans qu'aucune n'ait à être sacrifiée ni compromise pour s'accommoder aux autres.

> Toute discorde est une harmonie que vous ne comprenez pas
> Tout mal partiel, un bien universel[1].

C'est sûrement faux et on ne peut sincèrement pas aborder le problème en présentant le dilemme à résoudre comme un cas ordinaire.

Certains trouveront que c'est user de beaucoup trop de formalités et de discours pour simplement mettre en évidence une manière de trancher ce cas difficile qui, comparée à une autre, aurait abouti exactement au même résultat concernant le sort de cette femme. Pourquoi devrions-nous exagérer la différence entre ces deux types de solution ? On pouvait punir la femme en vertu d'une loi rétroactive et déclarer ouvertement qu'on faisait là quelque chose en contradiction avec nos principes, mais qui constituait un moindre mal ; on pouvait aussi convenir de traiter ce cas comme ceux pour lesquels on ne précise pas clairement où un tel principe est sacrifié. Cependant, la franchise n'est pas qu'une vertu secondaire dans l'application du droit, tout comme elle n'est pas qu'une vertu

---

1. Citation d'Alexander Pope, tirée de *An Essay on Man*, publié en 1734.

morale secondaire. Adopter le point de vue Radbruch et
s'opposer à une mauvaise loi, comme il l'a fait et comme l'ont
fait les tribunaux allemands, en affirmant que certaines règles
ne peuvent pas être du droit en raison de leur iniquité morale,
c'est créer une confusion avec l'une des formes les plus
puissantes, parce que la plus simple, de la critique morale. En
clair, suivant les utilitaristes, nous disons que les lois peuvent
être du droit, mais trop mauvaises pour être obéies. C'est une
condamnation morale que chacun peut comprendre et qui fait
évidemment appel à la vigilance morale. Si, par contre, nous
formulons notre objection en disant que ces choses mauvaises
ne sont pas du droit, beaucoup ne croiront pas à une telle
affirmation et, pour peu qu'ils prennent le temps d'y réfléchir,
de nombreux problèmes philosophiques apparaîtront avant
qu'ils puissent l'accepter. Ainsi la leçon la plus importante à
tirer de cette forme de rejet de la distinction utilitariste est
précisément celle que les utilitaristes tenaient le plus à nous
transmettre; lorsqu'on a à sa disposition les immenses
ressources d'un langage clair, on ne doit pas formuler la
critique morale des institutions sous forme de propositions
philosophiques discutables.

V

J'ai tenté de montrer que, malgré les connaissances et
l'expérience acquises depuis l'époque où écrivaient les
utilitaristes et malgré les défauts que présentent certaines
parties de leur doctrine, leur critique de la confusion entre ce
qu'est le droit et ce qu'il devrait être présente une valeur aussi
bien morale qu'intellectuelle. On peut toutefois parfaitement
dire que cette distinction est valide et importante lorsqu'on
l'applique à une loi particulière d'un système, mais qu'elle

s'avère trompeuse si on cherche à l'appliquer au « droit », c'est-à-dire à la notion de système juridique, et qu'en insistant, comme je le fais, sur une vérité restreinte (ou sur un truisme) on ne fait que rendre obscure une vérité plus générale (ou plus profonde). Après tout, pourrait-on avancer, on sait qu'il y a beaucoup de choses qui sont fausses pour des lois prises séparément, mais qui sont vraies et importantes pour un système juridique considéré comme un tout. Par exemple, c'est en ce sens plus général qu'il faut comprendre la connexion entre le droit et les sanctions, entre l'existence du droit et son « efficacité ». On ne peut guère soutenir (à moins de donner au mot « sanction » une extension illimitée et au mot « droit » un sens artificiellement restreint) que toute loi appartenant à un système juridique doit être accompagnée d'une sanction, mais il est du moins possible de soutenir qu'un système juridique doit, pour être un système juridique, prévoir des sanctions pour certaines règles. Il est donc possible de dire qu'une règle de droit existe même si on ne l'applique pas et si on ne lui obéit que dans un nombre limité de cas, mais on ne pourrait pas dire la même chose d'un système juridique dans son ensemble. Il se peut que ces différences entre des lois prises séparément et un système juridique dans son ensemble soient aussi valables à propos de la connexion entre les conceptions morales (ou autres) du droit tel qu'il devrait être et le droit au sens large.

Ce type d'argument, qu'on trouve chez Austin (du moins sous forme embryonnaire) lorsqu'il attire l'attention sur le fait que tout système juridique développé contient certaines notions fondamentales qui sont « nécessaires » et « ancrées dans la nature humaine en général », mérite d'être développé – jusqu'à un certain point – et je vais expliquer rapidement pourquoi et jusqu'où.

Il faut éviter, si possible, les ravages que pourrait causer une définition inappropriée car, pour un concept aussi équivoque et vague que celui de système juridique, les débats pour savoir quelle est la propriété « essentielle » ou l'élément nécessaire à un tel ensemble risquent assez vite de ressembler aux débats pour savoir si les échecs seraient vraiment les échecs si on jouait sans les pions. On souhaiterait, ce qui est compréhensible, répondre directement à la question de savoir si un système juridique, pour être un système juridique, doit se conformer à principe moral ou autre, par des énoncés portant uniquement sur des faits. Par exemple, le fait qu'un système qui ne le ferait pas ne pourrait exister ni durer; le fait de supposer que normalement, dans un système juridique, la manière dont on interprète certaines règles à des cas particuliers est teintée d'une forme de justice et que, sans ce présupposé, on n'aurait aucune raison d'obéir sinon par peur et, évidemment *a fortiori*, aucune obligation morale d'obéir. La connexion entre le droit et des principes de morale et de justice est aussi « nécessaire » et aussi peu arbitraire que la connexion entre le droit et les sanctions; se demander s'il s'agit d'une nécessité logique (qui découle de la signification du mot droit) ou bien d'une nécessité factuelle ou causale est une question qu'on peut laisser aux philosophes pour occuper leur temps.

Je voudrais toutefois aller plus loin sur deux points (même si cela implique un peu d'imagination philosophique) et montrer en quel sens il faut comprendre l'affirmation selon laquelle certaines dispositions sont « nécessaires » au sein d'un système juridique. Il se peut que le monde dans lequel nous vivons, et ceux qui en font partie évoluent; et si ce changement était radical, certains énoncés factuels qui sont vrais aujourd'hui pourraient devenir faux et vice versa, et l'ensemble des manières de penser et de parler qui constitue notre appareil conceptuel, celui à travers lequel nous percevons le monde et autrui, serait dépassé. Il suffit de voir comment la compréhension que nous avons de l'ensemble de notre vie sociale, morale et juridique, dépend d'un fait contingent, à savoir que, même si la forme, la taille ou d'autres propriétés physiques de notre corps changent, elles ne changent pas radicalement, ni trop rapidement, ni de manière régulière, ce qui nous permet d'identifier chacun comme un individu identique qui reste le même sur de grands intervalles de temps. Mais s'il s'agit d'un fait purement contingent qui peut changer un jour, pour le moment, c'est de ce fait que dépendent les structures de notre pensée ainsi que les principes qui régissent l'action et la vie sociale. De même, admettons la possibilité suivante (non pas comme simple possibilité, mais comme ce qui permet de montrer pourquoi nous pensons que certaines choses sont nécessaires dans un système juridique et de faire comprendre ce que nous voulons dire par là) : supposons que les hommes deviennent invulnérables, qu'ils soient protégés par une carapace impénétrable comme des sortes de crabes terrestres géants, capables de puiser dans l'air, par un processus chimique interne, la nourriture dont ils ont besoin. Dans de telles circonstances (dont les détails relèvent de la science-fiction), des règles interdisant l'usage de la violence et des règles instituant une forme élémentaire de propriété – incluant les droits et les devoirs permettant de se procurer la nourriture pour ses besoins et de la conserver jusqu'à ce qu'elle soit consommée – n'auraient pas le caractère nécessaire et indispensable qu'elles ont pour nous, constitués comme nous le sommes dans un monde comme le nôtre. Pour le moment et tant que des évolutions aussi radicales ne se produisent pas, ces règles sont tellement fondamentales que si un système juridique ne les contenait pas, aucune autre règle ne pourrait exister. Ces règles recoupent les principes moraux de base qui s'opposent au meurtre, à la violence et au vol. On peut donc dire que, de fait, tous les systèmes juridiques coïncident avec la morale sur des points aussi essentiels, et que, en un sens, il en est nécessairement ainsi. Et pourquoi ne pas parler alors de nécessité « naturelle » ?

Si on estime qu'il vaut la peine de se demander quel doit être le contenu d'un système juridique, c'est uniquement parce qu'on fait partie de ceux qui considèrent qu'un tel système tend vers une fin modeste qui est de permettre de survivre tout en étant à proximité de nos semblables. La théorie du droit naturel, sous des aspects divers, va toutefois plus loin en affirmant que les êtres humains se consacrent également à d'autres buts que la survie, buts dont ils ont une conception commune (comme la poursuite du bonheur, la justice envers leurs semblables) et qui imposent au système juridique un contenu nécessaire plus large (au-delà et au-dessus du strict minimum que j'ai indiqué), sans lequel il n'aurait aucun sens. Il faut, bien sûr, être prudent et ne pas exagérer les différences entre les êtres humains, mais il me semble qu'au-delà de ce minimum, les fins que poursuivent les hommes dans leur vie sociale sont trop différentes et trop incompatibles pour pouvoir étendre l'argument en disant qu'un recoupement plus complet entre les règles juridiques et les principes moraux est « nécessaire » en ce sens.

Un autre point mérite attention. Si on conçoit un système juridique au sens minimal comme étant constitué de règles générales – au sens où elles font référence à une ligne de conduite et non à des actions singulières, à l'ensemble des hommes et non à des individus – cela implique un principe, celui de traiter de la même manière les cas similaires, même si les critères permettant de savoir si des cas sont similaires résident uniquement dans les éléments généraux contenus dans les règles. Il est vrai, néanmoins, qu'un aspect essentiel du concept de justice est le principe qui consiste à traiter de la même manière les cas similaires. Il s'agit là de la justice dans l'application du droit et non de la justice du droit. Il y a donc, dans la notion même de droit, en tant qu'il contient des règles générales, quelque chose qui nous empêche de le traiter comme s'il était totalement neutre d'un point de vue moral, sans aucun lien nécessaire avec des principes moraux. La justice naturelle procédurale est donc constituée de ces principes d'objectivité et d'impartialité qui sont mis en œuvre dans l'application du droit et qui visent à garantir que les règles s'appliquent uniquement aux cas qu'elles prévoient ou, du moins, à minimiser les risques d'inégalité.

Ces deux raisons (ou justifications) qui amènent à affirmer qu'un certain recoupement entre principes juridiques et principes moraux est nécessaire et naturel ne satisfont évidemment pas celui qui a du mal à admettre qu'on insiste, comme le fait l'utilitarisme ou le « positivisme », sur la distinction entre le droit et la morale. En effet, un système juridique qui pourtant remplissait ces exigences minimales a pu appliquer, avec une impartialité méticuleuse envers les personnes concernées, des lois terriblement oppressives, réduire une large partie de la population à la servitude, la priver de droit et du bienfait le plus élémentaire, celui d'être protégé de la violence et du vol. Le caractère répugnant de cette société se fait encore sentir aujourd'hui et dire qu'elle n'a (ou n'avait) pas de système juridique ne ferait que répéter le même argument. C'est seulement dans les cas où les règles sont incapables de garantir ces bienfaits essentiels et de protéger chaque personne – y compris pour un groupe asservi – qu'un système juridique ne répond pas aux conditions minimales et sombre en un ensemble d'interdits absurdes. Si quelqu'un était privé de ces bienfaits, il n'aurait évidemment aucune raison d'obéir, sauf par peur, et aurait toutes les raisons morales de se révolter.

Lon L. Fuller

LA MORALITÉ DU DROIT *

Ce chapitre commencera par une assez longue allégorie.
Elle décrit le règne malheureux d'un roi nommé Rex, un nom
pratique, mais qui est peu original et n'a guère de consonance
royale.

Huit manières d'échouer dans la création du droit

Lorsqu'il accéda au trône, Rex avait la ferveur d'un
réformateur. A ses yeux, là où ses prédécesseurs avaient le
moins bien réussi était le domaine du droit. Depuis des générations le système juridique n'avait pas connu la moindre
réforme. Les procédures judiciaires étaient lourdes, les règles
juridiques étaient formulées dans une langue archaïque provenant d'un autre âge, la justice était coûteuse, les juges faisaient
preuve de négligence et étaient parfois corrompus. Rex était
déterminé à remédier à tout ça et à inscrire son nom dans

*Lon L. Fuller, *The Morality of Law*, Revised Edition, New Haven-
London, Yale University Press, 1969, p. 33-44 (traduction C. Béal).

l'histoire en tant que grand législateur. Son destin malheureux fut de ne pas réussir à réaliser cette ambition. En effet, son échec fut spectaculaire non seulement parce qu'il ne réussit pas à mener les réformes nécessaires, mais aussi parce qu'il ne réussit même pas à créer du droit, bon ou mauvais.

Son premier acte officiel fut dramatique et lourd de conséquences. Puisqu'il fallait faire table rase, il annonça à ses sujets l'abrogation immédiate de tout le droit existant quel qu'il soit. Il se mit alors à élaborer un nouveau code. Malheureusement, puisqu'il s'agissait d'un prince autodidacte, son éducation était très insuffisante. Il se rendit notamment compte qu'il était incapable de procéder à des généralisations même les plus simples. Il ne manquait pas de confiance en lui lorsqu'il avait à juger des litiges particuliers, mais l'effort nécessaire pour exposer clairement les raisons de ses décisions était bien au-dessus de ses capacités.

Conscient de ses limites, Rex abandonna le projet d'un code et annonça à ses sujets que désormais il serait juge de tous les différends qui pourraient surgir entre eux. Il espérait ainsi que la diversité des affaires stimulerait le développement de ses capacités d'abstraction et que, progressant au cas par cas, il produirait progressivement un système de règles qui pourrait être incorporé à un code. Malheureusement, les lacunes de son éducation étaient bien plus profondes qu'il l'avait supposé. L'entreprise échoua totalement. Après avoir jugé plusieurs centaines d'affaires, ni lui ni ses sujets n'étaient capables de discerner une quelconque régularité dans ses décisions. Les tentatives de généralisation qu'on trouvait dans ses propres opinions ne faisaient que rajouter de la confusion, car elles donnaient de fausses indications à ses sujets et perturbaient ses faibles capacités de jugement lorsqu'il s'agissait de juger de nouvelles affaires.

Après ce fiasco, Rex réalisa qu'il était nécessaire d'emprunter une autre voie. Sa première décision fut de suivre une série de cours pour apprendre à généraliser. Ses pouvoirs intellectuels ainsi renforcés, il reprit le projet de code et, après plusieurs heures de labeur solitaire, il réussit à rédiger un document assez long. Il n'était toutefois pas encore sûr d'avoir complètement surmonté ses anciens défauts. C'est pourquoi il annonça à ses sujets qu'il avait écrit un code à partir duquel ils seraient gouvernés et jugés, mais que, pendant une durée indéfinie, le contenu de ce code resterait officiellement un secret d'État que lui et son scribe seraient seuls à connaître. À la surprise de Rex, ce projet qu'il pensait plein de bon sens indigna profondément ses sujets. Ces derniers affirmaient qu'il était très déplaisant qu'une affaire fut jugée selon des règles lorsqu'il n'y avait aucun moyen de connaître ces règles.

Abasourdi par ce rejet, Rex entreprit un bilan précis de ses forces et faiblesses personnelles. Il avait tiré de la vie une leçon claire, à savoir qu'il est plus facile de juger les choses rétrospectivement que de tenter de prévoir et de contrôler le futur. Non seulement il est alors plus facile de juger, mais – ce qui était de la plus grande importance pour Rex – il est aussi plus facile de donner les raisons de ces décisions. Décidé à tirer profit de cette idée, Rex conçut le plan suivant. Au début de chaque année il jugerait tous les litiges apparus entre ses sujets au cours de l'année précédente. Il accompagnerait ses décisions d'un exposé complet des raisons. Évidemment, les décisions des années suivantes ne seraient pas tenues de suivre ces raisons car cela irait à l'encontre du but principal de cette nouvelle disposition qui était de bénéficier des avantages de juger après coup. C'est avec une certaine assurance que Rex annonça ce nouveau plan à ses sujets en faisant remarquer qu'il allait publier un texte complet contenant ses jugements et les règles qu'il avait appliquées, répondant ainsi à la principale objection du plan précédent. Les sujets de Rex accueillirent cette annonce sans rien dire puis expliquèrent tranquillement, par l'intermédiaire de leurs chefs, que lorsqu'ils disaient avoir besoin de connaître les règles, cela voulait dire avoir besoin de les connaître *par avance*, de manière à pouvoir agir en fonction de ces règles. Rex grommela qu'ils auraient pu exprimer cela un peu plus clairement, mais déclara qu'il allait voir ce qu'il pouvait faire.

Rex réalisa alors qu'il n'y avait pas moyen d'échapper à la publication d'un code déclarant les règles qui seraient appliquées pour juger les différends à venir. Poursuivant ses cours pour apprendre à généraliser, Rex travailla assidûment à un nouveau code et annonça enfin qu'il serait prochainement publié. Cette annonce fut reçue avec une satisfaction générale. Le désarroi des sujets de Rex en fut donc d'autant plus grand lorsque ce code fut promulgué et qu'on découvrit qu'il s'agissait d'un véritable chef-d'œuvre d'obscurité. Les experts en droit qui l'étudièrent affirmèrent que ni un citoyen ordinaire ni même un juriste expérimenté ne pouvaient comprendre la moindre phrase de ce code. L'indignation devint générale et assez vite certains manifestèrent devant le palais royal en brandissant le slogan : «Comment peut-on suivre une règle que personne ne comprend?»

Le code fut rapidement retiré. Reconnaissant enfin qu'il avait besoin d'aide, Rex chargea une équipe d'experts de procéder à une révision. Il leur donna pour consigne de ne pas en changer la substance, mais d'en clarifier l'expression. Le code qui en résulta était un modèle de clarté, mais, après examen il apparut que cette nouvelle clarté avait simplement mis en lumière le fait que le code était truffé de contradictions. Une étude sérieuse montra que chaque disposition de ce code était annulée par une autre disposition contraire. De nouveaux manifestants apparurent devant la résidence royale avec un écriteau sur lequel on pouvait lire : « Cette fois le roi s'est bien fait comprendre – dans deux directions à la fois ».

Le code fut à nouveau retiré pour être révisé. Cette fois, Rex ne se montra plus aussi patient envers ses sujets et envers l'attitude négative dont ils faisaient preuve chaque fois qu'il essayait de faire quelque chose pour eux. Il décida de leur donner une leçon et de mettre fin à leurs plaintes continuelles. Il chargea ses experts de purger le code de ses contradictions, mais en même temps de durcir de façon drastique chacune de ses dispositions et d'ajouter une longue liste de nouvelles infractions. Ainsi, alors qu'auparavant le citoyen qui était convoqué par le trône avait dix jours pour se présenter, avec la révision le délai était réduit à dix secondes. On qualifia de crime, puni de dix ans d'emprisonnement, le fait de tousser, d'éternuer, d'avoir le hoquet, de s'évanouir ou de tomber en présence du roi. On considéra comme trahison le fait de ne pas comprendre, de ne pas croire et de ne pas enseigner qu'il fallait abandonner toute idée d'une évolution vers la démocratie.

La publication de ce nouveau code provoqua presque une révolution. Les citoyens les plus éminents déclarèrent leur intention de ne pas respecter ses clauses. Quelqu'un découvrit chez un auteur ancien un passage approprié : « Commander ce qui est impossible ce n'est pas produire du droit ; c'est défaire le droit car un commandement auquel on ne peut obéir n'a d'autre fin que d'engendrer la confusion, la crainte et le chaos. » Une centaine de pétitions adressées au roi reprirent aussitôt cette citation.

Le code fut à nouveau retiré et une équipe d'experts fut chargée d'entreprendre une révision. Selon les instructions que Rex donna aux experts, chaque fois qu'ils rencontreraient une règle exigeant quelque chose d'impossible il faudrait la corriger de manière à ce qu'on puisse y obéir. Il s'avéra que pour accomplir cela chaque disposition du code devait être réécrite de façon substantielle. Le résultat fut parfait dans l'art de rédiger des textes juridiques. Le code était clair, cohérent et n'exigeait du sujet rien qui ne fut au-delà de ses pouvoirs. Il fut imprimé et distribué gratuitement à chaque coin de rue.

Cependant avant la date effective à laquelle le nouveau code devait s'appliquer, on se rendit compte que beaucoup de temps avait été perdu dans les révisions successives du projet originel de Rex, au point que la substance du code avait été sérieusement affectée par tous ces événements. Depuis que Rex avait accédé au trône, les procès ordinaires avaient été suspendus ce qui avait entraîné d'importants changements économiques et institutionnels dans le pays. Afin de s'adapter à ces nouvelles conditions, il fallait opérer de nombreuses modifications substantielles du droit. Ainsi dès que le nouveau code entra en vigueur il fit chaque jour l'objet d'une multitude d'amendements. Le mécontentement populaire éclata une nouvelle fois ; un pamphlet anonyme fit son apparition dans les rues contenant des images calomnieuses du roi et un *edito* avec le titre : « Mieux vaut pas de droit du tout qu'un droit qui change chaque jour. »

En peu de temps cette source de mécontentement commença à se résorber d'elle-même alors que la fréquence des amendements diminuait peu à peu. Mais cette diminution n'était pas encore significative que Rex annonça une décision importante. En réfléchissant sur les mésaventures de son règne, il en conclut que le problème venait principalement des mauvais conseils que lui avaient donnés les experts. Il déclara donc qu'il reprenait en personne le pouvoir judiciaire. Il pourrait de cette manière contrôler directement l'application du nouveau code et protéger son pays contre une nouvelle crise. Il consacra pratiquement tout son temps à assister aux audiences et à juger des affaires relevant du nouveau code.

À partir du moment où le roi se consacra à cette tâche, ses capacités d'abstraction, restées longtemps à l'état latent, se développèrent enfin. Ses jugements manifestèrent une virtuosité pleine d'assurance, presque exubérante, dans la mesure où il distinguait soigneusement ses anciennes décisions, exposait les principes en vertu desquels il agissait et formulait des lignes directrices pour décider des différends à venir. Pour les sujets de Rex ce fut comme l'aube d'un nouveau jour où ils pourraient enfin se conduire conformément à un corps de règles cohérent.

Mais cet espoir se brisa vite. Dès que les volumes contenant les jugements de Rex entrèrent en vigueur et furent soumis à un examen minutieux, ses sujets furent scandalisés en découvrant qu'il n'y avait aucune relation manifeste entre ces jugements et le code qu'ils étaient censés appliquer. Si on s'en tenait à ce qui était énoncé dans les jugements eux-mêmes, le nouveau code aurait pu tout aussi bien ne pas exister. Pourtant, dans presque chacune de ses décisions le roi déclarait à plusieurs reprises que le droit de son royaume était fondé sur le code.

Les citoyens les plus en vue se mirent à organiser des réunions privées afin de discuter des mesures qui, sans aller jusqu'à une révolte déclarée, pouvaient permettre d'éloigner le roi du tribunal et de le cantonner au trône. Alors que ces discussions avaient lieu, Rex mourut soudainement, vieux avant l'heure et profondément déçu par ses sujets.

Le premier acte de son successeur, Rex II, fut d'annoncer qu'il retirait aux juristes le pouvoir de gouverner et qu'il le plaçait entre les mains de psychiatres et d'experts en relations publiques. Ainsi, expliqua-t-il, on pourrait rendre le peuple heureux sans règle.

Les conséquences de l'échec

La carrière ratée de Rex en tant que législateur et juge montre que tenter de créer et de maintenir un système de règles juridiques peut échouer d'au moins huit manières; il y a, si vous voulez, huit voies qui mènent un tel projet au désastre. La première et la plus évidente consiste à ne pas du tout réussir à créer des règles, de sorte que chaque affaire doit faire l'objet d'un jugement *ad hoc*. Les autres voies sont : 2) ne pas réussir à rendre publiques, ou au moins accessibles à la partie concernée, les règles qu'elle est tenue de respecter; 3) abuser d'une législation rétroactive qui non seulement ne peut en elle-même guider l'action, mais qui sape également l'intégrité des règles prospectives puisqu'elles risquent de subir des modifications rétrospectives; 4) ne pas réussir à rendre les règles compréhensibles; 5) promulguer des règles contradictoires ou 6) des règles qui requièrent une conduite qui est au-delà des capacités de la partie concernée; 7) introduire des modifications dans les règles si souvent que le sujet ne peut s'en servir pour orienter ses actions; et, enfin 8) ne pas réussir à faire coïncider les règles telles qu'elles sont énoncées et la manière dont elles sont réellement appliquées.

Échouer complètement dans l'une de ces huit directions n'engendre pas seulement un mauvais système juridique; il en résulte quelque chose qui ne peut absolument pas être appelé système juridique au sens propre, sauf peut-être dans un sens pickwickien, comme lorsqu'on dit qu'un contrat nul est encore une espèce de contrat. Il n'y a assurément aucun fondement rationnel permettant d'affirmer qu'un homme peut avoir une obligation morale d'obéir à une règle juridique qui n'existe

pas, ou qu'on lui dissimule, ou qui est instituée seulement
après qu'il ait agi, ou qui est inintelligible, ou qui entre en
contradiction avec une autre règle du même système, ou qui
commande l'impossible ou qu'on modifie chaque minute. Il
est possible qu'un homme obéisse à une règle dont ne tiennent
pas compte ceux qui sont chargés de gouverner, mais l'obéissance devient dans une certaine mesure futile – aussi futile,
en fait, que de participer à un vote dans lequel les voix ne sont
pas comptées. Comme l'a observé le sociologue Simmel, il y a
une forme de réciprocité entre le gouvernement et le citoyen
concernant le respect des règles [1]. En effet le gouvernement dit
au citoyen : « Voici les règles que nous voulons que vous
suiviez. Si vous les suivez, vous avez la garantie que c'est à
partir de ces règles qu'on jugera votre conduite. » Lorsque ce
lien de réciprocité est définitivement et complètement rompu
par le gouvernement, le devoir du citoyen de respecter les
règles n'a plus aucun fondement.

Même si toutes ces conditions sont remplies, la situation du
citoyen devient plus difficile quand se produit une détérioration générale et radicale de la légalité comme cela s'est
produit en Allemagne sous Hitler [2]. Supposons, par exemple,

1. Simmel, *The Sociology of Georg Simmel*, trad. K.H. Wolff, Free Press,
1950, p. 186-89, p. 250-67. La réflexion de Simmel mérite d'être étudiée par
tous ceux qui cherchent à définir les conditions dans lesquelles l'idéal de « *rule
of law* » peut être réalisé

2. J'ai analysé certaines caractéristiques de cette détérioration dans mon
article « Positivism and Fidelity to Law », *Harvard Law Review*, 71, 1958,
p. 648-57. Cet article ne prétend pas faire une étude exhaustive de toutes les
décisions judiciaires prises après-guerre en Allemagne suite aux événements
ayant eu lieu sous le régime d'Hitler. Certaines de ces décisions justifièrent la
nullité des jugements rendus par les tribunaux sous Hitler non pas parce que les
lois appliquées étaient nulles mais au motif que les juges nazis avaient mal
interprété les lois de leur propre gouvernement. Voir Pappe, « On the Validity

que commence à se développer une situation dans laquelle, même si certaines lois sont rendues publiques, d'autres, notamment les plus importantes, ne le sont pas. Bien que la plupart des lois soient prospectives, l'usage de législation rétroactive est si libre que rien ne permet d'éviter qu'une loi soit modifiée *ex post facto* dans l'intérêt de ceux qui sont au pouvoir. Pour les procès en pénal concernant la loyauté envers le régime, des tribunaux militaires spéciaux sont établis et ces tribunaux, chaque fois que cela les arrange, ne tiennent pas compte des règles qu'ils sont supposés appliquer dans leurs décisions. Il semble de plus en plus que l'objectif principal du gouvernement n'est pas de donner au citoyen des règles qu'il doit respecter, mais de le réduire à l'impuissance par la peur. Lorsqu'une telle situation se développe, le citoyen est confronté à un problème qui n'est pas aussi simple que celui de l'électeur qui sait de façon certaine que sa voix ne sera pas comptée. Cela ressemble davantage au problème de l'électeur qui sait qu'il y a de fortes chances que sa voix ne soit pas du tout comptée et que, si elle est comptée, il y a de bonnes chances qu'elle soit comptée comme une voix en faveur du camp contre lequel il a effectivement voté. Dans cette situation, il appartient au citoyen de décider par lui-même si oui ou non il s'accommode de ce système et participe au scrutin comme s'il

of judicial Decisions in the Nazi Era », *Modern Law Review*, 23, 1960, p. 260-274. Pappe utilise cette distinction au-delà de ce qui me semble pertinent. Après tout, la signification d'une loi dépend en partie de certains modes d'interprétation reconnus. Peut-on dire que les tribunaux allemands d'après-guerre appliquèrent les lois nazies en les interprétant selon leurs propres critères au lieu des critères tout à fait différents en vigueur durant le régime nazi ? De plus, à propos des lois de ce type, qui contenaient des énoncés vagues et des délégations de pouvoir illimitées, il semble un peu déplacé de s'attarder sur les problèmes d'interprétation s'agissait d'une sorte d'acte symbolique exprimant l'espoir d'un jour meilleur. Tel était le cas du citoyen allemand sous Hitler, lorsqu'il avait à décider si oui ou non il avait l'obligation d'obéir à certaines lois que la terreur nazie avait laissées intactes.

Dans des situations comme celles-ci, il n'y a aucun principe permettant de déterminer si le citoyen a l'obligation de rester fidèle au droit, pas plus qu'il n'y a de principe pour déterminer s'il a le droit de s'engager dans une révolution générale. Néanmoins, une chose est claire. On ne doit pas confondre le fait de respecter l'autorité instituée et la fidélité envers le droit. Ainsi, les sujets restèrent loyaux envers Rex en tant que roi et durant tout son long règne plein d'inepties. Mais ils ne furent pas fidèles à son droit puisqu'il n'en a jamais créé.

L'aspiration à une légalité parfaite

Nous nous sommes ainsi attachés à dessiner huit voies conduisant à faire échouer la tentative de créer du droit. À cela correspondent huit sortes d'excellence juridique qu'un système de règles cherche à atteindre. Ce qui, à un premier niveau, apparaît comme condition nécessaire à l'existence même du droit devient, à mesure qu'on s'élève dans l'échelle de la perfection, un défi de plus en plus exigeant pour les capacités de l'homme. Au sommet de l'échelle on est tenté d'imaginer une utopie juridique dans laquelle toutes les règles sont parfaitement claires, cohérentes entre elles, connues de chaque citoyen et jamais rétroactives. Dans cette utopie, les règles restent constantes au cours du temps, elles n'exigent que ce qui est possible et sont scrupuleusement respectées par les tribunaux, par la police et par toute autre personne chargée de les appliquer. Pour des raisons que j'évoquerai brièvement, cette utopie, dans laquelle les huit principes de légalité sont réalisés à la perfection, n'est pas vraiment un objectif utile pour faire progresser la légalité ; la perfection est un but trop complexe. Néanmoins, elle suggère huit principes distincts grâce auxquels on peut tester la valeur de la légalité.

En exposant dans mon premier chapitre la distinction entre la morale du devoir et la morale d'aspiration, j'ai évoqué une échelle imaginaire avec, à la base, les devoirs moraux les plus évidents et les plus essentiels et qui s'élève jusqu'au plus haut degré d'accomplissement de l'homme. J'ai aussi évoqué une ligne invisible indiquant où finit la pression du devoir et où commence le défi de l'excellence. Il devrait apparaître clair maintenant que la moralité interne du droit présente tous ces aspects. Elle est constituée à la fois d'une morale du devoir et d'une morale d'aspiration. Elle pose également le problème de savoir où tracer la ligne au-dessous de laquelle les hommes seront condamnés s'ils échouent, mais sans pouvoir espérer être loués s'ils réussissent, et au-dessus de laquelle ils seront admirés s'ils réussissent et inspireront, au pire, de la compassion s'ils échouent.

Si on applique l'analyse du premier chapitre à la question qui nous concerne ici, il paraît essentiel de prendre en compte certaines propriétés caractéristiques de la moralité interne du droit. Dans ce qu'on peut appeler la morale fondamentale de la vie sociale, normalement les devoirs envers autrui en général (par distinction avec les devoirs envers des individus déterminés) exigent simplement qu'on s'abstienne d'agir et sont, comme on dit, des devoirs négatifs par nature : ne pas tuer, ne pas faire de mal, ne pas tromper, ne pas diffamer et autres devoirs de cette sorte. De tels devoirs ne soulèvent en eux-mêmes guère de difficulté lorsqu'il s'agit de les définir de façon formelle. Ce qui veut dire que, s'agissant des devoirs moraux ou bien des devoirs juridiques, nous sommes capables d'exposer des principes qui indiquent assez précisément – même si ce n'est jamais complètement – le type de conduite qu'il faut éviter.

Cependant les exigences de la moralité interne du droit, même si elles portent sur les relations envers autrui en général, ne demandent pas seulement de s'abstenir d'agir ; elles sont, pour le dire vite, positives par nature : faire connaître le droit, faire en sorte qu'il soit clair et cohérent, veiller à ce que les décisions des autorités s'y conforment, etc. Pour satisfaire ces exigences, l'homme doit mobiliser son énergie vers certaines formes de perfection et ne pas se contenter d'empêcher les actions qui nuisent à autrui.

Puisqu'elle repose sur des exigences positives et créatives, la moralité interne du droit peut difficilement se réaliser par des devoirs qu'ils soient moraux ou juridiques. Que l'homme fasse un effort pour atteindre quelque chose qui paraît désirable importe peu, car, dès lors qu'on affirme que c'est un devoir de l'atteindre, on devra se charger de définir dans quelle mesure ce devoir n'a pas été respecté. Il est facile d'affirmer que le législateur a le devoir moral de faire des lois claires et compréhensibles. Mais cela reste au mieux une exhortation, à moins qu'on soit prêt à définir le degré de clarté qu'il doit atteindre afin d'accomplir son devoir. L'idée de soumettre la clarté à une mesure quantitative présente des difficultés évidentes. On peut bien sûr se contenter de dire que le législateur a, du moins, un devoir moral de s'efforcer d'être clair. Mais cela ne fait que déplacer le problème, car, dans certaines situations, il n'y a rien de plus difficile que d'essayer de mesurer à quel point un homme a eu l'intention de faire ce qu'il n'a pas réussi à faire. Dans la moralité du droit, quoi qu'il en soit, les bonnes intentions ne valent pas grand-chose comme le démontre amplement le roi Rex. Tout ceci amène à la conclusion que la morale interne du droit est condamnée à rester en grande partie une morale d'aspiration et non une morale de devoir. Elle fait surtout appel au sens de la responsabilité et au sens de l'honneur de ceux qui font le droit.

Il y a une exception importante à ce qu'on vient d'observer. Cela concerne le fait qu'il est souhaitable de faire connaître les lois ou au moins de les rendre accessibles à ceux qu'elles concernent. On a là une exigence qui, exceptionnellement, se prête facilement à la formalisation. Une constitution écrite peut prescrire qu'aucune règle de droit n'entre en vigueur avant d'être publiée sous une forme spécifique. Si les tribunaux ont le pouvoir de faire appliquer cette disposition, on peut dire qu'on a là un devoir juridique relatif à la création du droit. Mais on peut aussi aisément imaginer un devoir moral concernant la publication des règles de droit. Une coutume peut, par exemple, définir sous quelle forme la loi doit être promulguée, sans pour autant préciser quelles seraient les conséquences si ce mode de publication n'était pas respecté. La formalisation de cette exigence de publicité a des avantages évidents par rapport à des efforts qui ne sont pas encadrés, aussi consciencieux et intelligents soient-ils. Un principe formel relatif à la promulgation indique au législateur où la loi doit être publiée ; il permet aussi au sujet – ou au juriste qui représente ses intérêts – de savoir où chercher pour savoir en quoi consiste la loi.

On pourrait penser que le principe condamnant les lois rétroactives pourrait lui aussi être aisément formalisé sous une règle simple en vertu de laquelle aucune loi de cette sorte ne doit être instituée ou ne peut être valide une fois adoptée. Une telle règle desservirait cependant la cause de la légalité. Curieusement, il s'avère que l'une des exigences les plus évidentes de la légalité – qu'une règle instituée aujourd'hui s'applique à ce qui arrivera demain et pas à ce qui s'est passé hier – présente l'un des problèmes les plus difficiles de toute la morale interne du droit.

Concernant les exigences de la légalité, en dehors de la promulgation, le mieux qu'on puisse attendre des constitutions et des tribunaux est qu'ils nous préservent de l'abîme ; on ne peut attendre d'eux qu'ils établissent une série d'obligations conduisant à un accomplissement vraiment significatif.

JOSEPH RAZ

LE POSITIVISME JURIDIQUE
ET LES SOURCES DU DROIT *[1]

I. LA NATURE DU POSITIVISME JURIDIQUE

Si le débat à propos de l'analyse positiviste du droit est sans fin et inépuisable, c'est essentiellement en raison de la difficulté à définir le terme « positivisme » en philosophie du droit. Certes, il est admis que le positivisme juridique est pour l'essentiel indépendant à la fois de la philosophie positiviste du XIXe siècle et du positivisme logique de ce siècle (même s'il a des liens historiques avec eux). Mais les différentes théories positivistes du droit présentent une telle variété et les travaux des non positivistes reposent sur des orientations philosophiques si variées qu'il semble difficile, et peut-être impossible, d'identifier le positivisme juridique par sa source – un

* Joseph Raz, « Legal Postivism and the Sources of Law », in *The Authority of Law. Essays on Law and Morality*, Second Edition, Oxford, Oxford University Press, 2009, p. 37-52 (traduction C. Béal).
1. Sur les problèmes discutés dans cet essai, ma pensée a été fortement influencée par des conversations avec R.M. Dworkin et J.M. Finnis qui rejettent plusieurs de mes conclusions.

fondement philosophique positiviste. La façon la plus facile d'aborder le débat récurrent autour du positivisme juridique est de partir des thèses particulières ou des groupes de thèses autour desquelles il s'articule.

Les trois points qui sont au cœur du débat sont : l'identification du droit, sa valeur morale et la signification de ses termes clés. Ce qu'on pourrait nommer respectivement la thèse sociale, la thèse morale et la thèse sémantique. Il faut toutefois savoir que sur chacun de ces points, on reconnaît les positivistes (et leurs adversaires) au fait qu'ils soutiennent (ou rejettent) au moins une de ces thèses plutôt que telle thèse particulière.

Selon la thèse sociale positiviste, au sens le plus général, savoir ce qui est du droit et ce qui n'en est pas est une question de fait social (les différentes thèses sociales que défendent les positivistes ne sont donc que des versions plus raffinées et plus élaborées de cette formulation sommaire). La thèse morale est que la valeur morale du droit (aussi bien celle d'une règle particulière que celle de l'ensemble du système juridique) ou sa qualité morale est contingente et dépend du contenu du droit et du contexte social dans lequel il est appliqué. La seule thèse sémantique qu'on peut retrouver dans la plupart des théories positivistes est une thèse négative, à savoir que des termes comme « droits » ou « devoirs » ne peuvent pas être employés avec le même sens dans un contexte juridique et dans un contexte moral. Sous cette formulation vague il s'agit d'englober des positions aussi diverses que : 1) « droits moraux » et « devoirs moraux » sont des expressions vides de sens ou contradictoires, ou bien 2) « droits » et « devoirs » ont un sens évaluatif et un sens non évaluatif, et, dans un contexte moral, ils sont utilisés dans un sens évaluatif alors que, dans un contexte juridique, ils sont utilisés dans un sens non évaluatif, ou bien 3) la signification de l'expression «droits et devoirs juridiques» ne dépend pas de la signification des termes qui la composent – ainsi que toute une variété de thèses sémantiques similaires.

Parmi ces thèses, la thèse sociale est la plus fondamentale. Elle est aussi à l'origine du nom «positivisme» qui indique l'idée que le droit est posé, qu'il est créé par les activités des êtres humains. La thèse morale et la thèse sémantique sont souvent conçues comme des conséquences nécessaires de la thèse sociale. Le raisonnement est en gros le suivant. Puisque, en vertu de la thèse sociale, ce qui est du droit est une question de fait social et que l'identification du droit n'implique aucun argument moral, il s'ensuit que la conformité à des valeurs morales ou à des idéaux n'est en aucun cas une condition pour que quelque chose soit une règle de droit ou oblige juridiquement. Donc la conformité du droit à des valeurs morales ou à des idéaux n'est pas nécessaire. Elle est contingente et dépend des circonstances particulières dans lesquelles le droit est créé ou appliqué. Par conséquent, comme l'affirme la thèse morale, la valeur morale du droit dépend de facteurs contingents. Il n'y a aucune raison d'affirmer que le droit doit nécessairement avoir une valeur morale. Dès lors, puisque des termes comme «droits» et «devoirs» sont utilisés pour décrire le droit – quel qu'il soit et indépendamment de sa valeur morale – la thèse sémantique semble en découler. Si on utilise ces termes pour affirmer l'existence de droits et de devoirs juridiques qui peuvent parfois être en contradiction avec des droits et des devoirs moraux, alors ces termes ne peuvent pas être employés avec le même sens dans les deux contextes.

J'ai montré ailleurs[1] que ces deux arguments sont fallacieux et que ni la thèse morale ni la thèse sémantique ne sont des conséquences de la thèse sociale. Même si on affirme que ce qui est du droit et ce qui n'en est pas est simplement une question de fait social, un problème reste posé, celui de savoir si les faits sociaux qui permettent d'identifier le droit ou de déterminer son existence lui confèrent ou non une valeur morale. Si c'est le cas, il a nécessairement un caractère moral. Même si ce n'est pas le cas, se pose encore le problème de savoir si, étant donné la nature humaine et les conditions générales de l'existence humaine, le système juridique correspondant au droit effectif au sein de chaque société donnée est nécessairement conforme à certaines valeurs morales ou à certains idéaux. Par la thèse sémantique, le positiviste se contente de soutenir que l'usage d'un langage normatif pour décrire le droit n'implique pas toujours que celui qui utilise ce langage considère le droit ainsi décrit comme moralement obligatoire. Pour être plus précis, cela signifie que le langage normatif utilisé pour exposer le droit n'a pas nécessairement toute sa force normative. Même un non-positiviste peut être d'accord avec cela. Cela ne justifie pas l'idée que des termes comme droits ou devoirs sont utilisés avec une signification différente dans le contexte moral et dans le contexte juridique.

Le but de cet essai n'est pas d'analyser ces arguments. Je les mentionne seulement pour indiquer dans quelle mesure la version du positivisme que je défendrai ici est une version modérée qui n'entre pas en conflit avec la conception des théoriciens du droit naturel concernant l'analyse sémantique des termes normatifs et la relation entre le droit et la morale.

---

1. J. Raz, *Practical Reason and Norms*, 2nd ed., Oxford, 1999, p. 162 *sq.*

Voici quelques exemples d'idées qu'on associe souvent aux théories du droit naturel et qui sont compatibles avec la version du positivisme que je défends ici :

a) Un devoir juridique » signifie un devoir que l'on a parce que le droit exige qu'on accomplisse telle action.

b) Il y a une connexion nécessaire entre le droit et la morale populaire (c'est-à-dire la morale à laquelle la population adhère et qu'elle met en pratique).

c) Il est légitime que tout système juridique revendique une autorité.

Qu'elles soient vraies ou non, ces idées sont certainement compatibles avec la thèse sociale qui est la base de la version du positivisme que je voudrais défendre. Il est préférable de considérer la thèse sociale, non pas comme une thèse de « premier ordre », mais comme une sorte de contrainte qui fait qu'une théorie du droit est une théorie acceptable – plus précisément c'est une thèse sur certaines propriétés générales à prendre en compte pour tester adéquatement l'existence et l'identité des systèmes juridiques.

Une théorie du droit est acceptable seulement si les tests permettant de déterminer l'existence et le contenu du droit dépendent exclusivement de faits relatifs au comportement humain et qui peuvent être décrits par des termes axiologiquement neutres, sans avoir recours à un argument moral.

Cette formulation n'est pas aussi claire qu'elle pourrait l'être. Pour être plus clair et plus limpide il faut élaborer une théorie plus complète qui risque, par conséquent, d'être plus controversée. La formulation ci-dessus s'efforce de dégager ce qu'il y a d'essentiel dans les différentes versions de la thèse sociale ainsi que l'idée de base qui les sous-tend, ce qui implique inévitablement un manque de précision. Cela demande toutefois quelque clarification.

Premièrement, cette thèse soutient que toute théorie complète du droit contient des tests pour déterminer l'existence et le contenu du droit. Voilà quelque chose qui est apparu évident pour les nombreux philosophes du droit qui considéraient qu'une de leur tâche principale était d'élaborer des tests de ce type. D'autres philosophes du droit n'ont pas cherché à élaborer ces tests, considérant qu'ils ne faisaient pas partie de la philosophie du droit, qu'ils étaient inutiles ou impossibles. Lon Fuller est le plus éminent des philosophes contemporains ayant adopté un tel point de vue. Les raisons permettant de contester cette position seront indiquées brièvement dans la prochaine section. Il convient de considérer ces théories du droit comme des théories incomplètes. Pour une raison ou une autre, la plupart, sinon la totalité, de ces théories du droit sont incomplètes dans la mesure où elles n'apportent pas de réponse à certaines questions qui font partie du domaine de la théorie du droit.

Deuxièmement, cette thèse suppose que le vocabulaire constitué de termes axiologiquement neutres est suffisamment riche. Elle ne prétend pas qu'il y a une séparation claire et tranchée entre les termes évaluatifs et les termes non évaluatifs. Elle n'implique pas non plus de prendre position dans le débat entre naturalisme et antinaturalisme. Qu'on puisse décrire le test en des termes axiologiquement neutres ne signifie pas que ce test n'implique aucune valeur ni aucune position déontique. Sinon ce serait adopter une position antinaturaliste.

Troisièmement, cette thèse n'impose pas de faire abstraction des intentions, des motivations et des idées morales des gens. La neutralité axiologique ne conduit pas au behaviorisme.

Enfin, il convient de noter que la thèse sociale peut se diviser en deux. A- Pour déterminer l'existence et le contenu du droit, il y a une condition sociale nécessaire : une règle est une règle juridique si et seulement si elle satisfait à un critère social. B- Pour déterminer l'existence et le contenu du droit, il y a une condition sociale suffisante : une règle est une règle juridique si elle satisfait au critère social.

II. LA THÈSE SOCIALE

J'ai montré que la thèse sociale a toujours été le fondement de la conception positiviste du droit et que ses conséquences sémantiques et morales ont été trop souvent mal comprises. Mon but n'est pas d'exposer ni de défendre ici une conception particulière des tests permettant de déterminer l'existence et le contenu du droit[1]. Mais puisqu'admettre la thèse sociale influence la forme des théories du droit, il est important de réfléchir à nouveau sur les raisons d'adopter cette thèse sociale. Pour cela je vais inévitablement avoir à donner certaines précisions sur les conditions sociales relatives à l'existence et à l'identité des systèmes juridiques.

A. La justification non théorique la plus générale de la thèse sociale est qu'elle reflète correctement la signification que le terme « loi » et les termes apparentés ont dans le langage ordinaire. Cet argument a été assez souvent évoqué. Il semble particulièrement pertinent en tant qu'élément essentiel en faveur de la thèse sociale, mais il n'est pas en lui-même concluant. Le mot « loi » a des usages non juridiques : lois de nature, lois morales, lois relatives à diverses institutions, lois

---

1. Voir *The Authority of Law*, chap. 5-6 et mon ouvrage *Practical Reason and Norms*, sections 4.2-5.2, où je développe, en apportant diverses modifications, des idées de Hart exposées dans *The Concept of Law* (Oxford, 1961).

de la pensée, etc. Plusieurs de ces usages ont un statut problématique. De plus, dans l'usage linguistique, il n'y a pas de démarcation claire entre ces différents types de loi. Ainsi le débat autour de la nature du droit international, par exemple, ne peut être traité en faisant appel au langage ordinaire.

Pour des raisons similaires, l'usage est trop vague pour servir de fondement adéquat à la thèse sociale. Il suggère sans doute que le droit a une base sociale, que l'Allemagne nazie avait un système juridique, etc. Mais il n'est pas suffisamment déterminé pour montrer de façon certaine que des faits sociaux sont à la fois des conditions nécessaires et suffisantes à l'existence et à l'identité du droit.

Enfin, nous ne voulons pas être esclaves des mots. Notre but est de comprendre la société et ses institutions. Nous devons faire face à la question suivante : le sens ordinaire du mot « loi » est-il de nature à permettre d'identifier les faits importants pour comprendre la société ?

B. L'argument qu'on invoque souvent pour défendre la thèse sociale est qu'elle sépare clairement la description du droit et son évaluation. On prétend qu'elle permet d'éviter toute confusion et de clarifier la pensée. C'est vrai, mais on présuppose la thèse plus qu'on ne la prouve. S'il faut identifier le droit par des tests sociaux alors il est trompeur et totalement illusoire de vouloir l'identifier sans séparer clairement les faits sociaux et les jugements de valeur. Tandis que si l'identification du droit implique, comme le pensent de nombreux partisans du droit naturel, des valeurs aussi bien que des critères sociaux, alors il est à la fois trompeur et illusoire d'identifier le droit en les distinguant.

C. Adhérer à la thèse sociale élimine les préjugés du chercheur. Elle exige que le chercheur mette de côté ses valeurs et ses convictions déontiques et qu'il prenne exclusivement en considération ce qui peut être analysé et décrit de manière neutre. Encore une fois, même si c'est vrai, cela présuppose la thèse sociale et constitue un de ses résultats plutôt que son fondement. Car sur ce point aussi on doit admettre que si les théoriciens du droit naturel qui rejettent la thèse sociale ont raison, alors la seule manière appropriée d'identifier le droit fait intervenir, de la part du chercheur, un sens des valeurs (qu'on cesse alors d'appeler préjugés). Cela ne veut pas dire que, selon cette conception, le droit est ce qu'il est parce que le chercheur croit en certaines valeurs. Mais cela signifie que la manière appropriée d'identifier le droit consiste à s'interroger sur la validité et sur les implications de certaines valeurs.

D. On a évidemment avancé de nombreuses autres raisons en faveur de la thèse sociale ainsi que des variantes sur ces raisons, et nombreuses sont celles qui ont une part de vérité. Mais la principale justification de la thèse sociale réside dans le fait de caractériser le droit comme institution sociale. La compréhension de certaines institutions sociales peut être incompatible avec l'usage d'une thèse sociale de ce type. Mais le droit, comme d'autres institutions, est une institution conforme à la thèse sociale. Pour le voir, il est nécessaire de spécifier quels sont, de manière générale, les principaux ingrédients des tests portant sur l'existence et le contenu d'un système juridique et d'identifier ceux qui sont en rapport avec la thèse sociale. Les tests qui portent sur l'identité et l'existence d'un système juridique contiennent trois éléments de base : l'efficacité, le caractère institutionnel et les sources.

L'efficacité est le critère le moins controversé. De manière assez étrange, il est aussi le moins étudié et le moins bien compris. Il est possible que la philosophie du droit ne puisse pas apporter grand-chose sur ce point. Je crois néanmoins que

certains problèmes, bien qu'élémentaires, méritent d'être
analysés[1]. Puisque cet essai ne traite pas précisément de
l'efficacité on peut négliger ces problèmes. Il suffit de reconnaître qu'un système juridique ne peut être le droit en vigueur
au sein d'une communauté que si on y adhère en général et si au
moins certaines parties de la population l'acceptent et l'inté-
riorisent. Cette condition est simplement destinée à s'assurer
que le droit auquel on se réfère est le droit effectif d'une société
donnée et non pas un système qui a été aboli ni un système
auquel on aspire. C'est le critère le moins important. Les théoriciens du droit naturel ne le contestent pas. Mais il ne permet
pas de caractériser l'essence du droit en tant qu'institution
humaine. Il permet de distinguer un droit effectif et un droit qui
n'est pas effectif, mais ne permet pas de différencier les
systèmes juridiques et les systèmes non juridiques. Considérons, par analogie, la morale sociale. Cette condition s'applique également. Une morale ne peut être la morale sociale
d'une population que si cette population l'approuve et s'y
conforme en général. Dans ce cas le critère de l'efficacité
n'apporte aucun éclairage sur la nature de la morale. Il nous dit
seulement ce qu'est une morale effective par rapport à une
morale qui ne l'est pas.

Le second élément des tests portant sur l'existence et le
contenu du droit – le caractère institutionnalisé du droit – est
plus important et aussi plus controversé. Là encore, les
nombreuses controverses sur la nature précise de cet aspect
institutionnel du droit peuvent être laissées de côté ici. Il est
largement admis (y compris par de nombreux théoriciens du
droit naturel) qu'un système de normes n'est un système

---

1. Sur certains aspects déroutants des conceptions communes de
l'efficacité, voir mon livre *The Concept of Legal System*, Oxford, 1970, chap. 9.

juridique que s'il établit des institutions juridictionnelles chargées de régler les litiges engendrés par l'application des normes du système. En général, on admet également qu'un tel système normatif est un système juridique uniquement parce qu'il requiert une autorité et un pouvoir suprême au sein de la société, c'est-à-dire un droit d'autoriser ou de proscrire toutes les autres institutions sociales.

Ces aspects institutionnalisés du droit correspondent à une caractéristique de type social qui fait du droit une sorte d'institution sociale. Pour résumer, c'est un système de direction et de décision qui exige une autorité suprême au sein d'une société déterminée et qui donc, lorsqu'il est efficace, dispose d'une autorité effective. On peut penser qu'il y a encore beaucoup à dire sur cette sorte d'institution sociale qu'est le droit. Pourquoi une description si allusive et si abstraite? Il est évident que les caractéristiques du droit mentionnées ci-dessus peuvent et même devraient être développées plus en détail. Mais en tant qu'élément d'un test général portant sur l'existence et le contenu du droit on ne devrait pas aller au-delà de cette simple caractérisation. Le reste relève davantage de la sociologie du droit car cela concerne certains systèmes juridiques particuliers ou certains types de systèmes juridiques (le système capitaliste moderne, le système féodal, etc.) et pas nécessairement tous les systèmes juridiques [1].

Le terme «droit», comme je l'ai déjà mentionné, est employé dans différents contextes et s'applique à des normes

1. Pour l'essentiel, aux faits que j'ai mentionnés on peut ajouter les sanctions, l'usage de la coercition ou de la force et l'existence d'institutions pour faire appliquer le droit. Pour cela, voir H. Oberdiek, «The Role of Sanctions and Coercion in Understanding Law and Legal Systems», *American Journal of Jurisprudence*, 21, 1976, p. 71-94; J. Raz, *Practical Reason and Norms*, p. 154-162.

très variées et très différentes. Il est assez naturel que l'intérêt professionnel des juristes se fixe sur certains types d'usages : ceux qui sont liés aux institutions décrites précédemment. De nombreux philosophes du droit ont affirmé que l'analyse philosophique du droit devait suivre les juristes professionnels et fixer son analyse sur ce type d'institution. Cela paraît assez naturel et complètement justifié. Même si on s'en tient à la caractérisation très vague et rudimentaire proposée ci-dessus, il est tout à fait clair que le droit ainsi compris est une institution d'une grande importance pour tous ceux qui vivent dans des sociétés régies par le droit, ce qui aujourd'hui est le cas de presque tout le monde. Cela justifie amplement qu'il fasse l'objet d'une étude spéciale (qui, pour autant, ne doit pas négliger les relations complexes avec les autres institutions et les forces sociales). C'est aussi une raison suffisante pour amener le public à concevoir le droit comme une institution d'un type spécial.

De nombreuses théories du droit naturel sont compatibles avec tout ce qui vient d'être dit concernant la nature institutionnelle du droit. Mais il faut noter que cette conception du droit est incompatible avec certaines versions du droit naturel, et ceci pour deux raisons. Premièrement, le caractère institutionnalisé du droit a pour conséquence que le droit a des limites. Les systèmes juridiques contiennent uniquement les principes qui, d'une manière ou d'une autre, ont un rapport avec ce que font les institutions juridictionnelles[1]. C'est ce

---

1. Kelsen pensait que cette relation était simple : les lois sont des normes adressées aux tribunaux (voir, par exemple, *La Théorie générale du droit et de l'État*, p. 37). D'autres suggèrent une relation plus indirecte. C'est notamment l'idée de Hart selon laquelle les lois sont des principes que les tribunaux sont tenus d'utiliser et d'appliquer dans leurs décisions (*The Concept of Law*, p. 89 *sq.*).

qu'on veut dire en parlant du caractère institutionnalisé du droit. Il s'ensuit que le droit a des limites : il ne contient pas tous les principes légitimes (moraux ou autres) et ne comprend pas nécessairement toutes les règles sociales ni toutes les conventions. Il n'en contient qu'un sous-ensemble, à savoir les principes en rapport avec l'institution[1]. Ceci est incompatible avec l'idée que le droit ne forme pas un système de principes à part et plus spécialement avec le fait de soutenir qu'il n'y a pas de différence entre le droit et la morale, ni entre le droit et la morale sociale.

Seconde conséquence, peut-être plus radicale, de cette conception du droit comme système institutionnel : le fait qu'un système ou une règle puisse être considéré comme juridique ne peut être conditionné par des considérations morales qui ne se reflètent pas également dans ses aspects institutionnels. Si le droit est une institution sociale d'un certain type, alors toutes les règles qui en font partie sont des règles juridiques même si on peut les critiquer moralement. Le droit peut avoir des propriétés morales nécessaires, mais, dans ce cas, c'est seulement parce que toutes les règles ou certaines règles qui sont en relation avec l'institution ont nécessairement des propriétés morales. Imposer des critères moraux indépendants pour déterminer le contenu du droit amène inévitablement à

1. Ne peut-on pas concevoir une société dont les institutions juridictionnelles sont chargées d'appliquer toutes les règles sociales et dans laquelle il n'y a pas de séparation claire entre la morale sociale et la morale idéale ou critique ? De telles sociétés sont possibles et ont probablement existé. Cependant, cela montre seulement que dans ces sociétés il n'y avait pas de distinction entre le droit et la morale (à moins que les gens aient pu prendre conscience de cette distinction en observant d'autres communautés). Nous, qui disposons de cette distinction, pouvons l'appliquer à ces sociétés et affirmer que, dans leur communauté, les choses sont telles que le droit englobe l'ensemble de la morale sociale. Mais il aurait pu en être autrement y compris pour ces sociétés.

affirmer soit que les règles qui forment une partie de ce type d'institution sociale ne sont pas toutes du droit ou bien que certaines règles qui ne font pas partie de cette institution sont du droit. Dans les deux cas, le terme « droit » ne désigne plus une institution sociale.

III. LES SOURCES DU DROIT

Il y a un point intéressant sur lequel la plupart des positivistes n'ont pas une position claire. Alors que, dans leur discours général, ils semblent soutenir la thèse sociale forte, leurs doctrines présentent l'efficacité et le caractère institutionnel comme les seules conditions relatives au fondement social du droit. Appelons la combinaison de ces deux conditions la thèse sociale faible. Il est facile de montrer que la thèse faible et la thèse forte ne sont pas équivalentes. Supposons que le droit requiert que les litiges qui sortent des règles (c'est-à-dire ceux pour lesquels il y a une indétermination du droit) soient jugés sur la base de considérations morales[1] (ou de certaines d'entre elles, comme des considérations de justice ou des considérations morales qui sont en accord avec la morale sociale). Supposons également qu'en vertu de cette règle de droit, des considérations morales soient devenues des parties du droit interne (le droit ne présente alors aucune lacune sauf si la morale est indéterminée). Soutenir cela va directement à l'encontre de la thèse forte. Si on admet cette hypothèse, la détermination de ce qu'est le droit dans certains cas repose sur

---

1. À noter qu'il est fait référence à la morale et non à la morale sociale. La morale sociale est fondée sur des sources : les coutumes, les habitudes et les opinions communes de la communauté.

des considérations morales puisqu'on doit avoir recours à des arguments moraux pour identifier le droit. Pour rester en conformité avec la thèse forte on doit dire que même si la règle qui se réfère à la morale appartient bien au droit (elle est déterminée par ses sources), la morale à laquelle elle se réfère n'est pas pour autant incorporée au droit. La règle est analogue à une règle qu'on applique en cas de conflit entre règles juridiques et qui oblige à appliquer un système extérieur qui reste indépendant et en dehors du droit interne.

Tout ceci est assez évident et il est également clair que la thèse opposée (selon laquelle, en vertu d'une règle de droit, la morale devient une partie du droit) n'est pas en contradiction avec l'exigence d'efficacité. Dans ce cas aussi l'ensemble du système juridique peut s'y conformer. Cette thèse n'est pas non plus incompatible avec l'aspect institutionnel du droit : la morale devient du droit, selon cette conception, par sa relation avec des institutions déterminées. Enfin, prétendre que la morale peut ainsi être incorporée au droit est compatible avec la thèse sur les limites du droit, car cela consiste simplement à affirmer que les règles juridiques qui ont une source peuvent parfois incorporer des parties de la morale au sein du droit tout en imposant, dans certains cas, diverses conditions à leur application. J'ai indiqué qu'il fallait ajouter à cela que si on admet cette thèse, il en résulte que pratiquement tout système juridique contient des principes moraux qui n'ont pas de source juridique, puisque la plupart des systèmes exigent que les juges mobilisent, à diverses occasions, des considérations morales.

La différence entre la thèse sociale forte et la thèse sociale faible est que la thèse forte insiste, contrairement à la thèse faible, sur le fait que l'existence et le contenu du droit sont toujours entièrement déterminés à partir de ses sources sociales. D'autre part, la thèse faible, contrairement à la thèse forte, intègre au droit les critères de l'efficacité et du caractère institutionnel. Ces deux thèses sont logiquement indépendantes. La thèse faible est vraie, mais insuffisante pour caractériser le positivisme juridique. Elle est compatible avec les propositions suivantes :

a) L'identification de certaines règles juridiques repose parfois sur des arguments moraux,
et aussi avec :

b) Dans tous les systèmes juridiques, l'identification de certaines règles juridiques repose sur un argument moral.

La première proposition est à la limite du positivisme et peut être jugée compatible, ou au contraire incompatible, avec le positivisme. Mais alors que la première proposition dépend de l'existence contingente d'une règle juridique qui a une source et qui introduit, pour certains cas, des considérations morales parmi les critères de validité (comme dans l'exemple précédent), la seconde proposition affirme que, d'un point de vue conceptuel, il est nécessaire de tester le droit par un argument moral et se situe donc clairement du côté du droit naturel dans la séparation historique entre positivisme et droit naturel.

Je vais montrer que la thèse sociale forte est vraie (excluant ainsi à la fois (a) et (b))[1]. La thèse sociale forte sera désormais

---

1. La thèse sociale faible fournit tous les éléments permettant de déterminer si un système normatif est un système juridique et s'il est en vigueur dans un pays donné. En d'autres termes, la thèse sociale faible fournit un test complet pour l'existence des systèmes juridiques, un test permettant de déterminer s'il y a un système juridique en vigueur dans un pays. Elle apporte également (plus précisément, le caractère institutionnel du droit apporte) certains éléments qui font partie du test relatif au contenu d'un système juridique (à savoir le test permettant de déterminer si deux normes appartiennent au même

nommée « thèse des sources ». Le mot « source » est employé ici dans un sens assez technique (mais qui renvoie évidemment aux écrits traditionnels sur les sources du droit). Une règle de droit a une source si son contenu et son existence peuvent être déterminés sans utiliser d'argument moral (mais sans exclure les conceptions morales et les intentions des gens, qui sont nécessaires à l'interprétation, par exemple). Les sources d'une règle de droit sont les faits en vertu desquels elle est valide et qui permettent d'identifier son contenu. « Source » a ici un sens plus large que lorsqu'on parle des « sources formelles » qui établissent la validité d'une règle de droit (un ou plusieurs actes du parlement pris ensemble avec un ou plusieurs précédents peuvent être la source formelle d'une règle de droit). Le mot « source » tel qu'on l'emploie ici inclut aussi les « sources d'interprétation », c'est-à-dire tous les éléments qui servent à l'interprétation. Les sources d'une règle de droit, en ce sens-là, ne sont jamais un seul acte (législatif, etc.) en lui-même, mais tout un ensemble de faits de différentes sortes.

Pour quelles raisons faut-il accepter la thèse des sources ? Deux arguments se combinent pour la justifier. Le premier montre que cette thèse reflète et explique notre conception du

---

système juridique), mais ce n'est pas suffisant et il faut la compléter par la thèse sociale forte, en affirmant que toutes les lois ont des sources sociales.

E.P. Soper (« Legal Theory and the Obligation of the Judge : the Hart/Dworkin Dispute », *Michigan Law Review*, 75, 1977, p. 511 *sq.*) et D. Lyons (« Principles, Positivism and Legal Theory », *Yale Law Journal*, 87, 1977, p. 424 *sq.*) affirment que le positivisme juridique est compatible avec (a). Les partisans de cette conception du droit doivent fournir un critère adéquat grâce auquel les principes juridiques sont séparés de la morale et s'appliquent comme des règles juridiques préexistantes tirées des cas où le juge décide de manière discrétionnaire de changer le droit en ayant recours à des considérations morales. À ma connaissance, personne n'a sérieusement tenté de fournir un tel test.

droit ; le second montre qu'il y a de bonnes raisons d'adhérer à cette conception.

Lorsqu'on discute de la nomination des magistrats, on distingue différents types de qualités que les juges doivent posséder. On évalue leur connaissance du droit et leurs compétences dans l'interprétation des règles de droit dans l'argumentation afin de mettre en évidence leur expérience et leur expertise. On évalue également leur sagesse et leur compréhension de la nature humaine, leur sensibilité morale, leur approche éclairée, etc. Il y a de nombreuses autres qualités importantes pour des juges. Pour ce qui nous concerne, ce sont ces deux sortes de qualités qui sont importantes. Il est vrai que même si on estime généralement que ces deux types de qualités sont très importants pour les juges en tant que juges, on considère que seules les qualités du premier groupe font partie des compétences juridiques du juge. Les qualités du second groupe, même si elles conviennent au rôle de juge, sont considérées comme un reflet de son caractère moral et non pas de sa compétence juridique. De même, lorsqu'ils évaluent des décisions comme bonnes ou mauvaises, les juristes et les spécialistes font habituellement la distinction entre déterminer si des arguments sont juridiquement acceptables ou non et déterminer si des arguments sont moralement bons ou mauvais. On entend souvent dire que des décisions de justice sont défectueuses au plan juridique dans la mesure où elles sont fondées sur une mauvaise interprétation d'une loi ou d'un précédent, etc. Dans d'autres cas, on dit que les décisions, même si elles sont juridiquement recevables, révèlent une totale indifférence envers les conditions sociales actuelles et montrent à quel point les juges sont conservateurs, qu'ils sont opposés aux syndicats ou que le zèle qu'ils mettent à protéger les individus va trop loin et s'oppose à l'efficacité administrative, etc.

Ces distinctions présupposent qu'on demande aux juges, du moins occasionnellement, de faire appel à des arguments qui mettent en évidence leur caractère moral plutôt que leur compétence juridique (il n'est pas raisonnable de supposer que le caractère moral du juge se révèle seulement lorsqu'il se trompe au plan juridique. Il influence trop souvent les décisions pour que ce soit là une hypothèse raisonnable). Comme on l'a indiqué, on considère que faire usage d'un jugement moral n'est pas une application particulière du droit ou d'arguments juridiques, mais s'en démarque. On le voit lorsqu'on met en relation ces tests d'évaluation des juges et des décisions avec deux autres distinctions. La première est celle entre appliquer le droit et créer, faire évoluer ou développer le droit. On pense généralement que les juges à la fois appliquent le droit et le développent. Et même si, dans de nombreux cas, il est difficile de démêler ces deux fonctions, il y a des cas qui sont manifestement une création du droit et d'autres cas qui ne sont manifestement que des applications du droit en vigueur. Ce qui importe c'est de considérer que, normalement, les juges utilisent des arguments moraux (mais peut-être aussi d'autres arguments) lorsqu'ils développent le droit et qu'ils utilisent leurs compétences juridiques lorsqu'ils appliquent le droit (même s'ils n'utilisent pas seulement leurs compétences juridiques lorsqu'ils doivent décider s'il faut appliquer un précédent, ne pas en tenir compte ou le rejeter. Je ne traiterai pas de ce problème dans la suite).

Il y a enfin la distinction entre ce qui est déterminé par le droit et ce qui est indéterminé. Tous les juristes savent que sur certaines questions il y a une indétermination du droit. Ils disent parfois que, dans ce cas, personne ne sait ce qu'est le droit – comme s'il y avait une règle de droit portant sur cette question, mais qu'elle était très difficile à découvrir. Mais la plupart du temps ils s'expriment plus précisément en disant que c'est une question ouverte, qu'il y a indétermination du droit, etc. Lorsque les juges décident de cas pour lesquels le droit est indéterminé (mais aussi s'ils s'écartent ou vont à l'encontre du droit établi), ils développent le droit en utilisant des arguments moraux, sociaux ou d'autres arguments extrajuridiques. Mais lorsque les juges décident de cas qui sont déterminés par le droit, on considère qu'ils utilisent leurs compétences juridiques pour appliquer le droit.

La thèse des sources explique et systématise ces distinctions. Selon cette thèse, le droit est déterminé sur une question donnée lorsque des sources juridiquement valides apportent une solution. Dans ce cas, on dit que les juges appliquent le droit et, comme il a des sources, son application implique un raisonnement à partir de ces sources qui mobilise des compétences juridiques et techniques, mais ne fait pas appel à un sens moral. Si une question juridique n'est pas résolue par des principes qui dérivent de sources juridiques alors elle n'a pas de solution juridique – il n'y a pas de jurisprudence. Pour juger de tels cas, les tribunaux créent inévitablement un nouveau fondement (juridique) et leur décision développe le droit (du moins dans des systèmes juridiques fondés sur les précédents). Évidemment, leurs décisions reposent alors, au moins en partie, sur des considérations morales ou d'autres considérations extrajuridiques.

Il n'est pas nécessaire de supposer une totale convergence entre la thèse des sources et les distinctions que nous venons de mentionner. Si, de fait, la thèse des sources coïncide avec la manière dont on applique ces distinctions en général, elle présente alors un pouvoir explicatif et se trouve ainsi confirmée. On peut alors y voir une thèse systématique et cohérente qui va au-delà de l'usage ordinaire de ces distinctions. Cet argument en faveur de la thèse des sources n'est pas un argument tiré du sens courant du terme « droit » ou de tout autre terme. Il repose sur certains aspects essentiels de notre compréhension d'un certain type d'institution sociale dont les systèmes juridiques internes contemporains sont le principal exemple, mais il s'étend bien au-delà. Cet argument n'implique pas qu'il y ait dans toutes les cultures et à toutes les époques une telle conception des systèmes juridiques. Il fait partie de la manière dont on conçoit et comprend les institutions sociales effectives. Il n'y a rien de condamnable à interpréter les institutions d'autres sociétés à partir de nos typologies. C'est quelque chose d'inévitable chaque fois qu'on fait l'effort intellectuel de comprendre d'autres cultures. Cela ne veut pas dire que pour interpréter des institutions étrangères on ne tient pas compte des intentions, des croyances ou des valeurs des agents. Cela signifie seulement qu'on classe parfois leurs activités et qu'on les interprète à partir d'un schème permettant d'analyser les institutions sociales, mais que les agents peuvent ignorer.

De plus, il peut être rassurant de savoir que la thèse des sources n'est pas simplement une réflexion sur une propriété superficielle de notre culture. Je vais montrer brièvement que la thèse des sources permet de saisir et de mettre en avant une idée fondamentale à propos de la fonction du droit. On dit communément que pour qu'une vie en société soit possible et puisse être facilitée, il faut certaines règles d'interdiction, de coopération et de coordination entre les membres de cette société ou certains d'entre eux. Ceci est également vrai pour permettre à la société ou à des parties de la société de poursuivre les buts qu'elles se donnent. Les individus et les

différentes catégories d'une société peuvent avoir des
conceptions différentes sur les schèmes de coopération, de
coordination ou d'interdiction qu'il convient d'appliquer.
C'est un aspect essentiel de la fonction du droit au sein d'une
société d'indiquer à partir de quand la conception privée de
certaines membres de cette société, de catégories influentes ou
de groupes puissants, cesse d'être privée et devient (c'est-à-
dire prétend être) une conception qui oblige tous les membres
même s'ils ne la partagent pas. Ceci n'est possible que parce
que le droit institue des moyens attestés publiquement pour
diriger les conduites et régler les aspects de la vie sociale[1]. Le
droit est une règle publique par laquelle on peut régler son
propre comportement ainsi que celui des autres gens. Il
contribue à garantir la coopération sociale non seulement par
ses sanctions qui incitent à s'y conformer, mais aussi en
indiquant de manière accessible les modèles de comportement
nécessaires à cette coopération. C'est un fait qui a été souligné
par de nombreux théoriciens du droit naturel car il constitue
une partie de la justification de la nécessité du droit positif.
Locke en est un exemple éminent et bien connu. Parmi les
positivistes, Hart l'a aussi souligné mieux que quiconque.

Afin d'éviter toute mécompréhension permettez-moi de
décrire certaines étapes essentielles du raisonnement. De
nombreuses sociétés (petites ou grandes) ont une manière
assez formelle de distinguer les expressions d'opinions, de
revendications, etc., et les règles qui font autorité. Une telle

---

1. Je ne veux pas que cela suggère que toutes les règles de droit sont
accessibles. Des règles de droit secrètes sont possibles à condition que toutes les
règles ne soient pas secrètes. On doit connaître leur contenu à l'occasion. Elles
sont publiquement attestées et dirigent le comportement des autorités
auxquelles elles s'adressent et qui sont chargées de les appliquer.

distinction est un élément essentiel de notre conception de la façon de gouverner, que ce soit au sein d'une famille, d'une communauté peu structurée ou d'un État. Les règles qui font autorité ne sont pas toutes des règles juridiques et les systèmes qui les contiennent ne sont pas tous des systèmes juridiques. Mais dès lors qu'une règle oblige juridiquement elle appartient à la catégorie des règles qui font autorité. Cette délimitation des règles qui font autorité indique l'existence dans la société d'une institution ou d'une organisation ayant autorité sur les membres de la société et qui les oblige à se conformer à certains principes simplement parce qu'ils ont été choisis par cette autorité indépendamment du fait qu'ils puissent être justifiés ou non selon d'autres critères. Comme cette autorité est, par essence, celle qui institue des règles qui obligent indépendamment de toute autre justification, il s'ensuit qu'il doit être possible d'identifier ces règles sans s'engager dans un raisonnement justificatif, c'est-à-dire comme des règles instituées par certains actes et interprétées à la lumière de principes attestés publiquement qui n'impliquent pas d'argument moral.

Le premier argument en faveur de la thèse des sources est qu'elle reflète et systématise un réseau de distinctions contenues dans notre conception du droit, alors que le second argument constitue une preuve plus forte en montrant que ces distinctions et l'explication qu'en donne la thèse des sources permettent d'identifier une fonction fondamentale du droit : créer des principes publics auxquels les membres de la société sont tenus de se conformer et qu'ils ne peuvent enfreindre au motif qu'ils rejettent la justification de ces principes (même si, bien sûr, dans de nombreux pays, on peut agir pour les changer). C'est la raison pour laquelle nous faisons la différence entre ce que font les tribunaux lorsqu'ils appliquent le droit, c'est-à-dire ces principes publics qui obligent indépendamment de tout argument moral controversé, et ce qu'ils font lorsqu'ils développent le droit en s'appuyant sur des considérations morales ou sur d'autres considérations rationnelles. En établissant un test pour déterminer le contenu du droit, la thèse des sources considère le droit comme un exemple de ce type d'institution humaine qui a une importance décisive pour réguler la vie sociale.

DROIT ET INTERPRÉTATION

INTRODUCTION

Le principe de séparation des pouvoirs et la méfiance envers l'arbitraire judiciaire ont parfois conduit, à l'époque moderne, à vouloir dissocier la création du droit et l'application du droit par les juges et les tribunaux. Les juges, selon la célèbre formule de Montesquieu, ne seraient que « la bouche qui prononce les paroles de la loi ; des êtres inanimés qui n'en peuvent modérer ni la force ni la rigueur »[1]. Tout en reconnaissant le rôle central des juges dans l'interprétation de la *Common Law*, William Blackstone insiste lui aussi sur cette distinction entre le législatif et le judiciaire. Dans le texte extrait de son célèbre *Commentaires sur les lois d'Angleterre* (1765-69), le juriste anglais présente les juges comme ceux à qui il appartient d'interpréter le droit de manière à pouvoir dire ce qu'est le droit dans des cas litigieux, tout en préservant la conformité du droit à la raison et à la loi divine. Cependant, les juges ne sont pas institués pour promulguer de nouvelles lois et sont tenus, par serment, d'appliquer le droit du royaume. Ils ne sont donc que les « oracles vivants » de la *Common Law*. Selon cette conception, la décision du juge n'est pas un acte de volonté, mais un acte qui résulte d'une connaissance du droit

---

1. Montesquieu, *De l'esprit des lois*, livre XI, chap. VI.

(positif et naturel) et qui consiste à révéler ou découvrir le droit plutôt qu'à le créer.

Mais la décision d'un juge peut également être conçue comme un acte de volonté créant une norme juridique. Le pouvoir des juges est évidemment délimité par des normes de degré supérieur, leurs décisions sont subordonnées à tout un ensemble de normes valides (lois, jurisprudence…), elles sont soumises à des contraintes juridiques et peuvent être invalidées par des autorités supérieures. Néanmoins, contrairement à ce que laisse supposer une approche purement formaliste du raisonnement juridique, ces décisions ne découlent pas seulement d'un raisonnement déductif, conçu sur le modèle du syllogisme judiciaire. Le rôle du juge ne consiste pas seulement à subsumer des faits particuliers sous des normes générales. En effet, les tribunaux peuvent être confrontés à des cas difficiles qui ne sont pas explicitement prévus par le législateur ou qui appartiennent à ce que Hart appelle la « zone de pénombre » du droit. Il appartient alors au juge de combler les lacunes du droit en usant de ce que Dworkin nomme un « pouvoir discrétionnaire », à savoir la possibilité d'aller « chercher au-delà du droit un autre type de standard qui le guide pour confectionner une nouvelle règle de droit ou pour en compléter une ancienne »[1].

Dans leur pratique ordinaire, les juges suivent un ensemble de règles qui confèrent un caractère conventionnel et prévisible à la plupart de leurs décisions. Hart montre ainsi l'existence de règles secondaires que suivent les juges et qui coïncident, d'un point de vue interne, avec un certain modèle de conduite qui guide leurs interprétations du droit et leurs décisions. L'existence de telles règles fait du droit une pratique

---

1. R. Dworkin, *Prendre les droits au sérieux*, op. cit., p. 73.

sociale conventionnelle[1] qui permet d'anticiper la plupart des décisions des juges. En revanche, dans les cas difficiles, les juges suppléent à l'indétermination du droit en faisant usage de leur pouvoir discrétionnaire. Les tribunaux seraient ainsi habilités, dans certains cas, pour créer des normes individuelles dont le contenu n'est en aucune façon déterminé par des normes générales de fond. Les juges agissent comme des « législateurs interstitiels », ils créent du droit et complètent le droit existant par leurs décisions.

Pour Ronald Dworkin, la conception positiviste de ce pouvoir discrétionnaire nous livre une image très éloignée de ce que font effectivement les juges. La critique du positivisme juridique qu'il présente dans *Prendre les droits au sérieux* porte notamment sur deux points. Premièrement, contrairement à ce que suggère la théorie du droit de Hart, le droit ne se définit pas comme un système de règles et l'activité des juges ne peut être analysée uniquement selon le modèle des règles. En effet, dans leurs décisions, et en particulier lorsqu'ils sont confrontés à des cas difficiles, les juges ne se réfèrent pas uniquement à des règles, mais ont également recours à des principes qui ne peuvent être ramenés à des règles et dont le contenu ne peut être déterminé par un test de *pedigree*. Deuxièmement, lorsque les juges sont confrontés à des cas difficiles, ces principes permettent notamment d'identifier les droits des parties concernées. Il s'ensuit que, même dans un cas difficile, le processus de décision vise à découvrir quels sont les droits des parties (ce qui suppose l'existence d'une « bonne réponse » pour ce cas[2]) et non pas à les créer par un choix discrétionnaire.

---

1. *Cf.* A. Marmor, « Legal Conventionalism », *in* J. Coleman (ed.), *Hart's Postscript*, New York, Oxford University Press, 2001, p. 193-218.

2. R. Dworkin, *Prendre les droits au sérieux, op. cit.*, p. 397-411.

Dworkin admet toutefois qu'il n'y a pas de procédure mécanique permettant d'identifier ces principes, ce qui laisse la possibilité de désaccords parmi les juges sur la manière d'interpréter ou d'appliquer les lois.

Le texte de Dworkin que nous publions prolonge cette critique de la conception positiviste de la décision judiciaire. L'auteur montre en particulier que si le positivisme ne parvient pas à rendre compte de ce que font réellement les juges c'est qu'il repose, pour l'essentiel, sur une « théorie sémantique » du droit, c'est-à-dire une théorie qui suppose l'existence de critères communément admis permettant de déterminer la signification et la valeur de vérité des propositions de droit[1]. Cette théorie sémantique du droit a tendance à minimiser la portée des désaccords théoriques sur les fondements mêmes du droit. Dworkin donne de nombreux exemples de tels désaccords. Il relate, par exemple, les divergences apparues dans l'affaire *McLoughlin vs. O'Brian*. En 1973, le mari et les enfants de Mrs McLoughlin furent victimes d'un accident de voiture. Se rendant à l'hôpital et constatant le décès d'un de ses enfants ainsi que les blessures des autres membres de la famille, Mrs McLoughlin fut victime d'un choc émotionnel considéré comme un véritable traumatisme. Elle entama une action en justice contre le conducteur responsable de l'accident pour obtenir réparation de son préjudice moral, son avocat invoquant des précédents qui reconnaissaient le préjudice moral subi par des personnes à la vue des blessures causées à un parent proche. Le juge de première instance rejeta sa demande et le verdict fut confirmé par la cour d'appel, cette dernière justifiant sa décision en montrant que, contrairement aux

---

1. Sur les théories sémantiques du droit, *cf.* R. Dworkin, *L'empire du droit*, *op. cit.*, p. 32-47.

précédents, le choc n'avait pas eu lieu sur les lieux de l'accident et que reconnaître le préjudice subi risquait d'ouvrir la voie à une multiplication de procès et d'avoir des conséquences néfastes pour la collectivité. Mrs McLoughlin fit appel devant la Chambre des Lords où se manifesta un désaccord entre ceux qui, pour des raisons pragmatiques, suivaient la décision d'appel et ceux qui estimèrent que les précédents justifiaient la reconnaissance du préjudice. Pour Dworkin une telle controverse ne porte pas sur les faits, elle n'est pas non plus une simple conséquence du flou du droit, mais elle renvoie à des interprétations divergentes des précédents et des principes qui les sous-tendent.

Face à des cas difficiles, la décision du juge ne se déduit pas méthodiquement des lois ou des précédents, elle ne relève pas non plus d'un choix discrétionnaire, mais elle présuppose une attitude interprétative à l'égard du droit existant. Si un juge ou un juriste estime que la demande de McLoughlin est justifiée, c'est au nom de principes issus de l'interprétation des précédents (les principes qui justifient la reconnaissance du dommage dans les précédents justifient également une telle demande). C'est ce qui amène Dworkin à concevoir le droit comme un «concept interprétatif». La décision judiciaire repose sur un processus d'interprétation des règles et des pratiques juridiques visant à dégager un ensemble de principes qui permettent de leur donner un sens et une cohérence. Face à un cas difficile, le juge prend la décision qu'il estime la plus conforme avec de tels principes. Il ne se contente pas de suivre une règle, sa décision ne se réduit pas non plus à un acte de volonté, mais découle d'une interprétation constructive des décisions et des actes juridiques antérieurs : «les juges sont censés décider de la nature du droit en interprétant la pratique d'autres juges qui ont décidé de la nature du droit »[1]. Cette attitude interprétative vise notamment à dégager un ensemble de droits et de devoirs qui correspondent à la meilleure interprétation de l'ordre juridique de leur communauté. La pratique des juges, selon cette hypothèse, mobilise une véritable philosophie du droit.

Les désaccords qui se manifestent à l'occasion de cas difficiles sont en fait révélateurs de divergences d'interprétation du droit existant. Parmi les différentes interprétations possibles, Dworkin défend une conception du « droit-intégrité » qu'il expose à partir de la comparaison avec la création d'un roman à la chaîne[2]. Si on devait écrire la suite d'un roman écrit par quelqu'un d'autre, on commencerait par un travail d'interprétation du texte qui nous a été transmis afin d'en dégager l'interprétation qui donne un sens cohérent à l'ensemble du récit. On écrirait alors la suite qui nous paraîtrait la plus conforme avec cette interprétation. Les normes créées par les décisions du juge s'inscrivent dans un processus d'interprétation qui vise à préserver l'intégrité du droit comme s'il était la création d'un auteur unique. Dworkin ne cherche pas à élaborer une méthode d'interprétation juridique mais plutôt à montrer comment un juge idéal, nommé Hercule, pourrait, par une interprétation constructive, parvenir à apporter la bonne réponse aux cas difficiles qui lui sont soumis. C'est à partir de cet idéal que l'on doit analyser ce que font effectivement les juges et ce qu'ils doivent faire.

Avec l'œuvre de Dworkin, la théorie du droit a connu un véritable « tournant interprétatif ». Les deux derniers textes

1. R. Dworkin, *L'empire du droit, op. cit.*, p. 446.
2. *Ibid.*, p. 251-254.

que nous publions présentent deux versions différentes de l'interprétation dans une perspective positiviste. La théorie de l'interprétation que présente Michel Troper apparaît comme une variante réaliste du positivisme. Une théorie réaliste de l'interprétation a pour objectif d'analyser ce que font effectivement les juges lorsqu'ils statuent et de mettre en évidence l'ensemble des facteurs qui influent sur la décision. Troper considère l'interprétation comme un acte créateur de normes qui relève de la volonté et non de la connaissance ni d'un acte intellectuel. Lorsqu'un juge est amené à interpréter un texte de loi ou un précédent, sa fonction n'est pas de découvrir, selon une méthode appropriée ou par une attitude interprétative, quel est son sens ni comment il s'applique au cas sur lequel il doit statuer. Le sens d'un texte juridique ne préexiste pas à l'interprétation, il en est seulement le produit. Selon cette hypothèse, l'interprétation n'a pas lieu uniquement lorsque le juge est face à des cas difficiles ou à des textes obscurs puisque toute application du droit constitue un acte d'interprétation. De plus, les normes ainsi créées par le juge sont valides parce que le juge est habilité, par des normes supérieures, à interpréter les textes et les faits qui entrent dans son champ juridictionnel (ce qui en fait une interprétation « authentique », selon l'expression de Kelsen, c'est-à-dire une interprétation créatrice de droit). Leur validité est donc, note l'auteur, seulement « formelle » et ne se fonde pas sur leur contenu ni sur des méthodes d'interprétation qui permettraient de les justifier.

Cette théorie réaliste de l'interprétation confère évidemment un véritable pouvoir au juge puisqu'elle fait de l'interprétation une fonction créatrice du droit. Comme le remarque Troper, « si interpréter c'est déterminer la signification d'un texte et si cette signification n'est pas autre chose que la norme exprimée par le texte, c'est l'interprète qui détermine la norme »[1]. Le juge ne se contente pas d'appliquer des textes de loi dont le sens serait à découvrir, il leur donne, par sa décision, un sens déterminé et une valeur normative. Cependant, ce pouvoir de l'interprète n'est pas totalement arbitraire et illimité. Premièrement, l'interprétation donnée par un juge ou un tribunal peut être contrôlée et invalidée par une juridiction supérieure (sauf, évidemment, s'il s'agit d'une juridiction suprême). Deuxièmement, cette théorie réaliste admet l'existence d'une limitation qui ne provient pas d'une obligation juridique mais plutôt de contraintes qui réduisent le champ des interprétations possibles. En dehors des contraintes d'ordre social ou psychologique, Michel Troper souligne l'existence de contraintes proprement juridiques qui correspondent à des situations de fait dans lesquelles un juge ou un tribunal est conduit à adopter une interprétation plutôt qu'une autre en raison de la configuration du système juridique qu'il met en place ou dans lequel il opère[2].

Le dernier texte aborde la question de l'interprétation juridique dans une perspective pragmatique. L'auteur, Richard A. Posner, figure majeure de la pensée juridique contemporaine, a largement contribué à la promotion de la théorie économique du droit[3]. C'est à la fois en tant que juge et théoricien du droit que Posner s'intéresse à ce que font les juges et à la manière dont ils statuent. Le pragmatisme juridique de Posner se veut relativement indépendant du pragmatisme philosophique, même si l'auteur souligne les vertus que

1. M. Troper, *La philosophie du droit*, Paris, P.U.F., p. 109.
2. *Cf.* M. Troper, V. Champeil-Desplats, C. Grzegorczyk (dir.), *Théorie des contraintes juridiques*, Bruxelles-Paris, Bruylant-LGDJ, 2005.
3. *Cf.* R.A. Posner, *Economic Analysis of Law*, 8th ed., Austin-Boston-Chicago, Wolters, 2011; A. Marciano, S. Harnay, *Posner. L'analyse économique du droit*, Paris, Michalon, 2003.

peut avoir cette théorie dans la sphère juridique ; il revendique davantage l'héritage des théories réalistes, et notamment de la pensée de Holmes (ce dernier, rappelons-le, était proche de Pierce, de James et d'autres pragmatistes). Les théories de la décision, qu'il s'agisse de certaines théories positivistes ou de la thèse du « droit-intégrité » développée par Dworkin, ont tendance à privilégier un principe de continuité et de cohérence avec le droit existant. Le pragmatisme juridique met au contraire en avant la fonction créatrice du juge. La réponse adéquate à un cas difficile n'est pas à chercher dans le passé (les lois, les précédents…), mais oblige à s'interroger sur l'ensemble des conséquences que peut avoir telle ou telle décision. Le juge pragmatiste est celui qui, parmi différentes décisions possibles, choisira celle qui a les meilleurs effets. Un juge ne peut être esclave du passé ni être tenu de préserver une cohérence avec les décisions des juges qui l'ont précédé ni même avec ses propres décisions. Entre préserver la continuité du droit ou créer de nouvelles normes juridiques, le juge doit choisir en fonction des effets que peut avoir sa décision. Cela implique également que la décision ne repose pas uniquement sur une connaissance du droit existant et des principes qu'il contient, mais qu'elle doit prendre en compte différentes données économiques, sociales et politiques. Les sources juridiques ne sont qu'un des nombreux paramètres qui interviennent dans le processus de décision. Posner considère toutefois que le pragmatisme juridique ne se ramène pas à une forme de conséquentialisme [1]. Le juge pragmatiste est effectivement tourné vers l'avenir, mais, faute de pouvoir anticiper toutes les conséquences d'une décision, il privilégiera la

---

1. *Cf.* R.A. Posner, *Law, Pragmatism and Democracy*, Cambridge-London, Harvard University Press, 2003, p. 59-70.

décision qui lui paraît la plus « raisonnable »[1]. Le pragmatisme juridique ne constitue pas, à proprement parler, une méthode d'interprétation, mais apparaît plutôt comme une approche empirique, non normative, antiformaliste et antidogmatique qui invite à repenser la pratique effective des juges et leur créativité.

1. R.A. Posner écrit ainsi que « le critère ultime de la décision pragmatique est son caractère raisonnable » (*Ibid.*, p. 59), même si ce terme reste relativement flou.

WILLIAM BLACKSTONE

COMMENTAIRES SUR LES LOIS D'ANGLETERRE[*]

Cette *Common Law*, non écrite, se divise en trois espèces :
1. Les coutumes générales qui sont la règle universelle de tout
le royaume et forment la *Common Law* au sens le plus strict et
le plus courant. 2. Les coutumes particulières qui, pour la
plupart, concernent seulement les habitants de districts
particuliers. 3. Des lois particulières qui, par coutume, sont
adoptées par certains tribunaux dont la juridiction est large.

Les coutumes générales ou la *Comme Law* proprement dite
constituent le droit qui guide et dirige les procédures et les
jugements des cours de justice ordinaires du roi. Elles fixent en
grande partie le mode de transmission des terres par héritage ;
la manière d'acquérir ou de transférer la propriété ; la forme
et l'obligation des contrats ; les règles pour interpréter les
testaments, les actes de donation et les actes du parlement ;
les réparations respectives des torts, les différentes espèces
d'infractions temporelles ainsi que le type et le degré des

[*] William Blackstone, *Commentaries on the Laws of England*, ed.
G. Sharswood, Philadelphia, J.B. Lippincott Co, 1893, vol. 1, Introduction,
Section III, p. 67-71 (traduction C. Béal).

peines ; et un nombre infini d'autres détails qui vont aussi loin que l'exige l'administration ordinaire de la justice commune. Par exemple, qu'il y ait quatre greffes supérieurs, celui de la Chancellerie, celui du Banc du Roi, celui des *Plaids* Communs et celui de l'Échiquier ; que l'aîné soit le seul héritier de son ancêtre ; que la propriété puisse être acquise et transférée par écrit ; qu'un acte de donation doive être scellé et délivré pour être valide ; que les testaments soient interprétés plus favorablement et les actes de donation plus strictement ; que l'argent sous engagement puisse être recouvré par une action contre le débiteur ; que troubler la paix publique soit une infraction punie par amende et emprisonnement ; tous ces préceptes ne sont écrits dans aucune loi ni aucune ordonnance, mais dépendent simplement d'un usage immémorial, c'est-à-dire de la *Common Law*, qui en constitue le fondement.

Certains ont divisé la *Common Law* en fonction de deux principes ou fondements : 1. Les coutumes, comme celle en vertu de laquelle s'il y a trois frères, l'aîné doit hériter du second à l'exclusion du cadet ; 2. Les règles et les maximes : par exemple, « le roi ne peut causer de tort », « personne n'est tenu de s'accuser lui-même », etc. Mais je considère qu'il s'agit là d'une seule et même chose. Car l'autorité de ces maximes repose entièrement sur l'usage ou l'acception générale, et la seule manière de prouver que telle ou telle maxime est une règle de la *Common Law* est de montrer que, par coutume, elle a toujours été appliquée.

Mais ceci soulève naturellement une question très importante : comment peut-on connaître ces coutumes et ces maximes et qui peut déterminer leur validité ? La réponse est : par les juges des différentes cours de justice. Ils sont les dépositaires des lois, les oracles vivants qui doivent trancher tous les cas douteux et qui sont tenus par serment de juger selon le droit du royaume. La connaissance de ce droit est dérivée de l'expérience et de l'étude, des *viginti annorum lucubrationes* dont parle Fortescue[1], et d'une longue familiarité avec les décisions judiciaires de leurs prédécesseurs. Ces décisions judiciaires sont en effet les preuves principales et les plus authentiques qu'on puisse donner de l'existence d'une telle coutume comme faisant partie de la *Common Law*. Le jugement lui-même et toutes les procédures qui le précèdent sont soigneusement enregistrés et conservés dans ce qu'on appelle des *Records*, des recueils publics réservés à cette fin et auxquels on a souvent recours quand une question difficile se pose et lorsque les précédents peuvent apporter une lumière ou de l'aide pour la trancher. C'est pourquoi on constate que, déjà du temps de la Conquête, la *praeteritorum memoria eventorum*[2] était reconnue comme l'une des principales qualités de ceux qu'on considérait comme *legibus patriae optime instituti*[3]. Car c'est une règle établie de suivre les précédents chaque fois que le litige porte sur des cas similaires, afin que la balance de la justice reste stable, en équilibre, et ne penche pas en fonction des opinions de chaque nouveau juge. Comme, par ailleurs, le droit a déterminé et déclaré solennellement ce qui, dans ce type de cas, était auparavant incertain ou peut-être indifférent, il devient désormais une règle permanente qui ne peut être ni altérée ni modifiée par aucun juge postérieur en

---

1. J. Fortescue (ca. 1390-1479) : juriste anglais, auteur du traité intitulé *De Laudibus Legum Angliae* qui a joué un rôle majeur dans l'histoire de la pensée juridique anglaise. V*iginti annorum lucubrationes* : vingt années d'études acharnées. *(NdT)*

2. *Praeteritorum memoria eventorum* : la mémoire des événements passés. *(NdT)*

3. *Legibus patriae optime instituti* : ceux qui connaissaient le mieux les lois de la patrie. *(NdT)*

fonction de ses sentiments particuliers. Chaque juge est tenu par serment de se prononcer, non pas en fonction de son propre jugement particulier, mais selon les lois connues et les coutumes du Royaume ; il est nommé non pas pour promulguer une nouvelle loi, mais pour maintenir et interpréter les anciennes. Cette règle admet toutefois une exception lorsque la décision antérieure est très manifestement contraire à la raison ou, *a fortiori*, si elle est contraire à la loi divine. Mais même dans ce cas, les juges ne prétendent pas faire une nouvelle loi, mais débarrasser l'ancienne d'une mauvaise interprétation. Car s'il s'avère que la décision antérieure est manifestement absurde ou injuste, on déclare, non pas que cette sentence était une mauvaise loi, mais qu'elle n'était pas une loi, c'est-à-dire qu'elle n'est pas conforme à la coutume du royaume contrairement à ce qui avait été jugé par erreur. C'est pourquoi il est juste que nos juristes ne tarissent pas d'éloges sur la raison de la *Common Law* qui, nous disent-ils, est une perfection de la raison et doit toujours s'y conformer, de sorte que tout ce qui va contre la raison n'est pas loi. Il n'est pas toujours possible de retrouver précisément la raison particulière de toutes les règles de droit du fait de leur passé éloigné ; mais il suffit qu'il n'y ait rien dans la règle qui soit clairement contraire à la raison pour que la loi soit considérée comme légitime. Selon une ancienne observation des lois d'Angleterre, chaque fois qu'une règle instituée par la loi, mais dont on ne parvenait plus à discerner ni à retrouver la raison, a été abolie par de nouvelles lois ou résolutions, on s'est finalement aperçu de la sagesse de cette règle suite aux inconvénients engendrés par l'innovation.

Voici donc la doctrine du droit : il faut suivre les précédents et les règles, à moins qu'ils ne soient manifestement absurdes ou injustes car, même si leur raison ne paraît pas évidente à première vue, l'autorité qu'on doit aux anciens est telle qu'on ne peut supposer qu'ils aient agi de manière totalement irréfléchie. Cette doctrine peut être illustrée par des exemples. Il a été décidé, depuis un temps immémorial, qu'on ne pouvait hériter de son demi-frère et que la succession revenait au roi ou à un autre seigneur. C'est maintenant une loi positive, fixée et établie par la coutume qui se manifeste à travers les décisions judiciaires, et à laquelle aucun juge ne peut porter atteinte sans violer son serment et la loi. Car il n'y a là rien qui aille à l'encontre de la justice naturelle, même si la raison artificielle de cette règle, tirée du droit féodal, n'est pas évidente à tout le monde. Par conséquent, considérant la détresse à laquelle peut un demi-frère peut être exposé, un juge peut souhaiter qu'il en soit autrement ; mais il n'a pas le pouvoir de modifier la loi. Et si un tribunal juge aujourd'hui que l'aîné peut hériter des terres acquises par son demi-frère cadet, les juges n'hésiteront pas à déclarer cette décision injuste, déraisonnable et comme ne faisant pas partie du droit. De sorte que les termes « droit » et « opinion du juge » ne sont pas toujours interchangeables et ne signifient pas la même chose, car il arrive parfois que le juge se trompe sur le droit. Dans l'ensemble, toutefois, on peut considérer comme règle générale que « les décisions des cours de justice démontrent ce qu'est la *Common Law* », de même que, dans le droit romain, ce que l'empereur avait jugé servait de guide pour l'avenir.

RONALD DWORKIN

LA THÉORIE DU DROIT
COMME INTERPRÉTATION *

I. DEUX PROBLÈMES

Juristes et simples citoyens acceptent et affirment (ou mettent en doute et refusent) des propositions sur ce que « dit le droit » de leur nation ou de leur État. Ces propositions sont parfois très générales (« le droit interdit aux États de dénier à quiconque l'égale protection des lois aux termes du Quatorzième Amendement »), quelquefois beaucoup moins générales (« le droit ne permet pas aux assassins d'hériter de leurs victimes ») et quelquefois très concrètes (« le droit impose à Mr O'Brien de dédommager Mme McLoughlin pour le préjudice moral dont elle a été victime le 19 octobre 1973 »).

L'affirmation et la négation de telles propositions sont des traits constitutifs de la pratique juridique et elles fournissent à la philosophie du droit ses problèmes centraux. Le problème

* Ronald Dworkin, « La théorie du droit comme interprétation », *Droit et société*, n°1, 1985, p. 99-114 (traduction Françoise Michaut). L'article est issu d'un colloque tenu à Jérusalem en 1984. Nous remercions l'auteur et la revue pour leur autorisation.

du sens demande ce que les propositions juridiques doivent être censées signifier, et le problème des conditions de vérité demande dans quelles circonstances elles doivent être considérées comme vraies, fausses, ou ni l'un, ni l'autre (ou, si vous préférez ne pas parler de « vérité » et de « fausseté » à propos des propositions de droit, quand peut-on et quand ne peut-on pas les affirmer ?). Ce sont nécessairement des problèmes pour la philosophie du droit. Dès lors que l'utilisation des propositions de droit et le débat sur leur vérité ou leur bien-fondé sont des traits dominants de la pratique juridique, il est impossible de rendre compte convenablement de cette pratique en négligeant la question de ce que veulent exprimer ces propositions. Il est aussi difficile de saisir ce qu'est la pratique juridique sans une certaine connaissance du sens des propositions de droit que de comprendre l'institution des mathématiques sans saisir le sens des propositions mathématiques. Aussi les bonnes théories du droit auront-elles toujours ou impliqueront-elles toujours ce qui pourrait sembler un aspect ou composant « simplement » linguistique.

Ces questions « linguistiques » sont quelquefois considérées comme stériles. La philosophie du droit, dit-on, devrait avoir pour but, non pas de développer des théories sur ce que signifie le mot « droit », mais plutôt de dévoiler les traits distinctifs, caractéristiques du droit comme phénomène social. Mais cette proposition est elle-même un contresens. L'aspect le plus spécifique du droit comme « phénomène social » est le fait qui vient d'être souligné : à savoir que les participants aux institutions juridiques avancent et débattent des propositions de droit, et pensent que l'acceptation ou le rejet de celles-ci ont de l'importance et même généralement ont une importance décisive. Prendre ce fait au sérieux, telle est l'essence de ce que Hart a appelé le point de vue interne de la philosophie du droit et nous ne comprendrons pas le droit comme phénomène social à moins de saisir convenablement cet aspect de ce que les gens font avec le droit. Les philosophes du droit doivent étudier les problèmes du sens et des conditions de vérité, non pas comme une méthode utile en vue d'exposer d'autres traits de la structure sociale, mais comme une part essentielle de ce qu'ils doivent expliquer.

On pourrait dire cependant, que ces problèmes du sens et de la valeur de vérité ne sont pas les seuls sujets dont puisse traiter la théorie du droit. Je suis d'accord, mais je voudrais ajouter que, lorsque la philosophie du droit étudie des questions plus typiquement « sociologiques » à propos de la pratique juridique, son travail, plutôt que d'être indépendant du problème du sens, cherche à en faire abstraction. Par exemple, même pour attaquer les questions soulevées par la théorie juridique marxiste sur le lien entre le droit d'une communauté et les méthodes qu'elle utilise pour organiser et distribuer la production économique, il nous faut faire certaines hypothèses sur ce que sont les propositions de droit et sur les circonstances dans lesquelles elles sont acceptées ou rejetées dans une communauté particulière. Mais ces hypo-thèses peuvent être imprécises : il peut suffire, pour une étude complète de la question marxiste, d'avoir à l'esprit simplement les circonstances dans lesquelles les gens s'accordent pour reconnaître quelles sont les propositions juridiques vraies, en négligeant les cas de désaccord. Il peut suffire, donc, de faire abstraction de la question de ce qui fait précisément l'objet du désaccord, et de se concentrer uniquement sur la relation entre le droit non controversé et la structure économique. Mais nous ne pouvons pas espérer parvenir à une compréhension géné-rale du fonctionnement du droit dans les sociétés complexes si nous ignorons totalement la question du désaccord parce que certains des aspects les plus révélateurs du rôle social du droit émergent seulement alors. C'est pourquoi les théories sociales du droit qui dédaignent les problèmes conceptuels sont toujours aussi creuses, pour ne pas dire sans intérêt.

II. LA THÉORIE ORTHODOXE

Les théories orthodoxes du droit (j'en donnerai quelques exemples dans un moment) contiennent toutes une théorie générale sur la signification des propositions de droit et sur leurs conditions de vérité, bien que cela doive quelquefois être tiré de l'implicite. Elles partagent un présupposé commun, d'après lequel les juristes utilisent tous à peu près les mêmes critères de fait pour décider de la vérité ou de la fausseté de ces propositions et d'après lequel l'affirmation correcte du critère qu'ils utilisent constitue une affirmation du sens de ces propositions. Ainsi un philosophe résout en même temps le problème du sens et des conditions de vérité, en rendant compte exactement de ces critères partagés, ce compte rendu doit être neutre, descriptif, absolument indépendant de toute conviction morale ou politique que le philosophe pourrait avoir.

Ceci suppose que les juristes respectent des règles communes – je parlerai de règles « sémantiques » – qui stipulent les conditions de fait nécessaires et suffisantes pour qu'une quelconque proposition de droit soit vraie. Il ne s'ensuit pas que les juristes sachent ce que sont ces règles, au sens où ils seraient capables d'en donner une formulation nette et complète. C'est que, dans l'utilisation de notre langage, nous suivons tous des règles dont nous ne sommes pas totalement conscients. Il revient à la philosophie du droit, sur ce point, d'expliciter les règles conceptuelles que les juristes suivent inconsciemment. Cela peut ne pas être simple et les philosophes du droit peuvent très bien être en désaccord.

Le positivisme juridique, comme école de théorie du droit, soutient que les règles que les juristes suivent inconsciemment, stipulent exclusivement des fondements historiques pour le droit, stipulent, donc, des critères qui font dépendre la vérité des propositions de droit de l'occurrence effective de certains faits sociaux et psychologiques. Les positivistes diffèrent sur la caractérisation exacte de ces critères historiques. John Austin, par exemple, dit qu'une proposition de droit est vraie, dans une société politique particulière, si elle décrit correctement le commandement passé d'une personne ou d'un groupe occupant la position de souverain dans cette société, et il définit un souverain comme quelqu'un dont les commandements sont habituellement obéis et qui n'a pas lui-même l'habitude d'obéir à quelqu'un d'autre.

H.L.A. Hart rejette la description austinienne de l'autorité juridique comme le fait brut qu'il existe une habitude de commandement et d'obéissance aux commandements. Il dit que les fondements véritables du droit résident dans l'acceptation par la communauté dans son ensemble, d'une règle fondamentale (qu'il appelle « règle de reconnaissance ») qui assigne à des personnes ou à des groupes donnés le pouvoir de créer du droit. Ainsi, quand des propositions de droit sont vraies, ce n'est pas seulement en vertu des commandements de gens, qui se trouvent jouir habituellement de l'obéissance, mais plus fondamentalement en vertu de conventions sociales qui représentent l'acceptation par la communauté d'un ensemble de règles investissant ces gens ou ces groupes du pouvoir de créer, par leurs décisions le cas échéant, du droit valide.

Toutes les formes de positivisme juridique sont soumises à un formidable défi, qui peut être très rapidement décrit en distinguant deux types de désaccords possibles entre juristes au sujet de n'importe quelle proposition de droit particulière. Ils pourraient tomber d'accord sur ce que j'appelle les fondements du droit – au sujet des faits non juridiques qui peuvent faire qu'une proposition de droit soit vraie ou fausse –, mais ne pas être d'accord sur l'existence en fait de ces fondements dans un cas particulier. Ils pourraient s'accorder, par exemple, pour reconnaître que la vitesse est limitée à 55 à l'heure, si le Congrès a adopté une loi en ce sens, mais être en désaccord sur l'adoption effective de la loi parce qu'ils n'auraient pas encore consulté les registres officiels. Appelez cela un désaccord « empirique ». Ou ils pourraient être en désaccord sur ce que sont réellement les fondements du droit, sur les faits non juridiques qui pourraient faire qu'une proposition de droit soit vraie ou fausse. Appelez cela un désaccord « théorique » au sujet du droit. Si la solution générale du positivisme aux problèmes du sens et de la valeur de vérité était bonne, le désaccord théorique serait impossible ou pour le moins très rare. Comment les juristes et les juges pourraient-ils être en désaccord sur ce qui fait le droit, s'ils suivaient tous les mêmes règles (qu'ils soient ou non capables de formuler ces règles) pour dire ce qui fait qu'une proposition de droit est vraie ? La réponse positiviste, telle qu'elle apparaît dans les écrits des auteurs est une prétention audacieuse : le désaccord théorique serait, d'une manière ou d'une autre, une illusion. Il existe deux versions de cette prétention audacieuse. La première est la plus brutale : elle assure que lorsque les juristes et les juges semblent être en désaccord sur la vérité d'une proposition de droit, ils sont en fait d'accord pour estimer que ce n'est pas parce que, dans les faits, il n'y a pas de droit du tout sur la question à laquelle la proposition est censée répondre. Ils débattent en fait de la question de savoir si la proposition *devrait* être vraie, si les juges devraient utiliser leur pouvoir pour combler les lacunes du droit de sorte que la proposition soit vraie après leur action. Pourquoi alors prétendent-ils tous qu'il y a du droit et qu'ils sont en désaccord sur ce qu'est le droit ? Parce que le public croit qu'il y a toujours du droit et que les juges devraient toujours l'appliquer. Sur ce point juristes et juges sont d'accord pour cacher la vérité au public, pour ne pas lui faire perdre une illusion ou éveiller en lui une colère d'ignorant.

Cette réponse brutale n'est pas convaincante parce qu'il n'apparaît pas clairement pourquoi la prétention serait nécessaire et comment elle pourrait réussir. Si les juristes sont tous d'accord pour dire qu'il n'y a pas de droit établi dans les cas « difficiles », pourquoi ce point de vue ne s'est-il pas inscrit depuis longtemps dans la culture politique populaire ? Pourquoi les avocats qui perdent, aussi bien que ceux qui gagnent, apportent-ils leur concours à la supercherie ? En tous cas, rien ne prouve, dans les motifs des décisions judiciaires actuelles, que lorsque les juristes et les juges semblent en désaccord sur le droit, ils croisent les doigts pour s'exonérer du mensonge. La plupart de leurs arguments seraient totalement inappropriés s'il s'agissait de corriger ou d'améliorer le droit ; ils n'ont de sens que comme arguments, sur ce que les juges doivent faire en tant qu'il leur incombe d'appliquer le droit tel qu'il est.

La seconde version de la prétention selon laquelle le désaccord serait une sorte d'illusion est plus sophistiquée. Elle met l'accent sur l'importance de la distinction entre les usages « normaux » et « essentiels » du mot « droit » d'un côté, et les usages « à la limite » ou « pénombrés » du mot, de l'autre côté. Les règles d'utilisation des mots, souligne-t-elle, ne sont pas précises et exactes, elles créent des cas limites ou pénombrés dans lesquels les gens parlent quelque peu différemment les uns des autres. Ainsi les juristes peuvent-ils utiliser le mot « droit » différemment dans des cas marginaux, quand certaines des conditions spécifiées dans la règle principale, mais pas toutes, sont satisfaites. Ceci explique, pour cette thèse, le désaccord dans les cas difficiles. Chacun utilise une version légèrement différente de la règle principale, et les différences deviennent manifestes dans ces cas spéciaux. À cet égard, poursuit cette thèse, notre usage de « droit » n'est pas différent de celui de nombreux autres mots dont nous jugeons qu'ils ne nous posent pas de problème. Nous tombons tous d'accord, par exemple, sur l'usage courant de « maison ». Si quelqu'un niait que les résidences individuelles, qui bordent les rues de banlieue ordinaires, sont des maisons, ce serait tout simplement qu'il ne comprendrait pas la langue anglaise. Néanmoins il y a des cas limites. Les gens ne suivent pas tous exactement la même règle pour décider ce qu'est une maison, et ceci explique pourquoi certaines personnes diraient que le Palais de Buckingham est une maison et d'autres non.

Selon cette défense plus sophistiquée du positivisme, les juristes ne prétendent nullement tromper le public, ni ne cherchent à le faire. Ils croient vraiment être en désaccord sur l'état du droit, mais c'est un faux désaccord, comme dans la discussion sur le Palais de Buckingham. De notre point de vue, en tant que critiques, il est préférable de penser que leur discussion porte sur la correction, sur ce que le droit devrait être, parce que nous comprendrons mieux le processus juridique si nous utilisons « droit » seulement pour décrire ce qui se situe au cœur de ce concept, c'est-à-dire si nous l'utilisons pour couvrir seulement les propositions de droit vraies d'après la règle centrale ou principale que chacun accepte pour l'usage du mot « droit » comme, par exemple, les propositions du code de la route. Il serait préférable que les juristes et les juges utilisent eux-mêmes « droit » de cette manière, tout comme il serait préférable que personne ne conteste la classification correcte du Palais de Buckingham, mais au contraire que chacun soit d'accord pour utiliser « maison » dans le même sens dans tous les cas possibles. Ainsi le positivisme juridique, défendu de cette manière, a-t-il un caractère réformateur tout autant que descriptif, mais la réforme n'a que la clarté pour but et ne cherche pas à faire prévaloir une conception particulière de morale politique.

Cette nouvelle histoire ressemble d'une certaine manière à celle des doigts croisés. Cependant elle ne donne pas la moindre explication sur la raison pour laquelle la profession juridique aurait dû agir pendant si longtemps comme on le prétend. Car les gens sensés ne se querellent pas sur le point de savoir si le Palais de Buckingham est vraiment une maison ; ils comprennent immédiatement que ce n'est pas un vrai problème, mais qu'il s'agit seulement de choisir la manière d'utiliser un mot dont la signification n'est pas précisément circonscrite. Si « droit » est réellement comme « maison », pourquoi les juristes devraient-ils discuter si longuement du point de savoir si le droit interdit réellement la ségrégation raciale à l'école ? Comment pourraient-ils penser avoir des arguments puissants en faveur de la décision, essentiellement arbitraire, d'utiliser le mot d'une manière plutôt que de l'autre ? Comment pourraient-ils penser que des décisions importantes sur l'intervention de l'autorité publique devraient dépendre d'arguties ? La thèse des doigts croisés montre les juges comme des menteurs bien intentionnés, la thèse des cas-limites en fait des niais.

En outre, la thèse des cas-limites est pire qu'injurieuse parce que son diagnostic ignore une distinction importante entre deux types de désaccords. Je veux parler de la distinction entre les cas-limites et les cas-tests ou cas-pivots. Les gens entretiennent en effet quelquefois des malentendus comme ceux que décrivent les partisans de la thèse des cas-limites. Ils sont d'accord sur les tests corrects pour l'emploi d'un mot dans ce qu'ils considèrent comme des cas normaux : ils sont tous d'accord sur ce qui fait d'une maison une maison – mais ils utilisent le mot quelque peu différemment dans ce qu'ils estiment tous être des cas marginaux tel celui d'un palais. Quelquefois, cependant, ce n'est pas pour cette raison qu'ils discutent du point de savoir si un mot ou une description convient, mais parce qu'ils sont en désaccord sur les tests corrects pour l'utilisation du mot ou de l'expression dans *tous* les cas.

Imaginons, pour voir la différence, deux discussions que des critiques ou des historiens d'art pourraient avoir sur le point de savoir si la photographie doit être considérée comme une forme d'art ou la branche d'un art. (a) Il pourrait se faire qu'ils soient en accord sur la mesure dans laquelle la photo-graphie est semblable aux activités qu'ils reconnaissent tous comme des exemples-types d'art, non controversés : la peinture et la sculpture, par exemple, et sur la mesure dans laquelle elle en diffère. Ils pourraient être d'accord, donc, pour considérer que la photographie est au plus un cas-limite d'art. Puis ils pourraient probablement aussi tomber d'accord pour juger que la décision de la placer ou non dans la catégorie « art » est essentiellement arbitraire, que c'est une question de convenance ou de facilité d'exposition, mais qu'il n'y a pas, sinon, de raison véritable de discuter du point de savoir si la photographie est « réellement » un art. (b) Il pourrait se faire qu'ils aient une discussion d'un type totalement différent. Un groupe soutiendrait que (quoi qu'en pensent les autres) la photographie est un exemple central d'art, peut-être l'archétype de l'activité artistique, que toute autre conclusion serait la preuve d'une incompréhension profonde de l'essence de l'art. Leurs adversaires défendraient le point de vue contraire d'après lequel toute compréhension solide du caractère essentiel de l'art montre que la photographie est totalement en dehors, d'après lequel les techniques photographiques sont profondément étrangères aux ambitions artistiques. Ce second type de discussion porte sur ce que l'art, correctement compris, est réellement ; les gens qui sont en désaccord de cette manière, ont des idées très différentes sur ce qui permet même aux formes d'art qu'ils reconnaissent les uns et les autres – la peinture et la sculpture – de revendiquer ce titre. Les discussions qu'ont les juges et les juristes au sujet des propositions de droit dans les cas difficiles sont des discussions de cette seconde catégorie, des discussions-pivots, tests de principes fondamentaux, non pas des discussions-limites sur l'endroit où tracer une ligne reconnue comme arbitraire. Les discussions sur la bonne manière de lire une loi, par exemple, sont des discussions profondes qui reflètent les différents ensembles de présupposés sur ce qui fait qu'une proposition de droit tirée d'une loi est vraie, et pas seulement à la limite quand il n'est pas évident que la proposition soit vraie du tout, mais au « cœur » aussi, quand tout le monde est d'accord pour dire qu'elle est vraie, mais en désaccord sur le pourquoi.

III. LES CONCEPTS INTERPRÉTATIFS

Ainsi le projet des théories sémantiques, le projet d'extraire des règles communément admises d'une étude minutieuse de ce que disent et font les juristes semble voué à l'échec, parce que l'existence indéniable d'un désaccord théorique montre qu'il n'y a pas de telles règles communément admises. Mais cela suggère une autre question. Pourquoi les positivistes ne voient-ils pas ce défaut sérieux de leurs présupposés? Les symptômes sont classiques et mon diagnostic ordinaire. Ils souffrent d'un blocage. Alors quel est ce blocage?

Envisagez l'argument suivant : si deux juristes emploient effectivement des critères différents lorsqu'ils utilisent le mot « droit » et qu'ils décident de la vérité ou de la fausseté d'une proposition de droit, c'est qu'ils doivent vouloir dire chacun quelque chose de différent quand ils disent ce qu'est le droit. Mais alors ils ne parlent pas vraiment de la même chose, leurs discours ne se rencontrent pas. L'idée de droit disparaît dans ce babillage. Elle ne signifie rien du tout. Il faut résister à cette conclusion bizarre ; elle a de l'allure ; mais elle est mauvaise. Le droit a un sens. Ainsi nos philosophes du droit essaient de sauver ce qu'ils peuvent d'une idée importante. Ils s'accrochent à n'importe quoi : ils disent que les juges dans les cas difficiles ne font que prétendre être en désaccord sur ce qu'est le droit, ou que les cas difficiles ne sont que des discussions-limites à la frontière de ce qui est clair et commun.

J'appellerai cet argument qui a fait un tel ravage dans la philosophie du droit, la piqûre du dard sémantique. Les gens en sont victimes quand ils ont une certaine représentation du fonctionnement du langage. Ils pensent que nous pouvons parler intelligemment entre nous si et seulement si nous acceptons tous de suivre les mêmes règles quand nous décidons de l'usage de chaque mot, même si nous ne pouvons pas dire exactement, comme un philosophe pourrait espérer le faire, quelles sont ces règles. Vous et moi pouvons discuter intelligemment du nombre de livres que j'ai sur mon étagère par exemple, seulement si nous sommes d'accord, au moins approximativement, sur ce qu'est un livre. Si vous ne comptez pas mon exemplaire de Moby Dick comme un livre, notre discussion ne peut qu'être dépourvue de sens. Tous nos mots ne fonctionnent pas de la même manière cependant. Nous utilisons certains mots, par exemple, pour donner des interprétations, souvent controversées, d'une pratique sociale à laquelle nous participons, et alors nos accords et désaccords ont un sens non pas parce que nous obéissons à des règles communes, mais parce que nos interprétations concurrentes s'exercent sur le même matériau. « Droit » est un mot de ce genre ; ou plutôt il l'est normalement quand il figure dans des propositions de droit.

J'ai essayé d'illustrer les concepts « interprétatifs » en décrivant l'histoire d'une communauté inventée. Ses membres suivent un ensemble de règles, qu'ils appellent « règles de courtoisie », dans un certain type ou dans une certaine variété d'occasions sociales. Ils disent, « la courtoisie exige que les paysans ôtent leur chapeau devant les nobles », par exemple, et soutiennent et acceptent d'autres propositions de cette sorte. Pendant un temps, cette pratique a un caractère de tabou : les règles sont simplement là et ne sont ni mises en question, ni modifiées. Mais ensuite – peut-être lentement – tout cela change. Chacun adopte une attitude interprétative complexe à l'égard des règles de courtoisie, attitude qui a deux composantes. La première est l'hypothèse que la pratique de la courtoisie doit avoir un sens si on doit continuer à l'observer, c'est-à-dire qu'elle doit correspondre à un certain intérêt ou à un certain but ou à une certaine valeur ou à un certain principe qui peut être établi indépendamment de la simple description des règles qui la constitue. La seconde est que ce qu'exige cette pratique, la conduite qu'elle appelle, n'est pas nécessairement ou exclusivement de continuer ce qu'on a toujours fait, dans tous les détails, mais est au contraire d'en examiner le sens, de sorte que les règles doivent être comprises ou appliquées ou étendues ou modifiées ou précisées ou limitées en fonction de ce sens.

Une fois que cette attitude interprétative s'est instaurée, l'institution de la courtoisie cesse d'être mécanique, ce n'est plus une déférence irréfléchie envers un ordre. Les gens essaient maintenant d'imposer un sens à l'institution– de la voir sous le meilleur jour sous lequel ils croient qu'elle puisse être vue – puis de la restructurer à la lumière de ce sens.

Ma description a supposé une considération particulière de ce que l'interprétation, décrite de manière très abstraite, est réellement. Dans le contexte que j'ai à l'esprit, c'est une activité qui consiste à essayer d'imposer une cohérence à la conduite qui constitue une pratique sociale, et imposer une cohérence signifie proposer une explication ou un sens cohérent dont cette conduite puisse être considérée comme une expression ou un exemple. Très souvent – voire de manière générale – les faits ne détermineront qu'en partie l'explication. Aussi un interprète a-t-il besoin de critères pour choisir entre les différentes interprétations que permettent les données brutes de la conduite, même s'il n'a pas conscience qu'il a de tels critères. Il doit être guidé par quelque idée de l'avantage qu'il y aurait à imposer un certain sens aux faits en question. Je suggère que, dans les cas normaux, les interprètes supposent, dans les thèses particulières qu'ils soutiennent, que l'objet premier de l'interprétation est de lire le matériau interprété comme s'il était le mieux adapté possible à l'entreprise à laquelle il est censé se rattacher. Ainsi une interprétation d'une chose supposée être une œuvre d'art s'efforce de la voir le plus possible comme une œuvre d'art, etc.

Dans ma communauté imaginaire, donc, les discussions sur le point de savoir si la courtoisie exige ou non une conduite particulière – qu'un homme cède sa place dans un autobus à une femme, par exemple – seraient des discussions sur l'interprétation. Chaque partie proposerait un sens qui pourrait être tenu pour rendant compte de la pratique historique. Selon l'un de ces sens, l'institution, rendue plus cohérente, demanderait quelque chose que d'après l'autre elle rejetterait. La discussion porterait ensuite sur quel est le sens qui concorde le mieux avec la pratique, en général, ou bien qui la montre sous un meilleur jour. Seraient engagées dans le débat aussi bien les convictions morales et sociales des antagonistes que les conduites qu'ils observent.

S'il y avait des philosophes de la courtoisie dans cette communauté, on pourrait leur demander d'expliquer les circonstances dans lesquelles des propositions de courtoisie sont vraies (ou peuvent être affirmées), mais il ne pourrait pas s'agir simplement d'extraire les règles sémantiques que tout un chacun suivrait en faisant ou en affirmant des propositions de courtoisie. Le philosophe ne pourrait répondre qu'en proposant sa propre interprétation de la pratique, et dès lors que celle-ci puiserait dans les convictions morales et politiques du philosophe, qui pourraient ne pas faire l'unanimité, elle ne pourrait pas être neutre dans les discussions sur ce que la courtoisie exige dans des cas concrets. Si on lui disait que son travail doit être neutre, il serait comme un homme au Pôle Nord auquel on ordonnerait d'aller dans n'importe quelle direction, sauf vers le Sud.

IV. NOUVELLE VISITE À LA PHILOSOPHIE DU DROIT

Ce que je prétends, c'est que le droit, en tant que cette idée figure dans les propositions de droit, est un concept interprétatif, comme la courtoisie dans l'exemple que j'ai imaginé. Si j'ai raison, la description suivante de la décision judiciaire pourrait nous convenir. Les juges forgent, au cours de leur carrière et conformément à leurs propres convictions et à leur caractère, des théories opératoires sur la meilleure interprétation des différents niveaux et de différentes parties des pratiques juridiques de leur ressort. Ils élargissent ces théories et s'appuient sur elles quand ils sont confrontés à des problèmes nouveaux et difficiles, ils s'efforcent de résoudre les cas difficiles de manière cohérente, dans toute la mesure du possible, avec ce qu'ils considèrent comme la meilleure interprétation des décisions que prennent ou qu'ont prises d'autres juges dans de tels cas. Quand ils ne sont pas d'accord sur le droit, leurs désaccords sont interprétatifs. Si deux juges sont en désaccord sur la manière dont les lois devraient être interprétées ou sur le poids qui devrait être donné à des précédents non applicables directement, cela reflète d'ordinaire un désaccord plus profond sur la meilleure interprétation générale des pratiques judiciaires de leur communauté, donc, un désaccord sur la manière de rendre compte de cette pratique qui la montre sous son meilleur jour, du point de vue de la morale politique. Les interprétations combattent aux côtés des parties à la barre.

Les philosophes du droit sont dans le même cas que le philosophe de la courtoisie que nous avons imaginé. Ils ne peuvent pas produire des théories sémantiques du droit qui soient utiles. Ils ne peuvent pas exposer les règles fondamentales communes que les juristes suivent quand ils collent des étiquettes juridiques sur des faits, parce que de telles règles n'existent pas. Les théories générales sur les circonstances dans lesquelles les propositions de droit sont vraies, sont des interprétations abstraites. Elles sont abstraites parce qu'elles ont pour but d'interpréter le sens principal et la structure générale de la pratique juridique et non l'une de ses composantes. Mais en dépit de leur abstraction, elles demeurent des interprétations : elles essaient de montrer une pratique juridique en son entier sous son meilleur jour. Aussi, aucune frontière bien définie ne sépare la philosophie du droit du jugement judiciaire ou de tout autre aspect de la pratique juridique. Les philosophes du droit discutent de la partie générale, du fondement interprétatif que doit avoir tout argument juridique. Il est possible de renverser la proposition. Tout argument juridique pratique, aussi détaillé et limité soit-il, suppose un fondement général exactement du même genre que celui présenté par la philosophie du droit, et quand des fondements rivaux s'opposent, il en suppose un et rejette les autres. Aussi, toute motivation judiciaire est elle-même un morceau de philosophie du droit, même quand la philosophie se cache dans le silence d'un prologue, et que l'argument visible est dominé par la citation et la description des faits. La philosophie du droit est la partie générale du jugement judiciaire.

Toute interprétation abstraite de la pratique juridique – toute « conception » du droit – déploiera, comme idée de base, un exposé de la manière dont les pratiques et les procédures habituelles des systèmes de droit moderne contribuent à la justification de la contrainte collective. La législation – la pratique qui consiste à reconnaître comme droit les décisions explicites d'autorités spéciales généralement considérées comme ayant ce pouvoir– est une partie saillante de notre paysage juridique où le précédent occupe, lui aussi, une place importante. Aussi toute conception adéquate doit fournir une réponse à la question de savoir pourquoi des lois adoptées selon des procédures particulières et les décisions judiciaires anciennes devraient en elles-mêmes fournir une justification à l'intervention ultérieure de l'autorité publique. Aucune conception ne doit justifier tous les traits de la pratique qu'elle prétend interpréter : comme toute interprétation, elle peut condamner certaines de ses données en affirmant qu'il s'agit d'une erreur, inconsistante avec la justification qu'elle propose pour le reste, et elle peut peut-être suggérer que cette erreur soit abandonnée. Une conception du droit pourrait essayer de montrer, par exemple, que l'explication générale de la législation qui fournit globalement la meilleure justification de cette institution exige, contrairement à la pratique qui prévaut actuellement, que les lois anciennes et démodées soient traitées comme n'étant plus du droit. Diverses conceptions du droit s'opposeront, simplement parce qu'elles différeront ainsi dans leurs exposés post-interprétatifs de la pratique juridique, dans leurs opinions sur la bonne manière d'étendre la pratique à des domaines, des sujets ou des procédures qui font actuellement l'objet d'une controverse. Ces opinions controversées sont le tranchant d'une conception du droit, et c'est pourquoi les cas difficiles constituent le meilleur théâtre pour évaluer leur force.

V. LES THÉORIES SCEPTIQUES ET LE DROIT INIQUE

Il est clair qu'il y a, dans ce tableau de ce que devrait être la théorie du droit, une place pour les conceptions du droit sceptiques ou nihilistes. Un philosophe du droit – comme un philosophe de la courtoisie – doit avoir la possibilité de conclure que la pratique qu'il entreprend d'interpréter n'a pas de justification adéquate, même pour l'essentiel, de ce qui est fait ou demandé en son nom, et de recommander que cette pratique soit, en conséquence, abandonnée ou ignorée. Quelques-uns des exemples les plus extrêmes des théories réalistes ont ce parfum, quand elles sont comprises comme des interprétations et non comme des théories sémantiques du droit, de même que certaines théories qui se qualifient de marxistes. La question de savoir si une conception particulière du droit est une conception négative ou sceptique, cependant, est quelquefois affaire de perspective. Une interprétation qui met l'accent sur un sens ou un but est sceptique à l'égard des autres, et si ces dernières apparaissent plus ambitieuses ou plus profondes, la théorie aura une tonalité sceptique globale.

À l'apogée des théories sémantiques, les philosophes du droit s'inquiétaient de savoir si les empires du Mal avaient vraiment un droit. Les règles sémantiques étaient censées capter l'usage général de « droit », et en conséquence concerner les affirmations que les gens font non seulement sur leur propre système juridique, dans lequel ils participent comme membres à une pratique continue, mais aussi sur des systèmes juridiques passés ou étrangers, très différents. C'était, par exemple, un argument très répandu contre les théories du droit naturel au sens fort, qui prétendent qu'un schéma d'organisation politique doit satisfaire à certaines normes de justice *minima* simplement pour être considéré comme un système juridique, alors que notre pratique linguistique ne refuse pas le titre de droit à des schémas dont l'immoralité est évidente. Nous disons que les nazis avaient un droit bien que ce fût un droit inique. Ce fait de notre pratique linguistique était largement considéré comme un argument contre toutes les théories jusnaturalistes et en faveur du positivisme, dont l'un des axiomes est que l'existence d'un droit est indépendante de sa valeur.

Si les théories du droit utiles ne sont pas des théories sémantiques de ce genre, mais sont au contraire interprétatives d'un stade particulier d'une pratique qui se développe à travers l'histoire, le problème des systèmes juridiques immoraux apparaît alors sous un jour très différent. Les théories interprétatives s'adressent par nature à une culture juridique particulière, généralement la culture à laquelle appartiennent leurs auteurs. À moins que ces théoriciens soient profondément sceptiques, ils traiteront leur propre système juridique comme un bon exemple de droit, qui appelle et convient à l'attitude interprétative. Ils proposeront de trouver, dans sa structure générale, une justification politique à son rôle d'autoriser la coercition politique. Ils devraient en conséquence ne pas soutenir, mais être d'une certaine manière sceptiques, à l'égard de systèmes juridiques auxquels manquent les traits essentiels pour qu'ils soient justifiés.

Mais il ne s'ensuit pas qu'un juriste qui trouve la meilleure explication du droit anglo-américain dans un trait manquant totalement au régime nazi doit nier que les nazis aient eu un droit. Sa théorie n'est pas une théorie sémantique sur tous les usages du mot « droit », mais une théorie interprétative sur les conséquences d'une attitude interprétative à l'égard de son propre système. Il pourrait, d'une manière linguistiquement correcte, soutenir que les nazis avaient vraiment un droit. Nous saurions ce qu'il veut dire. Il voudrait dire que le système nazi peut être reconnu comme la réalisation historique de pratiques et d'institutions générales sur lesquelles notre propre culture juridique s'est aussi développée. C'est-à-dire que c'est un droit, dans ce que nous pourrions appeler un sens « pré-interprétatif ».

Ainsi une fois le dard sémantique retiré, nous n'avons pas à nous inquiéter autant de la bonne réponse à la question de savoir si les systèmes juridiques immoraux comptent vraiment comme droit. Ou plutôt nous devrions nous en inquiéter d'une manière différente, plus substantielle. Car notre langue et notre jargon sont assez riches pour permettre de nombreuses distinctions et des choix dans les mots que nous employons pour dire ce que nous désirons dire, et notre choix dépendra en conséquence de la question à laquelle nous essayons de répondre, de notre auditoire et du contexte dans lequel nous parlons. Nous n'avons pas besoin de nier que le système nazi fut un exemple de droit, quelle que soit l'interprétation que nous préférons pour notre propre droit, parce que, comme je viens de le dire, il y a un sens possible dans lequel il était évidemment un droit, mais nous n'avons aucune difficulté à comprendre quelqu'un qui soutient que le droit nazi n'était pas réellement du droit, ou était du droit dans un sens dégénéré, ou quelque chose de moins que du droit au sens plein. C'est qu'il n'utilise pas « droit » dans le même sens, il ne porte pas un jugement pré-interprétatif de ce genre, mais un jugement interprétatif sceptique, selon lequel il manquait au droit nazi les traits essentiels des vrais systèmes juridiques, dont les règles et les procédures justifient vraiment la contrainte. Son jugement est en fait un genre particulier de jugement politique, pour lequel son langage, si le contexte le rend clair, est tout à fait approprié. Nous ne pouvons pas le comprendre complètement, bien sûr, si nous ne connaissons pas l'interprétation du sens des systèmes juridiques qu'il préfère. Mais nous saisissons le sens de sa démarche : nous savons la direction dans laquelle il va argumenter, s'il continue son discours.

Il est parfaitement vrai que le juriste dont je viens de parler, qui dit que le droit nazi n'était pas du droit, pourrait avoir dit absolument la même chose, d'une manière différente, que les positivistes préfèrent. Il aurait pu dire que les nazis avaient un droit, mais un très mauvais droit auquel il manquait même les traits d'un système à la limite de l'acceptable. Mais cela nous aurait moins informé sur ce qu'il pense, nous aurait révélé moins de sa position générale sur la philosophie du droit, parce que cela ne nous aurait pas signalé son point de vue sur les conséquences de l'absence de ces traits. D'un autre côté, dans certaines occasions, ce raccourci pourrait être avantageux. Il pourrait être inutile et même superflu – générateur de controverses inutiles pour son but actuel – qu'il en révèle plus. Dans ce cas, la formulation « positiviste » de sa thèse serait préférable, et il n'y a pas de raison que nous limitions arbitrairement notre langage pour rendre ce genre de choix, liés au contexte, impossibles.

La sensibilité au contexte sera encore plus importante quand il s'agira d'une question plus précise, plus spécialisée, plus pratique qu'une simple question de classement ou de critique d'un système juridique étranger et très différent. Supposez que la question se pose d'une manière ou d'une autre, par exemple, de la décision que doit prendre un juge, dans un système étranger que nous désapprouvons – le juge Siegfried, par exemple – à propos d'un cas difficile qui y est soulevé. L'objectif a changé, parce que cette question exige, non pas simplement la comparaison générale d'un système étranger avec le nôtre, mais une interprétation indépendante de ce système, sur un point particulier.

Supposez que nous pensions que le système juridique de Siegfried est si inique qu'il ne puisse jamais fournir une quelconque justification, même faible, à la contrainte publique, de sorte que dans tous les cas Siegfried, s'il peut s'en sortir, devrait délibérément ignorer totalement les lois et les précédents. Une fois encore nous pourrions, mais cela est inutile, formuler cette opinion dans le langage emphatique qui nie totalement qu'il y ait un droit quelconque dans la nation de Siegfried. Ce choix des mots, qui s'appuie sur le sens post-interprétatif de « droit », découlerait de la prémisse selon laquelle l'interprétation propose une justification, de sorte que lorsqu'aucune justification n'est fournie par le droit au sens pré-interprétatif, le jugement interprétatif correct est un jugement sceptique, qui lui refuse le titre de droit. Mais nous pourrions exprimer la même idée complexe, en utilisant « droit » au sens pré-interprétatif plutôt que post-interprétatif, et ajouter alors, que, dans ce cas, ce qu'est le droit ne permet aucune décision judiciaire. Quel que soit le langage que nous choisissions, le point important pour nous, serait l'argument de morale politique, que rien dans le fait que sa nation possède un droit au sens pré-interprétatif ne donne un droit subjectif à un plaideur de gagner devant ses tribunaux.

Supposez, cependant, qu'à la réflexion, ce ne soit pas exactement notre position. Car, nous pourrions trouver quelque chose dans l'histoire des pratiques juridiques de la communauté de Siegfried qui justifierait *une certaine* revendication de droit par une partie donnée dans un procès donné en instance devant lui, en dépit de l'iniquité intrinsèque du système politique, et malgré notre conviction que ces pratiques dans l'ensemble, sont si mauvaises qu'elles ne peuvent être soutenues par aucune interprétation générale. Supposez, par exemple, que le procès en question porte sur un contrat ordinaire, d'où semble exclu tout problème de discrimination raciale ou politique ou tout autre élément de tyrannie. Nous pourrions penser que le plaignant dans ce cas a un droit général de gagner, simplement parce que les lois et les précédents applicables lui donnent ce droit. Notre opinion pourrait, dans un autre cas, être plus réservée. Supposez que le procès d'une certaine manière concerne une législation discriminatoire ou injuste pour une autre raison. Supposez que le défendeur soit juif ou que le demandeur ait invoqué quelque loi refusant aux juifs des moyens de défense permis aux aryens dans les affaires de contrats. Nous pourrions encore estimer que les faits qui viennent d'être mentionnés justifient un droit *faible* du demandeur à gagner, bien que nous soyons désireux d'ajouter que ce droit faible succombe, tout bien considéré, face à un droit moral concurrent du défendeur de telle sorte que Siegfried devrait néanmoins faire tout ce qui est en son pouvoir – même mentir sur le droit en vigueur si nécessaire – pour aboutir au rejet de la demande.

Nous pouvons rendre ces problèmes politiques encore plus difficiles en augmentant la complexité de notre exemple, de différentes manières. Les problèmes moraux sous-jacents changeraient alors, et il faudrait des distinctions et des différenciations supplémentaires. Même ainsi, la question des mots utilisés – celle de savoir si nous souhaitons rendre compte de nos conclusions dans un jugement interprétatif et quels seraient alors les critères d'interprétation qui conviendraient – serait secondaire par rapport aux convictions morales pour l'expression desquelles nous aurions utilisé ces mots, et les ressources du langage juridique seraient suffisamment flexibles pour qu'à peu près les mêmes convictions puissent être rapportées dans un langage assez différent. La question des systèmes juridiques iniques n'est pas, au sens où la philosophie du droit l'a longtemps affirmé, une question conceptuelle sur la bonne manière d'utiliser le mot « droit ». Ce n'est pas une question, mais plusieurs questions, et toutes se posent au niveau où ce qui est en jeu, ce sont les convictions politiques et non les règles sémantiques. Bien sûr, toutes ces discriminations différentes peuvent être faites à l'intérieur du vocabulaire positiviste. Mais elles sont plus artificielles dans ce vocabulaire; en tout cas, le problème des systèmes juridiques iniques ne nous contraint nullement à adopter la théorie positiviste.

RICHARD A. POSNER

UNE CONCEPTION PRAGMATIQUE
DE LA DÉCISION JUDICIAIRE *

Le pragmatisme est en premier lieu une position philosophique, tout comme le sont le réalisme scientifique, l'idéalisme transcendantal, l'existentialisme, l'utilitarisme et le positivisme logique. On en trouve une bonne illustration dans un livre publié récemment dans lequel Richard Rorty et ses critiques s'en donnent à cœur joie pour savoir si le langage reflète la réalité, si la liberté est compatible avec une perspective scientifique et si de telles questions ont même un sens [1]. Cet article ne se place pas à ce niveau-là. Je m'intéresse à un problème qui relève du pragmatisme « appliqué » même si, après avoir écouté l'intervention du professeur Grey sur l'indépendance du pragmatisme juridique par rapport au pragmatisme philosophique, je réalise que ce terme est peut-

* Richard A. Posner, « Pragmatic Adjudication », *Cardozo Law Review*, vol. 18 : 1, 1996, p. 1-21. Article publié et traduit avec l'aimable autorisation de l'auteur (traduction C. Béal). (*NdT*)

1. H. J. Saatkamp (ed.), *Rorty and Pragmatism : the Philosopher Responds to His Critics*, Nashville, Vanderbilt University Press, 1995.

être inadapté [1]. Je reviendrai sur cette question à la fin. Le problème de pragmatisme « appliqué » que j'aborde en premier lieu consiste à savoir si une décision judiciaire – en particulier une décision en appel – peut ou devrait être pragmatique.

C'est un problème dans lequel on s'enfonce facilement, puisque « pragmatisme » est un terme très flou, et en même temps un problème crucial. Les juges de la Cour Suprême qu'on a qualifiés de « pragmatistes » sont Holmes, Brandeis, Frankfurter, Jackson, Douglas, Brennan, Powell, Stevens, White et, aujourd'hui, Breyer [2]; on pourrait en ajouter d'autres à la liste. Parmi les théoriciens de la décision judiciaire, le terme s'applique non seulement à ceux qui se nomment eux-mêmes pragmatistes, ce qui représente maintenant un certain nombre [3], mais aussi à Ronald Dworkin qui parle du pragmatisme, du moins de la conception du pragmatisme défendue par Rorty [4], comme d'une nourriture intellectuelle uniquement

1. *Cf.* aussi M. H. Kramer, « The Philosopher-Judge : Some Friendly Criticisms of Richard Posner's Jurisprudence », *Modern Law Review*, 59, 1996, p. 475-478 : « le pragmatisme métaphysique et philosophique est une position relativiste selon laquelle la connaissance ne peut avoir de fondements absolus. Le pragmatisme méthodologique et intellectuel est une position qui attache une grande importance au débat, à l'ouverture d'esprit et à la flexibilité dans les sciences, les lettres et les arts. Le pragmatisme politique est une position qui attache une grande importance aux libertés civiles, à la tolérance et à qui invite à faire preuve de souplesse dans les discussions et au sein des institutions de manière à influencer les relations humaines. [...] Chacun de ces trois modes du pragmatisme n'implique pas les autres ».

2. *Cf.* D. A. Farber, « Reinventing Brandeis : Legal Pragmatism for the Twenty-First Century », *University Illinois Law Review*, 1995, p. 163.

3. Pour en avoir une liste, voir R. A. Posner, *Overcoming Law*, 1995, p. 388-389.

4. *Cf.* R. Rorty, « The Banality of Pragmatism and the Poetry of Justice », *in* M. Brint, W. Weaver (eds), *Pragmatism in Law and Society*, Boulder, Westview Press, 1991, p. 89-97.

faite pour les chiens [1] (et je suppose qu'il n'aime pas beaucoup les chiens). Certains peuvent penser qu'il est encore plus surprenant d'inclure Frankfurter dans ma liste que d'y inclure Dworkin. Mais cela se justifie par le fait que Frankfurter rejette l'interprétation absolutiste du Cinquième Amendement, notamment dans les affaires relatives au salut au drapeau, et qu'il adopte un test du « choc de conscience » dans la protection des droits fondamentaux. Il s'agit d'une version raffinée du test du « vomi » de Holmes – une loi ou tout autre acte du gouvernement viole la Constitution si et seulement s'il vous donne envie de vomir. Est-ce un hasard si Frankfurter a présenté ce test dans une affaire concernant un suspect à qui on a fait subir un lavage d'estomac pour obtenir des preuves ?

Le test du « vomi » résume les propos plus réfléchis contenus dans l'opinion dissidente formulée par Holmes dans l'affaire Lochner : une loi ne constitue une privation de « liberté » sans *due process of law* uniquement « lorsqu'il est possible de dire qu'un homme rationnel et juste reconnaîtrait nécessairement que la loi en question porte atteinte aux principes fondamentaux tels qu'ils sont conçus dans les traditions de notre peuple et de notre droit » [2]. Par « principes fondamentaux », Holmes entend des principes moraux ancrés si profondément enracinés dans l'être du juge que leur rejet lui paraîtrait incompréhensible. La précision relative aux « traditions de notre peuple et de notre droit » est significative, mais je l'expliquerai plus tard.

---

1. R. Dworkin, « Pragmatism, Right Answers and True Banality », in *ibid.*, note 5, p. 359-360.

2. *Lochner v. New York*, 198 U.S. 45, 76 (1905).

Si le problème de savoir si une décision est ou doit être pragmatique me semble si important c'est que certains me critiquent en affirmant que ma théorie de la décision judiciaire n'est pas du tout pragmatique. Ils pensent qu'elle est dans l'esprit du positivisme logique dont les pragmatistes cherchent à s'éloigner. Les positivistes logiques pensent que les assertions morales, puisqu'elles ne sont ni tautologiques[1] ni vérifiables empiriquement, n'ont aucune valeur de vérité – elles ne sont qu'une affaire de goût ou d'émotion non rationnelle. Jeffrey Rosen, par exemple, affirme que mon livre *Overcoming Law* défend l'idée que la décision du juge est viscérale, personnelle, sans règle, comme s'il était en roue libre, sans aucune structure[2]. Et bien avant que je me considère moi-même comme pragmatiste, on m'a reproché de rester « prisonnier d'une épistémologie faible et peu convaincante »[3], argument qu'on adresse justement à une théorie purement émotive du jugement. Suis-je sur le point de refaire la même erreur ? J'aurais mieux fait de préciser ce que j'entends par décision pragmatique.

---

1. Certains le sont – par exemple, « le meurtre est mal », car *mal* est contenu dans la définition de « meurtre » (ce qui le distingue de « tuer »), du moins selon la définition ordinaire en tant qu'elle se distingue de la définition juridique. La distinction est importante, car certaines formes de meurtre au sens juridique, comme l'homicide commis en cas de flagrant délit d'adultère, ne sont pas considérées comme moralement condamnables par une large part de la communauté.

2. J. Rosen, « Overcoming Posner », *Yale Law Journal*, 105, 1995, p. 581, p. 584-96.

3. P. M. Bator, « The Judicial Universe of Judge Richard Posner », *University of Chicago Law Review*, 52, 1985, p. 1146, p. 1161.

I

Une première difficulté est qu'une décision judiciaire pragmatique ne peut pas être dérivée d'une position philosophique pragmatique. Il serait parfaitement cohérent du point de vue du pragmatisme philosophique de refuser que les juges soient pragmatistes, tout comme il serait parfaitement cohérent du point de vue de l'utilitarisme de refuser que les juges conçoivent que leur rôle est de maximiser l'utilité. On peut penser, par exemple, que l'utilité globale serait maximisée si les juges se contentaient d'appliquer des règles car on peut penser que, au bout du compte, une justice discrétionnaire, avec toute l'incertitude qu'elle engendrerait, diminuerait l'utilité au lieu de l'accroître. De la même manière, un pragmatiste qui s'efforce de juger un système juridique à partir des résultats que produit ce système peut penser qu'on parviendrait à de meilleurs résultats si les juges s'abstenaient de juger de façon pragmatique et se contentaient d'appliquer des règles. Ce pragmatiste serait, par analogie avec les utilitaristes de la règle, un « pragmatiste de la règle ».

Il faudra donc défendre une conception pragmatique de la décision judiciaire – pragmatiquement – en tant que telle et non comme un corollaire du pragmatisme philosophique (ce serait de toute façon nécessaire puisque le concept philosophique est vague). Mais que s'agit-il exactement de défendre ? Je rejette la définition que donne Dworkin : « le pragmatiste pense que les juges devraient toujours faire de leur mieux pour l'avenir, dans les circonstances données, sans être restreint par la nécessité de respecter ou de garantir une cohérence de principe avec ce qu'ont fait ou ce que feront d'autres autorités »[1]. C'est, de la part de Dworkin, une manière polémique de présenter les choses. Si on reformule sa définition comme suit : « un juge pragmatiste s'efforce toujours de faire du mieux qu'il peut pour le présent et l'avenir, sans être restreint par le sentiment de devoir garantir une cohérence de principe avec ce que d'autres autorités ont fait dans le passé », alors je l'accepte comme une définition opératoire du concept de décision judiciaire pragmatique. Selon cette interprétation, la différence entre un juge positiviste, au sens fort, à savoir celui qui croit que le droit est un système de règles instituées par le législateur et que les juges se contentent d'appliquer, et un juge pragmatique, est que le premier cherche avant tout à garantir la cohérence avec ce qui a été accompli dans le passé, alors que le second cherche à garantir la cohérence avec le passé uniquement dans la mesure où cette cohérence est susceptible de produire les meilleurs résultats pour l'avenir.

II

Qu'est-ce qu'implique l'approche pragmatique du jugement ? Quels sont ses avantages et ses inconvénients (évalués de manière pragmatique, bien entendu) ? Est-elle, au bout du compte, la bonne approche correcte que les juges doivent adopter ?

Pour commencer, voyons comment un positiviste judiciaire et un pragmatiste judiciaire ont une manière différente de peser et d'ordonner les éléments en rapport avec

---

1. R. Dworkin, *L'empire du droit*, trad. E. Soubrenie, Paris, P.U.F., 1994, p. 179-180 (traduction corrigée).

une affaire qu'ils doivent juger. Par « positiviste judiciaire », j'entends un juge qui croit non seulement que la conception positiviste du droit est exacte d'un point de vue descriptif – que la signification du terme de droit se limite uniquement au droit positif –, mais aussi que la conception positiviste devrait guider la décision judiciaire, au sens fort où aucun droit ne devrait être reconnu ni aucun devoir ne devrait être imposé s'il n'a pas sa source dans le droit positif (un sens plus faible sera examiné ultérieurement). Le positiviste judiciaire commence- rait par prendre en compte des précédents, des lois, des décrets et des dispositions constitutionnelles, et s'en tiendrait norma- lement à cela – tous ces éléments étant des « sources » auxquelles le juge doit se référer en vertu de ce que suggère Dworkin, puisqu'un juge qui n'est pas pragmatiste a un devoir de garantir une cohérence de principe avec ce que d'autres autorités ont fait dans le passé. Si les sources convergent, il est possible de prévoir quelle sera la décision dans cette affaire car aller à l'encontre des sources serait – à moins d'avoir des raisons convaincantes – une violation du devoir envers le passé. La raison la plus convaincante serait que dans d'autres genres d'affaires on ait adopté un principe en contradiction avec les sources relatives à l'affaire en question. Le devoir du juge serait alors de comparer ces affaires et de prendre en compte d'autres principes, manifestes ou latents, tirés de la jurisprudence, de la loi ou de la constitution afin de déterminer la solution qui serait favorable ou conforme à la meilleure interprétation de l'arrière-plan juridique dans son ensemble.

Le juge pragmatiste a d'autres priorités. Ce qu'il veut c'est parvenir à la meilleure décision en ayant à l'esprit les besoins actuels et futurs; il ne considère donc pas que maintenir une cohérence avec les décisions passées comme une fin en soi, mais seulement comme un moyen conduisant aux meilleures conséquences pour l'affaire qu'il a à juger. Le pragmatiste ne se désintéresse pas des décisions antérieures, ni des lois ni des autres sources. Loin de là. D'une part, elles renferment un savoir et même, parfois une sagesse, et il serait donc stupide de les ignorer même si elles n'avaient aucune autorité. D'autre part, une décision qui déstabiliserait le droit en s'éloignant trop radicalement du précédent pourrait avoir, en fin de compte, de mauvaises conséquences. Il y a souvent un compromis à trouver entre rendre justice sur le fond de l'affaire en cours et maintenir le caractère certain et prévisible du droit. Ce compromis, qui est peut-être le plus manifeste dans les affaires où il s'agit de défendre une loi prescriptive, justifiera parfois que, dans une affaire particulière, on sacrifie la justice de fond afin de préserver la cohérence avec des précédents, avec des lois ou, pour résumer, avec toutes les attentes légitimes qui sont nécessaires à l'organisation et à l'administration de la société. Une autre raison de ne pas ignorer le passé est qu'il est parfois difficile de déterminer le but et la portée d'une loi sans remonter à ses origines.

Le juge pragmatiste considère donc les précédents, les lois et les constitutions à la fois comme des sources d'information potentiellement valables sur ce que serait le meilleur résultat dans l'affaire en cours et aussi comme des repères qui ne peuvent être oblitérés ni dissimulés sans raison dans la mesure où les gens se fient à eux. Mais puisque le juge pragmatiste ne considère les « sources » que comme des sources d'information qui ne restreignent guère sa liberté de décision, sa manière de statuer sur un cas vraiment inédit n'en dépend pas. Pour cela il se tourne aussi ou plutôt vers ce qui lui permet de savoir directement ce qu'il convient de faire à propos de la règle qu'on lui demande d'adopter ou de modifier.

Il y a quelques années, la Cour Suprême a déclaré qu'il y avait deux raisons justifiant un non-lieu lors d'un procès devant un tribunal fédéral : la première, cela ne relève pas de la juridiction de ce tribunal ; la seconde, les poursuites ne sont pas fondées ; et si le problème de juridiction n'est pas clair, mais que l'absence de fondement est avérée, le tribunal peut prononcer un non-lieu pour des raisons de fond sans décider si l'affaire relève ou pas de sa juridiction. Cette approche est « illogique ». Une juridiction est ce qui permet de statuer sur le fond ; donc une décision sur le fond présuppose une juridiction. Pour justifier de manière pragmatique qu'on puisse occasionnellement mettre le fond avant la juridiction, comme la charrue avant les bœufs, on commence par se demander pourquoi les tribunaux fédéraux ont une juridiction limitée et sont obsédés à l'idée de ne pas outrepasser ces limites. La réponse, selon moi, est que ce sont des tribunaux extraordinairement puissants et que le concept de juridiction limitée les oblige à la fois à faire un usage limité de leur pouvoir et à faire preuve de retenue. Mais si l'affaire n'a aucun fondement, le fait de prendre une telle décision n'accroîtra pas le pouvoir judiciaire fédéral, ce dernier s'exerçant tout en restant bien dans ses limites. Dès lors, si le problème de juridiction n'est pas clair et que l'absence de fondement est avérée, il est prudent et économique de mettre de côté le problème de juridiction et de prononcer un non-lieu pour des raisons de fond.

Voici un autre exemple de la différence entre une conception positiviste de la décision judiciaire et une conception pragmatique. Lorsque le pétrole et le gaz ont acquis une valeur commerciale, s'est posée la question de savoir si on devait les traiter comme les autres biens « meubles », tels que, par exemple les animaux sauvages, pour lesquels on applique la règle de *Common Law* selon laquelle vous ne disposez d'un droit de propriété qu'une fois que vous avez pris possession de l'animal, ou bien s'il fallait les traiter comme la terre ou d'autres biens immeubles[1] sur lesquels on peut obtenir un droit de propriété en les enregistrant sur un registre public ou par d'autres moyens écrits, sans avoir à posséder physiquement ce bien. Un positiviste judiciaire à qui on demanderait si on doit ne reconnaître que des droits de possession sur le pétrole ou le gaz partirait probablement des affaires relatives aux droits de propriété sur les animaux sauvages et examinerait si le pétrole et le gaz présentent suffisamment de « similitudes » avec ces animaux pour pouvoir subsumer ces minéraux sous le concept juridique de *ferae naturae*, ce qui voudrait dire que seuls des droits de propriété acquis par possession seraient reconnus (ainsi personne ne posséderait de pétrole avant de l'avoir extrait). Le juge pragmatique aurait plutôt tendance à partir de ce que disent les économistes des ressources naturelles et de ce que disent les ingénieurs du gaz et du pétrole, et à utiliser leur avis d'expert afin de décider quel type de droits de propriété produirait les meilleurs résultats si on l'appliquait au pétrole et au gaz. C'est seulement ensuite qu'il examinerait les précédents relatifs aux animaux sauvages et d'autres sources pour savoir s'ils peuvent être opposés, en vertu de la doctrine du *stare decisis*, à la décision qui serait la meilleure pour l'exploitation du pétrole et du gaz.

---

1. Prenons l'exemple d'une chaise : elle bouge seulement lorsque quelqu'un la déplace, alors que la gravité ou la pression de l'air font jaillir le pétrole et le gaz dans un espace vide même si aucune autre force ne s'applique. Je pense que si les règles relatives aux animaux furent d'abord au pétrole et au gaz, c'est parce qu'on se trompait en pensant que ces ressources avaient un principe interne de mouvement, qu'elles « se mouvaient d'elles-mêmes », comme des animaux.

Je suis conscient que le juge pragmatique peut se tromper. Il est possible qu'il ne soit pas capable de comprendre ce que les ingénieurs du pétrole et les économistes essaient de lui dire ou qu'il ne parvienne pas à traduire cela sous forme de règle juridique. Le positiviste laborieux, dont la progression est en général prévisible, garantira au moins la stabilité du droit, véritable bien public, et le législateur pourra toujours intervenir et prescrire un type de droit de propriété économiquement approprié. C'est à peu près ce qui s'est passé avec le droit de propriété du pétrole et du gaz. En réalité on ne pouvait peut-être rien attendre de mieux. Mais les législateurs américains, contrairement aux parlements européens, sont si réticents lorsqu'il s'agit de corriger des erreurs au plan juridique qu'une lourde tâche de créativité juridique retombe inévitablement sur les épaules de la justice. Je crois que les juges ne peuvent pas exercer cette charge s'ils ne sont pas pragmatistes. Mais je conçois qu'ils ne pourront pas la supporter si l'enseignement et la pratique du droit ne changent pas afin que le droit soit une discipline plus théorique, plus politique, plus empirique, et moins formaliste et moins casuistique.

Mon troisième exemple porte sur un point qui fait actuellement débat : le problème de l'exécution des contrats pour les mères porteuses. Lorsque la Cour Suprême du New Jersey, dans l'affaire *Baby M.*, a reconnu que ces contrats n'impliquaient pas d'obligation d'exécution, elle a entrepris un inventaire laborieux et pompeux des concepts et des sources juridiques, en négligeant deux problèmes qui sont d'ordre factuel au sens large et qui sont les plus importants pour un pragmatiste. Le premier est de savoir si les femmes qui acceptent d'être mères porteuses éprouvent habituellement ou au moins fréquemment un profond regret au moment de remettre le nouveau-né au père et à sa femme. Le second est de savoir si les contrats de mère porteuse constituent habituellement ou fréquemment une forme d'exploitation, au sens où la mère porteuse est une femme pauvre qui accepte le contrat par désespoir. Si la réponse à chacune de ces questions est « non », alors, étant donné les avantages de ces contrats pour ceux qui y consentent, le juge pragmatiste ferait probablement exécuter de tels contrats.

On peut voir, à travers ces exemples, que même si le positiviste et le pragmatiste accordent tous les deux un intérêt aux sources et aux faits (au sens large – je ne parle pas seulement ni principalement des faits exposés au cours d'un procès à travers les témoignages, les preuves et le contre-interrogatoire), le positiviste accorde une priorité aux sources, alors que le pragmatiste accorde une priorité aux faits. C'est la description la plus simple que je puisse donner d'une décision judiciaire pragmatique ; elle permet incidemment d'expliquer deux caractéristiques de la philosophie de Holmes qui semblent à première vue incompatibles avec le pragmatisme : son manque d'intérêt pour l'économie et d'autres données, ce que Brandeis lui a reproché, et aussi sa réticence à ne pas suivre les décisions antérieures. Un juge pragmatique croit que le futur ne devrait pas être esclave du passé, mais il n'a pas besoin de se fier à un ensemble particulier de données pour lui servir de guides lorsqu'il s'agit de prendre la décision qui sera la meilleure pour l'avenir. Si, comme Holmes, vous doutez qu'il soit possible, pour vous ou pour quelqu'un d'autre, d'avoir une idée claire de la meilleure décision sur un problème déterminé, vous aurez, d'un point de vue pragmatique, de la réticence à ne pas suivre les décisions antérieures puisque ce serait sacrifier la certitude et la stabilité pour un avantage purement hypothétique.

Je n'ai rien dit du juge pragmatique exerçant une fonction « législative », même si les faits dont il aurait besoin pour prendre une décision pragmatique dans l'affaire du pétrole et du gaz seraient du même type que ceux que les étudiants en droit administratif nomment « législatifs » pour les distinguer d'une autre catégorie de faits que doit prendre en compte un juge ou un jury conformément à la procédure de la preuve. Holmes a dit que les juges étaient des législateurs « interstitiels » chaque fois qu'ils étaient amenés à statuer sur une affaire dont l'issue n'était pas dictée par des sources reconnues par tous. C'est une expression trompeuse en raison des nombreuses différences qu'il y a entre juges et législateurs, dans les procédures, dans leur formation, leur expérience, leur conception, leur connaissance, leurs instruments, leurs contraintes, leurs motifs et par le temps dont ils disposent ; la différence entre l'un et l'autre ne réside pas seulement dans la portée de leur décision comme le suggère la formule de Holmes. Il aurait dû dire que les juges sont aussi bien des créateurs de règles que ceux qui appliquent des règles. Mais un juge n'est pas un créateur de règle du même type qu'un législateur. Un juge d'appel statuant sur des affaires particulières, doit décider soit d'appliquer une vieille règle qui n'a pas évolué, soit de modifier cette vieille règle pour l'appliquer ensuite, soit de créer et d'appliquer une nouvelle règle. S'il est pragmatiste, sa délibération aura pour objectif de choisir ce qui produira les meilleurs résultats. Pour cela il ne devra pas seulement consulter des précédents, des lois, des règlements, des constitutions, des traités juridiques conventionnels et d'autres documents juridiques orthodoxes.

III

Je voudrais examiner de manière un peu plus systématique les objections à l'approche pragmatique du jugement. Une première objection contre le fait d'inviter le juge, comme je viens de le faire, à aller au-delà des sources orthodoxes pour prendre sa décision, est que les juges ne sont pas formés pour analyser et assimiler les théories et les données des sciences sociales. L'exemple de Brandeis n'a rien de rassurant. Même si Brandeis fut un homme brillant qui s'intéressa à un grand nombre de choses, ses incursions dans les sciences sociales – en tant qu'avocat ou en tant que juge – ne furent pas vraiment un franc succès. En effet, aujourd'hui, la plupart des chercheurs en sciences sociales seraient d'accord pour dire que malgré les efforts infatigables qu'il a mis pour rassembler des données économiques et les analyser à la lumière d'une théorie économique, Brandeis s'est largement fourvoyé. Cela l'a amené à défendre (et à vouloir intégrer au droit) des politiques désormais discréditées comme la limitation du droit au travail des femmes, le soutien des petites entreprises aux dépens des grandes ou bien le développement du service public et la régulation du transport public. Holmes, comme je l'ai dit, affichait une certaine méfiance envers les théories des sciences sociales, mais sa foi inébranlable dans le mouvement eugéniste, issu d'une théorie sociale et biologique du début du XXᵉ siècle, sous-tend un de ses jugements les plus contestables (soutenu par Brandeis) – *Buck v. Bell*. Un des défauts de l'opinion majoritaire dans *Roe v. Wade* est de considérer le droit à l'avortement comme un droit médical et d'invalider les lois interdisant l'avortement au seul motif qu'elles interfèrent avec l'autonomie du corps médical – point de vue « pratique » qui reflète les liens du juge Blackmun avec la clinique Mayo. Ne sont pas pris en compte les effets de ces lois sur les femmes, les enfants et la famille qui sont les effets importants pour évaluer de telles lois.

Une seconde objection à l'utilisation de données non-juridiques pour statuer est que, au bout du compte, la décision dégénère en une « réaction viscérale ». Je pense que cette critique est correcte dans le fond – à condition de prendre l'expression « réaction viscérale » au sens figuré et non pas au sens propre –, mais le terme « dégénérer » est trop fort. Pour statuer, on ne peut attendre d'avoir accumulé une masse critique de connaissances en science sociale qui permette au juge avisé de parvenir à la décision qui aura les meilleurs résultats. Les décisions de la Cour Suprême relatives à l'autonomie dans le domaine de la sexualité ou de la reproduction, par exemple, ont été prises bien avant de disposer d'études fiables, complètes et accessibles sur la sexualité, la famille et le statut des femmes. La Cour a dû statuer pour déterminer si la peine de mort était une peine cruelle et exceptionnelle à une époque où l'étude scientifique des effets dissuasifs de la peine capitale en était à ses débuts. Lorsque la Cour décida de redessiner la carte électorale selon le principe « un homme, une voix » elle ne pouvait avoir aucune idée claire des effets que cela aurait, les chercheurs en science politique n'étant toujours pas d'accord sur ces effets plus de trente ans après. Les exemples ne se limitent pas à la Cour Suprême et au droit constitutionnel. Les juges de *Common Law* ont eu à résoudre des questions comme l'extension de la responsabilité stricte, la substitution de la négligence proportionnelle à la négligence concourante de la victime, la simplification des règles relatives à la responsabilité des locataires, l'excuse en cas de rupture de contrat pour impossibilité, la limitation des dommages induits, l'application des dérogations en matière de responsabilité civile et ainsi de suite, ceci bien avant que les économistes et les juristes intéressés par l'économie se mettent à étudier les conséquences économiques de tels choix. Lorsque les juges essaient de prendre la décision qui produira les « meilleurs résultats » sans avoir un ensemble organisé de connaissances pour les aider à prendre cette décision, ils doivent, semble-t-il, se fier à leurs intuitions.

Le terme imaginé pour désigner l'ensemble des croyances fondamentales qui guident la décision est « droit naturel ». Cela signifie-t-il que l'approche pragmatique de la décision n'est qu'une autre version du droit naturel ? Je ne pense pas. Ce n'est ni vers Dieu ni vers d'autres sources morales transcendantales que le pragmatiste se tourne pour justifier le fait qu'il prenne ses distances avec la loi, le précédent ou d'autres « sources » conventionnelles du droit. Il ne peut s'appuyer sur des fondements fiables, ce qui l'amène à faire preuve de plus de prudence et de circonspection avant d'imposer sa conception de Dieu à la société au nom de la justice. Holmes pensait réellement soumettre au test du « vomi » les lois dont la constitutionnalité était contestée plutôt que de les évaluer selon des critères transcendantaux, ce qui permet d'expliquer son approche restrictive des décisions constitutionnelles. D'un autre côté, un juge pragmatique comme Robert Jackson qui, contrairement à Holmes, avait auparavant exercé des responsabilités politiques à un très haut niveau, ne se gênait pas pour faire appel à son expérience extra-juridique pour orienter la doctrine constitutionnelle dans un certain sens. Le juge pragmatique n'est pas toujours un juge modeste.

Si le recours au test du « vomi », à des « réactions viscérales » ou une expérience dans la haute administration pour prendre des décisions juridiques semble scandaleux, c'est que la profession juridique, et en particulier sa branche académique et judiciaire, revendique la légitimité qui vient s'ajouter aux décisions de ceux dont les opinions sont fondées sur un savoir spécialisé. La connaissance d'une autre discipline n'est pas recherchée en tant que telle, même si elle est préférable à l'absence de toute connaissance. Le professeur de droit et le juge se sentent démunis face à la société lorsque, sur de nouveaux cas, ils prennent des positions qui – bien qu'ils prennent soin de les revêtir d'un jargon juridique – sont perçues comme le reflet d'une vague intuition fondée sur des expériences personnelles ou professionnelles (mais non judiciaires), sur leur caractère ou leur tempérament, plutôt que sur enquête méthodique, rigoureuse et articulée.

Mais tout ne va pas si mal que ça. Ce n'est pas comme si les juges américains étaient choisis au hasard et prenaient des décisions politiques dans le vide. Les juges des cours d'appel sont généralement issus de la partie supérieure de la population en termes d'âge, d'éducation, d'intelligence, de désintérêt et de sérieux. Ils ne sont pas les meilleurs en tout cela, mais ils sont bien au-dessus de la moyenne, du moins dans les cours fédérales en raison du processus de sélection des juges fédéraux. Les juges sont formés au sein d'une profession pour laquelle il est très important d'entendre les deux parties dans une affaire avant de former son propre jugement, de faire le tri entre le vrai et le faux et de juger avec détachement. Leurs décisions s'appuient sur des faits relatifs à des litiges concrets entre des personnes réelles. La profession juridique a joué un rôle central dans l'histoire politique des États-Unis; les institutions et les usages de cette profession reflètent les valeurs politiques fondamentales qui ont émergé de cette histoire. Dans des affaires non ordinaires, les juges en appel doivent exposer du mieux qu'ils peuvent les raisons de leur décision dans des documents signés et publics (les décisions publiées par les cours d'appel); cette pratique crée de la transparence, elle favorise la réflexivité et une certaine auto-discipline. Rien de cela ne garantit la sagesse, d'autant plus que les raisons justifiant une décision ne sont pas toujours les raisons réelles qui la déterminent. Mais les cours d'appel font de leur mieux pour être des assemblées de sages et il n'est pas complètement déraisonnable de leur confier la responsabilité de prendre les décisions qui produiront les meilleurs résultats possibles dans des circonstances données plutôt que de statuer uniquement à partir de règles créées par d'autres instances du gouvernement ou à partir de leurs décisions antérieures, même si c'est ce qu'ils feront la plupart du temps.

Je ne peux pas non plus me dérober à une autre implication de la manière dont je conçois les cours d'appel américaines : ces cours auront tendance à traiter la Constitution, la *Common Law* et, dans une moindre mesure, le corps des lois comme une sorte de mastic qu'on peut utiliser pour boucher les trous du système juridique lorsqu'ils sont gênants. Une telle approche n'a rien d'inévitable. Concernant les droits de propriété du gaz et du pétrole, une cour pourrait décider qu'elle n'a pas le pouvoir de créer de nouvelles règles et qu'elle doit par consé-quent subsumer ces nouvelles ressources sous la règle exis-tante qui est la plus proche, à savoir la règle relative aux animaux sauvages. Elle pourrait même décider qu'elle n'a pas le pouvoir d'élargir le champ des règles existantes et, dans ce cas, les droits de propriété sur le gaz et le pétrole n'auraient pas été reconnus tant que le législatif n'aurait pas institué un système de droits de propriété pour ces ressources. Selon cette approche, si le Connecticut a une loi insensée (comme c'était le cas jusqu'à ce qu'elle soit abrogée dans l'affaire *Griswold v. Connecticut*) interdisant aux couples mariés d'utiliser des contraceptifs, et aucune clause constitutionnelle ne limite le contrôle de l'État sur la famille, cette loi insensée sera maintenue jusqu'à ce qu'elle soit abrogée ou qu'un amendement vienne l'invalider. Si le Huitième amendement prohibant les peines cruelles et exceptionnelles fait seulement référence à la méthode employée pour punir ou simplement au fait de punir dans des circonstances particulières (par exemple, simplement parce que quelqu'un est pauvre ou alcoolique), alors un État peut, sans enfreindre la Constitution, condamner un jeune de 16 ans à la prison à vie, sans liberté conditionnelle, pour avoir vendu une cigarette de marijuana – ce qui semble être la position actuelle de la Cour Suprême et que j'ai du mal à digérer. Je ne pense pas qu'un juge pragmatique à la Cour Suprême digérerait cela, bien qu'il mesure la charge de travail supplémentaire exigée par un examen minutieux de la durée des peines de prison ainsi que la difficulté qu'il y a à établir des normes de proportionnalité acceptables. Lorsque le juge pragmatique est confronté à une conduite scandaleuse que ceux qui ont conçu la Constitution n'ont pas prévue et pour laquelle ils n'ont créé aucune clause spécifique, il refuse de lever les mains en disant « désolé, aucune loi ne s'applique ».

Bizarrement, concernant les lois, ce principe de base du jugement pragmatique a été au moins partiellement reconnu, même par les juges les plus orthodoxes. Il est admis que si une lecture littérale de la loi conduit à des résultats absurdes, les juges peuvent la réécrire. La plupart des juges ne présentent pas les choses de cette manière – ils affirment qu'interpréter une loi c'est chercher sa signification et que le Congrès n'a pu lui donner une signification conduisant à un résultat absurde –, mais cela revient au même. De plus les juges de *Common Law*, du moins dans ce pays, se réservent le droit de « réécrire » la *Common Law* au fur et à mesure. Je suggère simplement qu'une approche de ce type, lorsqu'elle est employée avec prudence, est semblable à l'approche pragmatique de l'interprétation constitutionnelle.

Je ne sous-estime pas les dangers de cette approche. On peut être très attaché à une idée et se tromper totalement. La certitude n'est pas un critère de vérité. Le sage se rend compte que même ses convictions inébranlables peuvent être fausses – mais nous ne sommes pas tous des sages. De plus, dans une société pluraliste, ce que l'Amérique est de plus en plus chaque année, les convictions inébranlables d'un juge ne sont pas partagées par suffisamment de gens pour pouvoir fonder sa décision sur ces convictions et espérer raisonnablement qu'elle soit acceptée. Le juge qui fait preuve de sagesse essaiera donc de confronter ses convictions à celle d'une communauté plus large, comme l'a fait Holmes dans une opinion dissidente relative à Lochner. Il est pertinent, d'un point de vue pragmatique, de noter que *Browne v. Board of Education* a eu pour effet d'abolir officiellement la ségrégation raciale en dehors du sud, tout en présentant une ressemblance troublante avec les lois raciales nazies. Il est pertinent de noter, à propos de *Griswold v. Connecticut*, qu'un seul autre État (le Massachusetts) avait une législation similaire, ce que la Cour a omis de mentionner. Si j'avais à exprimer une opinion contre la condamnation à perpétuité dans l'affaire fictive de la marijuana j'irai voir les peines infligées pour ce type de conduite dans d'autres États et dans des pays étrangers, comme la France ou l'Angleterre, qui, en un certain sens, sont nos pairs. Si une loi s'avérait contraire à l'opinion publique mondiale, ce serait, selon moi, une raison, non contraignante, mais non négligeable, de considérer cette loi comme anticonstitutionnelle, même s'il suffisait d'étendre un peu le texte de la Constitution pour subsumer cette loi. L'étude des autres législations ou de l'opinion publique mondiale qui s'est cristallisée dans le droit et les pratiques juridiques à l'étranger, est une enquête plus bénéfique que d'essayer de trouver quelque élément tiré du XVIIIᵉ siècle prouvant que ceux qui ont créé la Constitution ont voulu que les cours fassent en sorte que les peines prévues par la loi soient proportionnelles à la gravité de l'infraction, à la difficulté à appréhender le coupable, à l'avantage que ce dernier retire du crime ou à toute autre caractéristique importante. Si je pouvais trouver cette preuve je pense qu'un collègue positiviste ou formaliste aurait de quoi être satisfait, mais cela ne me gênerait pas qu'il n'y ait pas de telle preuve car je ne me sentirais pas tenu de maintenir une cohérence avec les décisions du passé.

J'irais même jusqu'à penser que pour répondre de manière pragmatique à mon affaire fictive de marijuana il convient de mener une enquête et même simplement de réfléchir (si les données factuelles s'avèrent infructueuses) sur la signification psychologique et sociale que peut avoir le fait de condamner à la prison à vie un jeune homme ayant commis un délit mineur. Qu'arrivera-t-il à une personne dans cette situation ? Cela la rendra-t-elle meilleure ou pire ? Quel sera l'effet sur sa famille et, plus largement, sur la société ? Que ressentirait-on en tant que juge s'il était permis d'imposer une telle peine ? Ces peines sont-elles prononcées « pour de vrai » ou bien s'agit-il de peines excessivement sévères que l'on commue systématiquement ? Se pourrait-il qu'une peine aussi sévère ait un effet tellement dissuasif que le nombre total d'années de prison pour violation des lois sur la drogue diminue, comme si le sacrifice de ce jeune homme avait pour objectif de maximiser l'utilité ? L'utilité est-elle un bon critère dans ce cas ? La vente de marijuana est-elle aussi néfaste que le pense un professeur ou un juge dans sa tour d'ivoire ? Les juges ne deviennent-ils pas insensibles lorsqu'une large proportion des affaires criminelles qu'ils traitent implique des peines très longues? Ne faut-il pas craindre que si un défendeur fait appel pour une condamnation de «seulement» 5 ans, le juge en appel réagisse en disant: «Pourquoi vous plaignez-vous d'une peine si faible?»

Dans l'affaire fictive du jeune homme condamné à perpétuité pour avoir vendu de la marijuana, l'objection est en fin de compte plus émotionnelle que rationnelle car elle fait intervenir de nombreux éléments impondérables, comme j'ai voulu le montrer en posant toutes ces questions. Mais l'émotion n'est pas simplement une sécrétion des glandes. Elle est influencée par l'expérience, l'information et l'imagination[1], et peut, dans une certaine mesure, être contrôlée. L'indignation et le dégoût, lorsqu'ils se fondent sur l'examen sérieux d'une situation, sont des motifs qui n'ont rien de déshonorant, même pour un juge; au contraire, c'est l'absence de toute émotion dans une telle situation qui serait indigne. Il serait néanmoins bon que les juges et les professeurs de droit maîtrisent davantage les sciences sociales (prises au sens large, ce qui inclut l'histoire et la philosophie), ou du moins qu'ils les consultent, afin que leurs jugements «émotionnels» soient mieux informés.

La référence, faite ci-dessus, à l'âge des juges suggère une autre objection à la théorie pragmatique de la décision judiciaire. Je suis d'accord avec Aristote lorsqu'il dit que les jeunes ont tendance à se tourner vers l'avenir. Leur vie se situe principalement devant eux et ils ne peuvent faire appel qu'à une expérience limitée pour faire face au futur, alors que les gens âgés sont plutôt tournés vers le passé puisqu'ils accordent

---

1. *Cf.* M.C. Nussbaum, *Upheavals of Thought. A Theory of the Emotions*, Cambridge University Press, 2003.

respectivement au passé et au futur une toute autre valeur[1]. Par conséquent, puisqu'un juge pragmatique est tourné vers l'avenir, cela signifie-t-il qu'on doive inverser le critère relatif à l'âge des juges ? Aurait-il fallu nommer le juge Holmes à trente ans et le mettre à la retraite à cinquante ans ? Ou bien, au contraire, les juges ont-ils une fonction de « balancier » qui exige de leur part une attention au passé, ce à quoi les gens âgés sont particulièrement disposés ? N'ai-je pas montré moi-même et indiqué que, contrairement à une idée courante, le principal défaut des juges allemands à l'époque nazie n'est pas leur positivisme, mais leur obstination à vouloir interpréter et appliquer les lois de l'Ordre Nouveau afin de promouvoir les finalités et l'esprit de ces lois ?

Ces critiques reposent sur l'ambiguïté de l'expression « tourné vers l'avenir ». Si cela signifie faire preuve de dédain envers l'histoire, les origines et les traditions alors les critiques que j'ai mentionnées sont entièrement justes. Mais ce n'est pas le sens que je donne à l'expression « tourné vers l'avenir ». J'entends par là que le passé n'a pas de valeur en lui-même, mais seulement en relation avec le présent et le futur. Cette relation peut être très importante. Le mieux qu'un juge puisse faire pour le présent et pour le futur est d'insister pour que les ruptures avec le passé soient dûment réfléchies. Ce serait parfaitement cohérent avec le pragmatisme : ce serait du positivisme pragmatique. La seule chose qui manquerait serait une vénération du passé, un sentiment de « devoir » préserver une continuité avec le passé. Cette vénération, ce sens du devoir, serait incompatible avec un point de vue tourné vers l'avenir et donc avec le pragmatisme.

---

1. *Cf.* R. Posner, *Aging and Old Age*, University of Chicago Press, 1995, chap. 5.

Je pense également que le pragmatisme est totalement neutre par rapport à la question qui consiste à savoir si ce qui prédomine dans le droit ce sont des règles ou bien des principes. Le pragmatiste rejette l'idée que le droit ne peut être constitué que de règles car ce type d'analyse conceptuelle n'est pas pragmatique. Mais il peut accepter un argument pragmatique en faveur des règles, par exemple qu'on ne peut attendre des juges qu'ils prennent des décisions intelligentes s'ils ne suivent pas des règles ou que des décisions fondées sur des standards engendrent une incertitude disproportionnée par rapport à ce qu'on gagne en flexibilité. Il n'est donc pas nécessaire que le juge pragmatique se distingue par un style particulier dans sa façon de statuer. Ce qu'il peut avoir de particulier c'est que son style (sa manière de penser – car il pourrait décider de formuler ses pensées dans une rhétorique positiviste ou formaliste) ne dépend pas de certaines conceptions sur la nature du droit, ni du devoir moral de s'en tenir aux décisions passées, ni d'un autre principe judiciaire non pragmatique. Je laisse également ouverte la question des critères correspondant aux « meilleurs résultats » que le juge pragmatique cherche à atteindre. Il ne s'agit pas de ce qui est meilleur dans un cas particulier indépendamment des implications sur d'autres cas. Le pragmatisme ne nous dira pas ce qui est meilleur, mais, étant donné qu'il y a un degré suffisant de consensus parmi les juges sur certaines valeurs, comme c'est encore le cas, je crois, dans ce pays, cela peut aider les juges à déterminer les meilleurs résultats sans s'embarrasser de questions philosophiques.

Le plus grand danger du pragmatisme judiciaire est la paresse intellectuelle. Il est beaucoup plus simple de réagir à un cas que de l'analyser. Le juge pragmatique doit constamment garder à l'esprit qu'il est juge, ce qui signifie qu'il doit tenir compte de toutes les sources juridiques et de tous les arguments pouvant être mobilisés par rapport au cas en question. Si on définit simplement le raisonnement juridique comme un raisonnement portant sur des sources juridiques distinctes comme des lois et des doctrines juridiques, et qui se soucie de choses auxquelles on accorde une attention en droit comme, par exemple, la stabilité, le droit d'être entendu et d'autres vertus inhérentes à la *rule of law*[1], alors tout ceci doit être un ingrédient pour chaque décision juridique, mais pas nécessairement la raison primordiale de cette décision. Tout comme certains pensent qu'un artiste doit faire preuve de ses talents de dessinateur avant d'être pris au sérieux comme artiste abstrait, je crois également qu'un juge doit montrer – pour chaque affaire – qu'il est capable de mener un raisonnement juridique avant d'être pris au sérieux comme juge pragmatique.

Pour dire les choses autrement, le juge pragmatique ne doit jamais oublier qu'il est juge et que le rôle de juge implique des contraintes aussi bien qu'un pouvoir. Il y a quelques années les écoles publiques de Chicago ne purent ouvrir leurs portes au début de l'année scolaire car l'État refusa d'approuver le budget scolaire du district. Une injonction fut demandée afin d'obliger les écoles à ouvrir au motif que leur fermeture violait un décret interdisant la ségrégation raciale dans les écoles publiques de la ville. La raison n'était pas que le refus de l'État d'approuver le budget visât certaines races – rien ne le suggérait –, mais que le but ultime du décret contre la ségrégation, à savoir améliorer l'éducation et les perspectives des enfants

---

1. *Cf.* J. Raz, « On the Autonomy of Legal Reasoning », in *Ethics in the Public Domain : Essays in the Morality of Law and Politics*, Oxford University Press, 1994, p. 310.

noirs de Chicago, ne pourrait pas être atteint si les écoles n'étaient pas ouvertes pour les éduquer. Le juge accorda la demande d'injonction en invoquant un argument pragmatique : le coût pour les élèves de Chicago, quelle que soit leur race, se trouvant privés d'éducation. La cour cassa la décision. Nous n'avons pu trouver aucun fondement dans le droit fédéral pour justifier cette injonction. Le décret contre la ségrégation n'obligeait pas la ville à ouvrir les écoles publiques à une date précise, ni à les ouvrir tout simplement, ni même à avoir des écoles publiques, et encore moins à bafouer une loi qui exige la responsabilité financière dans l'administration du système scolaire public. Il nous a semblé que ce qu'avait fait le juge n'était pas tant pragmatique qu'illégal. Même si, comme moi, on rejette l'idée que le pragmatisme exige que les juges évitent de prendre des décisions pragmatiques, ils ne doivent cependant pas ignorer qu'il est bon de se conformer aux règles du droit établi. Si un juge fédéral est libre de délivrer une injonction qui n'a aucun fondement dans le droit fédéral uniquement parce qu'il pense que cette injonction aura de bons résultats, alors on n'a pas une décision pragmatique, mais une tyrannie judiciaire qui, pour beaucoup d'Américains, est inacceptable même s'ils sont convaincus que le tyran se montre en général bienveillant.

Dans l'affaire des écoles de Chicago le juge a été coupable de ce qu'on pourrait appeler un pragmatisme aveugle, ce qui est probablement l'idée que Dworkin se fait du pragmatisme. Pour décider s'il fallait délivrer une injonction, le juge a pris en compte une seule conséquence, à savoir que les enfants inscrits dans les écoles publiques seraient privés de cours jusqu'à l'ouverture des écoles. Mais il ne s'est pas demandé quelles seraient les conséquences sur le système politique et gouvernemental si on permettait aux juges fédéraux d'intervenir dans des questions politiques sans aucune restriction. Si on avait confirmé le pouvoir que le juge s'était octroyé, vous pouvez être certain que, désormais, le financement des écoles publiques de Chicago serait déterminé par un juge fédéral plutôt que par des élus. Le juge pensait que s'il n'ordonnait pas l'ouverture des écoles, les parties en conflit n'auraient jamais pu parvenir à un accord sur le budget. Mais l'inverse était vrai. Le simple fait que les écoles fussent fermées faisait pression sur les parties pour résoudre leur litige. Et d'ailleurs, dès que la cour d'appel leva l'injonction, les parties parvinrent à un accord et les écoles ouvrirent. Le juge a mis de côté les conséquences qu'aurait sa décision pour les élèves et pour d'autres membres de la société, de sorte que même le petit groupe concerné par le décret aurait pu subir un dommage à long terme si on avait autorisé ce décret.

Si la paresse intellectuelle est un danger pour une conception pragmatique de la décision judiciaire, et je crois que c'est le cas, c'est aussi un danger de ne pas être pragmatique. Un juge conventionnel peut bien ne pas mettre en doute ses prémisses. S'il pense que l'incitation à la haine constitue un dommage grave ou bien s'il estime qu'interdire ce type de discours est une menace pour la liberté politique, il n'ira probablement pas jusqu'à reconnaître qu'il peut se tromper et à entreprendre une recherche pour déterminer s'il a tort. Plus la croyance est profondément ancrée – plus elle est proche de nos valeurs fondamentales – moins il y a de chance qu'on la mette en doute. Nous aurons tendance à la défendre plutôt qu'à l'examiner. Comme l'ont souligné Peirce et Dewey, c'est le doute plus que la croyance qui pousse à l'enquête ; et le doute est une disposition que le pragmatisme encourage, afin précisément de pousser à l'enquête. Si les positions envers l'incitation à la haine sont généralement considérées comme des dogmes plutôt que comme des hypothèses – ce qui explique qu'on ait peu de connaissance sur les conséquences réelles de l'incitation à la haine – c'est parce que l'on n'a pas adopté une approche pragmatique sur ce sujet.

IV

J'ai tenté d'expliquer ma conception pragmatique de la décision judiciaire et de la défendre contre les critiques qu'on en a faites. Mais je ne voudrais pas donner l'impression de penser qu'il s'agit de la seule manière correcte de juger que tous les tribunaux doivent suivre. Le pragmatisme philosophique – même si on en trouve des échos ou des anticipations dans la philosophie allemande ou ailleurs (Hume, Nietzsche et Wittgenstein par exemple) – est essentiellement une philosophie américaine et ne peut pas forcément être exportée dans d'autres pays. Il en va de même pour la conception pragmatique de la décision. Concrètement, ce type de décision s'avère moins adapté à une démocratie parlementaire qu'à une démocratie fédérale comme celle des États-Unis avec son système de *checks and balances*. Dans de nombreux systèmes parlementaires (notamment le système anglais qui est celui que je connais le mieux) il n'y a en réalité qu'une seule chambre et, de plus, le parlement est contrôlé par l'exécutif. Dans un système si fortement centralisé le législatif peut assez facilement et assez rapidement faire de nouvelles lois et les formuler de façon claire. Si les tribunaux perçoivent une lacune dans le droit, ils peuvent être assurés qu'elle sera rapidement comblée par le parlement, de sorte que si les juges s'abstiennent de combler eux-mêmes cette lacune, ils ne commettent qu'une injustice temporaire. Ainsi les juges anglais peuvent se montrer plus routiniers, être plus attachés aux règles et moins pragmatiques que nos juges; mais, en termes d'injustice, le coût est moindre.

Certains systèmes parlementaires ont une structure fédérale, d'autres des procédures de contrôle de constitutionnalité, et d'autres ont les deux. Certains, comme par exemple le système anglais, n'ont ni l'un ni l'autre. Dans ces derniers le droit est plus clair alors qu'aux États-Unis, où pour déterminer les obligations de quelqu'un, on doit souvent prendre en considération le droit de l'État (et parfois les lois de différents États), la loi fédérale (et parfois la *Common Law*), la constitution de l'État et la constitution fédérale. Notre gouvernement est l'un des plus décentralisé du monde. Nous avons en effet une législation fédérale tricamérale, puisque le président, par son veto et son rôle au sein du parti majoritaire participe à part entière au processus législatif. Cette structure tricamérale fait qu'il est extrêmement difficile d'instituer des lois, *a fortiori* s'il s'agit de lois clairement formulées (il est plus facile de se mettre d'accord sur un contrat ou sur une loi dont la formulation est confuse, tout en différant la résolution des points litigieux). De plus, il y a au sommet de la structure fédérale tricamérale un législatif à trois têtes. Les tribunaux américains, s'ils souhaitent les « meilleurs résultats », ne peuvent pas laisser le législateur faire toutes les lois car cela créerait de nombreuses lacunes et imperfections dans le droit. La façon d'accéder à la fonction judiciaire aux États-Unis, l'absence de critère uniforme dans la nomination des juges, la diversité morale, intellectuelle et politique de la nation (et donc, d'après ce qui précède, la diversité des juges), le caractère individualiste et antiautoritaire de la population, la complexité extraordinaire et le dynamisme de la société – tout cela permet d'éviter que les juges américains se contentent d'appliquer les règles établies par le législateur, par le pouvoir réglementaire ou par les pères fondateurs de la constitution.

J'exagère les différences entre les systèmes. Mais il est plus naturel pour un juge anglais, autrichien ou danois de penser que son rôle consiste principalement à appliquer une règle que cela peut l'être pour un juge américain. Et dans la mesure où des arguments pragmatiques incitent à faire preuve de modestie en matière judiciaire, il est loin d'être évident que les juges anglais, autrichiens ou danois auraient raison, d'un point de vue pragmatique, de devenir des juges pragmatiques. Mais je pense que les juges en appel aux États-Unis n'ont pas le choix.

V

J'ai dit que je reviendrai à la question de savoir s'il était approprié de qualifier cet article de pragmatisme « appliqué ». Je suppose qu'il y a une double relation entre le pragmatisme philosophique et le pragmatisme juridique. Premièrement, la spéculation philosophique a souvent tendance – ce qui en fait en élément essentiel de l'enseignement – à remettre en question les opinions d'une personne. Dès lors, si un juge ou un juriste se met à lire de la philosophie, il risque de voir bouleverser les opinions qui font partie de sa culture professionnelle. La philosophie, en particulier la philosophie du pragmatisme, invite au doute, et le doute pousse à l'enquête, ce qui rend le juge moins dogmatique et plus pragmatique dans ses décisions.

Deuxièmement, la philosophie, la théologie et le droit ont, de manière significative, des structures conceptuelles analogues. Ce n'est pas surprenant puisque la théologie chrétienne a été profondément influencée par la philosophie gréco-romaine et que le droit occidental a été influencé par le christianisme. Les versions orthodoxes de ces trois systèmes de pensée ont des points de vue similaires sur des questions comme celles du réalisme scientifique et moral, de la liberté de la volonté ou du dualisme corps-esprit. Par conséquent, contester un de ces systèmes c'est les contester tous les trois. Le rôle que joue le pragmatisme (qui est aussi celui du positivisme logique, et il faut noter ici que pour quelqu'un qui n'est pas spécialiste, les similitudes entre les principaux courants philosophiques modernes sont plus manifestes que leurs différences) en tant que critique sceptique de la philosophie orthodoxe incite à adopter un point de vue sceptique sur les fondements du droit et sur les nombreuses analogies qu'il présente avec la philosophie orthodoxe. C'est pourquoi Rorty, qui traite rarement de problèmes juridiques, est si fréquemment cité dans les revues de droit.

Le pragmatisme philosophique n'impose pas le pragmatisme juridique ni une autre théorie du droit. Mais il peut servir de père aux théories pragmatiques en droit, y compris pour la théorie pragmatique de la décision que j'ai tenté d'esquisser dans cet article.

MICHEL TROPER

UNE THÉORIE RÉALISTE
DE L'INTERPRÉTATION *

Si l'on appliquait la méthode recommandée par nos maîtres, il faudrait commencer par expliciter le titre et donner quelques définitions en commençant par l'interprétation, qui fait l'objet de théories rivales, tantôt une théorie réaliste, tantôt d'autres théories qu'il est trop tôt pour oser appeler «irréalistes». Après avoir défini l'«interprétation» comme activité, on pourrait passer à la définition de «la théorie réaliste», et enfin examiner de quelle manière cette théorie s'applique à l'interprétation.

Pourtant, cette méthode ne peut être utilisée ici sans précaution. Pour définir l'interprétation, il faudrait en effet choisir entre deux possibilités : interpréter, c'est *indiquer* la signification d'une chose ou c'est *déterminer* la signification de cette chose. La première définition repose sur le présupposé qu'il est possible de connaître le sens, que l'interprétation est

* «Une théorie réaliste de l'interprétation», *Annales de la faculté de droit de Strasbourg*, Presses Universitaires de Strasbourg, n°4, 2000, p.51-68 ; repris dans M. Troper, *La théorie du droit, le droit, l'État*, Paris, P.U.F., 2001, p. 69-84.

une fonction de la connaissance, la seconde qu'elle est une fonction de la volonté. Chacune de ces définitions correspond à une théorie différente. La définition ne porte donc pas sur une activité qui peut être l'objet d'une théorie ; elle est elle-même l'expression de cette théorie.

À leur tour, les deux théories visées reposent sur des présupposés ontologiques et épistémologiques. Ontologiques : si je prétends qu'interpréter c'est indiquer un sens, c'est que je présuppose l'existence d'un sens objectif qu'il est possible de décrire. À l'inverse, je peux supposer que le sens n'existe pas et qu'il n'est donc pas possible de le décrire, mais seulement de le déterminer.

Présupposés épistémologiques ensuite : toute théorie prend place dans un système intellectuel auquel on peut assigner une certaine fonction. On peut ainsi considérer ce système intellectuel comme un discours pratique, celui des juges par exemple, et adopter la définition de l'interprétation rendra les meilleurs services dans l'exercice de l'activité judiciaire. Ainsi, pour le doyen Vedel, le juge ne peut exercer son activité, se donner une légitimité et argumenter, que s'il présuppose qu'elle consiste à découvrir un sens[1]. À l'inverse, on peut penser que ce système intellectuel est un système scientifique et, dans ce cas, il faut rechercher non pas la théorie qui rendra les meilleurs services, mais celle qui satisfera aux conditions de vérité de cette science.

Il faut noter que les deux présupposés ontologique et épistémologique sont liés : nous choisissons une ontologie en fonction de notre conception de la tâche à accomplir. Si notre ambition est de contribuer avec la théorie de l'interprétation à

1. Exposé inédit au séminaire du Centre de philosophie du droit de l'université de Paris II.

un système scientifique, nous devons choisir une ontologie qui permette une vérification de type scientifique.

Aussi, si l'on veut éviter tout engagement hâtif, c'est par stipulation qu'il faut définir l'interprétation comme cette « activité qui consiste soit à indiquer, soit à déterminer la signification » d'une chose. On doit encore apporter une précision importante car elle servira d'argument en faveur de la théorie réaliste : l'interprétation dont il sera question est exclusivement l'interprétation *juridique*, c'est-à-dire celle qui produit des effets dans le système juridique, à l'exclusion par conséquent de l'interprétation musicale ou littéraire, qui doit être traitée tout à fait différemment.

On peut à présent définir la théorie réaliste. Il s'agit d'une variante du positivisme juridique, donc d'une doctrine qui veut s'efforcer de construire une science du droit sur un modèle dérivé des sciences empiriques. Le positivisme juridique peut se présenter sous deux formes : certaines théories, appartenant au courant normativiste, prennent pour objet les normes en tant que devoir-être et se donnent pour tâche de le décrire selon des méthodes spécifiques, différentes des sciences de la nature ; d'autres entendent prendre un objet véritablement empirique et envisagent les normes comme des comportements humains ou des expressions linguistiques. La théorie réaliste comprend elle-même plusieurs variantes. L'une prend pour objet le comportement des juges, donc un phénomène psychosocial. Le droit est alors un comportement effectif. Une autre variante prend pour objet non les comportements, mais le mode de raisonnement effectif des juristes. Elle cherche à comprendre les contraintes qui pèsent sur ces acteurs – et *a contrario* la marge d'appréciation dont ils disposent – et les contraintes qu'ils produisent.

C'est à une théorie réaliste de l'interprétation que Kelsen semble s'être rallié à partir de la deuxième édition de *Théorie pure*, après l'avoir critiquée dans des termes très durs. Cependant, il ne lui a consacré que des développements très courts et n'en a pas accepté toutes les conséquences logiques, peu compatibles avec certaines de ses idées relatives à la structure de l'ordre juridique.

Celle qu'on exposera ici, tout en prenant appui sur la conception kelsenienne de l'interprétation s'en écartera donc sur de nombreux points. Cette théorie réaliste peut se résumer en trois propositions principales :

1. l'interprétation est une fonction de la volonté et non de la connaissance ;

2. elle n'a pas pour objet des normes, mais des énoncés ou des faits ;

3. elle confère à celui qui l'exerce un pouvoir spécifique.

I. UNE FONCTION DE LA VOLONTÉ

Trois séries d'arguments militent en faveur de la thèse que l'interprétation est une fonction de la volonté : l'interprétation *contra legem* n'existe pas ; il n'y a pas de sens à découvrir ; il n'y a pas d'intention de l'auteur ; il n'y a pas de sens objectif, indépendant des intentions.

A) *L'interprétation contra legem n'existe pas*

On peut reprendre ici la distinction établie par Kelsen entre l'interprétation scientifique et l'interprétation authentique. L'interprétation « scientifique » ou « de « doctrine » est celle qui est produite non seulement par la science du droit ou la doctrine juridique, mais par toute personne, qui n'a pas été habilitée par l'ordre juridique à donner une interprétation dotée du monopole de la validité.

Kelsen emploie l'expression « interprétation authentique » dans un sens légèrement différent du sens habituel. Dans la langue juridique classique, l'interprétation authentique est celle qui émane de l'auteur même du texte à interpréter, par exemple le pouvoir législatif pour les lois, conformément à l'adage *ejus est interpretari legem cujus est condere.* Pour Kelsen, c'est celle à laquelle l'ordre juridique fait produire des effets. Elle peut émaner de n'importe quelle autorité habilitée à interpréter, par exemple, mais non exclusivement, les tribunaux supérieurs. L'effet de l'interprétation authentique est qu'elle s'impose, quel que soit son contenu. Le texte interprété n'a pas et ne peut avoir d'autre sens que celui que lui a donné l'autorité habilitée, même si ce sens paraît contraire à toutes les interprétations données par d'autres personnes, même si elle paraît déraisonnable et même si elle va à l'encontre de tout ce qu'on peut savoir de l'intention de l'auteur du texte. On trouve dans n'importe quelle histoire de la jurisprudence de nombreux exemples de telles interprétations qui s'imposent contre toute compréhension intuitive. Ainsi, le Conseil d'État interprétant la formule « insusceptible de tout recours » comme n'excluant pas recours pour excès de pouvoir dans l'arrêt *Dame Lamotte* en est un. Ainsi encore le cas, cité par Chaïm Perelman, des tribunaux anglais qui devaient condamner à mort les voleurs de tout objet d'une valeur supérieure à 2£ et qui, pour éviter de prononcer des condamnations aussi dures, évaluaient n'importe quel objet à 39 shillings, jusques et y compris un portefeuille contenant 10 £ en espèces, lui aussi évalué à 39 shillings.

De telles interprétations ne peuvent pas être dites *contra legem.* Une interprétation *contra legem,* en effet, serait celle qui irait à l'encontre du sens véritable de la loi. Or, on ne dispose d'aucune interprétation permettant d'établir ce sens véritable, auquel on pourrait comparer le produit de l'interprétation authentique. Le seul standard juridiquement incontestable est celui qui est déterminé par l'interprétation authentique.

Il ne faudrait cependant pas croire que l'ordre juridique fait prévaloir arbitrairement un sens imposé par une autorité dotée d'un pouvoir de décision, sur un sens existant, mais qui, pour des raisons d'ordre ou de sécurité, serait privé d'effet et victime d'une espèce de raison d'État du droit. Il n'y a en réalité dans les textes aucun sens à découvrir.

B) *Il n'y a pas de sens réductible à l'intention du législateur*

Il faut remarquer d'abord que si l'on assimile le sens à l'intention de l'auteur, c'est-à-dire à un certain état mental, il existe de nombreux textes pour lesquels une telle intention n'existe pas. Le cas le plus frappant est celui d'un texte adopté par une autorité collégiale. L'auteur du texte est réputé être l'autorité tout entière et pas seulement les membres qui ont voté pour lui, mais une autorité collégiale ne peut avoir une intention, parce qu'elle n'est pas un sujet psychique. Même l'intention des membres envisagés individuellement est impossible à établir. Si nous prenons le cas d'un Parlement, tous ceux qui ont voté pour l'adoption du texte ne se sont pas exprimés au cours du débat et ceux qui l'ont fait ont pu mentir sur leurs intentions. Même si elles ont été exposées sincèrement, ces intentions peuvent être multiples et même contradictoires. Ceux qui ont voté pour le texte, sans s'être exprimés, ont pu le faire avec les mêmes intentions que certains des orateurs, mais parfois avec des intentions toutes différentes. Ils ont pu être animés par toutes sortes de raisons : la paresse, l'ignorance, l'imitation de leurs collègues, le souci de respecter la discipline du parti. À supposer même que tous les membres du collège aient pu s'exprimer, qu'ils aient tous été parfaitement sincères et qu'ils aient été tous dans le même état psychique, ils n'ont pu avoir une intention concernant la situation concrète pour laquelle il faut interpréter le texte, parce qu'au moment de son adoption, on ne pouvait avoir en vue cette situation concrète, mais seulement une classe de situations.

Il arrive d'ailleurs souvent que l'auteur au sens juridique ne soit pas l'auteur intellectuel. C'est le cas lorsqu'un projet de loi a été préparé par une administration et adopté par le Parlement ou encore lorsqu'une constitution a été adoptée par référendum. L'auteur est alors le corps électoral et il est bien évidemment impossible de découvrir une intention commune aux millions d'électeurs.

Mais même si l'on pouvait réellement déterminer l'auteur et découvrir une intention univoque, on ne pourrait identifier cet état mental à un sens, car une telle identification rendrait très difficile l'application des lois. L'application des lois ne serait en effet que l'application de la volonté du législateur. Il est normal selon cette conception de distinguer le sens de la loi de celui qui pourrait résulter d'une interprétation littérale ou téléologique, parce que le législateur a pu ne pas vouloir ce que révèlent ces interprétations. Mais, si le juge s'en tient à ce qu'il peut connaître de l'état mental du législateur, il ne pourra jamais appliquer la loi à des situations que celui-ci n'a pas considérées et il devra refuser de juger. Si le sens de l'article 1384 coïncide avec l'état mental des rédacteurs du Code civil, on ne peut l'appliquer à des accidents causés par des machines dont ces rédacteurs ne pouvaient avoir aucune représentation.

Au demeurant, si l'état mental du législateur portait véritablement sur une classe d'objets qu'il connaissait et si le juge devait déterminer si la loi est applicable à tel objet, qui lui apparaît clairement comme appartenant à cette classe, il ne pourrait toujours pas dire qu'il applique la loi, conformément à l'intention de son auteur. Ce que celui-ci avait à l'esprit n'était pas l'objet concret, mais seulement la catégorie. Dans l'état mental réel dans lequel il se trouvait, il a très bien pu négliger le fait qu'on pourrait subsumer un jour tel ou tel objet sous la catégorie. Pour prétendre qu'on applique la loi, selon l'intention du législateur, il faut donc admettre la construction suivante : le sens de la loi est ce que le législateur avait présent à l'esprit et toutes les conséquences qu'il aurait dû raisonnablement en tirer, même s'il ne les a pas réellement tirées ou qu'il en aurait tiré s'il avait pu prêter attention à tel ou tel fait concret.

L'interprétation conformément à l'intention est donc toujours une construction de l'interprétation. Cependant, si le sens n'est pas réductible à l'intention, il n'y a pas non plus de sens objectif indépendant des intentions.

C) *Il n'y a pas de sens objectif indépendant des intentions*

On peut songer à découvrir un sens, qui serait différent de l'intention éventuellement révélée par les travaux préparatoires. Ce serait celui qui ressort des mots du texte ou du contexte systémique dans lequel il figure ou encore de la fonction sociale ou économique que doit remplir la norme. La raison en est que ces différents sens ne peuvent être approchés qu'à travers l'emploi de certaines méthodes spécifiques à chacun d'eux, le sens littéral par l'interprétation littérale, le sens fonctionnel par l'interprétation fonctionnelle, etc. Or, ces diverses méthodes conduisent à des résultats différents entre lesquels on ne peut trancher qu'au moyen d'une décision. C'est alors la décision de l'interprète de faire prévaloir une méthode sur une autre qui seule produit le sens.

Il n'y a donc pas de sens objectif, ni dans l'intention du législateur, ni indépendamment de cette intention. Le seul sens est celui qui se dégage de l'interprétation et l'on peut dire que, préalablement à l'interprétation, les textes n'ont encore aucun sens, mais sont seulement en attente de sens. Il en résulte certaines conséquences théoriques importantes pour la détermination de l'objet de l'interprétation.

II. L'OBJET DE L'INTERPRÉTATION

Si le sens ne préexiste pas à l'interprétation et s'il en est seulement le produit, alors, contrairement à ce que pensent de nombreux auteurs et Kelsen lui-même, l'objet de l'interprétation ne peut être une norme juridique. Si une loi contient la formule *il est interdit de p*, l'expression *p* peut désigner, selon le sens qu'on lui attribue, plusieurs actions différentes *p1*, *p2*..., *pn*, de sorte que la loi ne contient pas une norme, mais, selon l'interprétation qui en est donnée, plusieurs normes potentielles différentes : *il est interdit de p1, il est interdit de p2..., il est interdit de pn.* C'est l'interprète qui choisit entre ces différentes normes. La norme n'est ainsi pas dotée de sens. Elle est elle-même un sens et ne peut donc être interprétée parce qu'il est évidemment absurde de chercher à déterminer le sens d'un sens.

Ce qui peut faire l'objet d'une interprétation, c'est donc seulement ce qui peut se trouver porteur de sens, le texte ou le fait.

A. *Le texte*

Le texte doit toujours faire l'objet d'une interprétation et pas seulement s'il est obscur. Selon un adage répandu, « *in claris cessat interpretatio* » ou « *in claris non est interpretandum* », ce qui est clair n'a pas besoin d'être interprété. Mais cette idée se heurte à plusieurs objections. Tout d'abord, si l'interprétation est une décision, alors elle peut aussi porter sur le caractère clair ou obscur du texte. Une autorité jouissant du pouvoir de donner une interprétation authentique peut parfaitement déclarer qu'un texte est obscur pour justifier qu'elle l'interprète ou au contraire qu'il est clair de manière à affirmer qu'il a tel sens, sans avoir à reconnaître qu'elle l'interprète, comme le fait, par exemple, le juge administratif français à l'égard de certains actes, pour éviter d'en référer à une autre autorité. En second lieu, l'adage contredit la vision traditionnelle de l'interprétation. Même si l'on admet qu'interpréter c'est connaître un sens qui est déjà là, on ne peut pas affirmer qu'un texte est clair sans reconnaître qu'on connaît son sens, donc qu'on l'a déjà interprété. Par conséquent, même les textes réputés clairs ont déjà été interprétés.

Cela étant, si l'interprétation porte sur un texte et si tout texte doit toujours être interprété, il ne faut pas réduire l'interprétation à la seule détermination du contenu du texte, de ce qu'il prescrit. En d'autres termes, on ne s'attache pas seulement à ses dispositions, mais on peut aussi interpréter son statut.

L'idée qu'on peut interpréter le statut du texte découle d'un concept large d'interprétation. Si nous ramassons une pierre nous pouvons nous demander s'il s'agit d'un objet naturel ou d'un artefact comme un outil préhistorique ou un fragment de maçonnerie. En droit, avant de déterminer le sens d'une disposition, la prescription qu'elle énonce, il nous faut établir qu'il s'agit bien d'une disposition juridique et qu'elle a bien la signification d'une norme. Si c'est une disposition juridique, il nous faut déterminer à quel niveau elle appartient. Ainsi, avant de déterminer ce que signifie le mot « égalité » dans le texte de la Déclaration ou ce que désigne dans le préambule de 1946 l'expression « principes fondamentaux reconnus par les lois de la République », le Conseil constitutionnel doit établir que ces textes sont juridiquement obligatoires et qu'ils ont une valeur constitutionnelle.

Ainsi, l'interprète est-il en mesure de déterminer sa propre compétence. Le statut du texte, en effet, détermine la compétence de l'autorité qui l'applique. Le pouvoir du juge constitutionnel par exemple est généralement justifié par l'idée que certains textes ont une valeur juridique, qu'ils ne sont pas simplement l'exposé d'une idéologie politique, qu'ils ont une valeur supérieure à celle des lois et qu'il appartient au juge de contrôler la conformité des lois aux normes supérieures contenues dans ces textes. Si c'est l'interprète qui détermine lui-même le statut du texte, il détermine à la fois les limites de la compétence du législateur et la sienne propre.

Cette idée aurait été rejetée par Kelsen. L'auteur de la théorie pure du droit distingue en effet soigneusement entre la valeur juridique d'un énoncé et son contenu. Il y aurait une différence importante entre l'affirmation qu'un énoncé présente le caractère d'être une norme (parce que, d'un point de vue dynamique, il a été formulé par une autorité compétente conformément à la procédure prévue par une norme supérieure) et une autre affirmation, selon laquelle il possède une signification, autrement dit qu'il prescrit telle ou telle conduite. Par conséquent, l'interprétation ne porterait que sur le contenu de l'énoncé – telle conduite et non telle autre est prescrite ou permise -, mais non sur sa valeur ou son statut – tel énoncé a la signification d'une norme juridique de niveau constitutionnel. Il est d'ailleurs très compréhensible que Kelsen soit attaché à cette distinction, parce qu'elle constitue le seul moyen de préserver la thèse qu'un énoncé présente la signification objective d'une norme du point de vue de l'ordre juridique. Si en effet un texte présente le caractère d'une loi parce qu'il est conforme à la constitution, peu importe que la signification de son contenu soit déterminée par un interprète, la théorie de la signification objective conférée par la norme supérieure est préservée pour l'essentiel.

Cependant, cette distinction n'est pas acceptable. On peut sans doute concevoir qu'un interprète se limite à déterminer la signification du contenu et s'interdise de se prononcer explicitement sur son statut, mais il s'agit là d'une distinction purement pratique et l'on ne pourrait d'ailleurs concevoir l'attitude inverse. On rencontre d'ailleurs dans la pratique juridique de nombreux exemples d'interprétations qui portent sur le caractère ou le statut de l'acte : le Conseil constitutionnel décide que le préambule fait partie de la constitution, le Conseil d'État qu'une circulaire est en réalité un acte réglementaire, etc. En réalité, l'interprétation du statut est toujours implicite dans l'interprétation du contenu car on ne peut pas affirmer qu'une loi prescrit de faire p, sans présupposer que le texte qui contient cette prescription est bien une loi et non la déclaration de volonté d'un simple particulier.

De l'idée que l'interprétation porte autant sur le statut que sur le contenu de l'énoncé, il découle une conséquence théorique importante relative au fondement de la validité. On peut donner de la validité, pour les besoins de l'argumentation, une définition acceptée par plusieurs théories par ailleurs concurrentes : dire qu'une norme est valide signifie qu'elle appartient à un ordre normatif. Selon la théorie kelsenienne de la hiérarchie des normes, une norme est valide quand elle a été posée conformément à une norme supérieure. Mais si l'on accepte les éléments de la théorie de l'interprétation qu'on vient de schématiser, un énoncé a la signification d'une norme, non pas en raison de sa conformité à une norme supérieure, mais du fait qu'il a été interprété par une autorité habilitée comme signifiant qu'une certaine conduite doit avoir lieu. C'est donc le processus d'application – et non la conformité à la norme supérieure – qui conduit à identifier un énoncé comme ayant la signification objective d'une norme juridique. Cette idée permet alors d'éviter deux des difficultés auxquelles se heurte la théorie pure du droit.

La première concerne la norme fondamentale. Selon Kelsen, puisque chaque norme trouve le fondement de sa validité dans une norme supérieure, la constitution est le fondement de validité ultime de toutes les normes qui appartiennent à l'ordre juridique. Mais, comme il n'y a pas de norme positive au-dessus de la constitution, celle-ci ne peut pas être valide, donc ne peut pas être identifiée comme norme juridique de la même manière que toutes les autres normes. Pourtant, si elle n'était pas identifiée comme norme juridique, elle ne serait pas apte à fonder la validité des normes inférieures. Par conséquent, il faut nécessairement, si l'on entend considérer les normes juridiques comme valides, présupposer que la constitution est valide. Ce présupposé est la norme fondamentale. Kelsen parvient à réfuter la plupart des objections, qui lui ont été présentées en soulignant qu'il ne suppose pas réellement l'existence d'une norme fondamentale, que cette norme n'existe pas, mais qu'elle est seulement une hypothèse logique-transcendantale, que font tous les juristes de façon spontanée et que la théorie pure du droit révèle à la conscience. Le raisonnement de Kelsen est parfaitement admissible, mais il ne remplit pas entièrement la fonction que la théorie pure lui assigne : il permet de comprendre pourquoi les juristes tiennent les normes pour valides, mais non pas pourquoi elles le sont réellement ou objectivement.

La théorie réaliste de l'interprétation permet d'éviter cette difficulté. Si c'est l'interprète qui détermine la norme signifiée par un énoncé, alors à la question : « Pourquoi la norme est-elle valide, pourquoi appartient-elle à l'ordre juridique », il suffit de répondre : « Parce qu'elle a été produite au cours du processus d'interprétation. »

La deuxième difficulté est épistémologique et on ne peut la traiter que par allusion. Si la validité est perçue comme un rapport de conformité entre des significations, alors les propositions de droit, par lesquelles la science du droit décrit des normes valides, ne décrivent pas des faits empiriques. Les positivistes se trouvent alors confrontés à une tâche redoutable : construire une science du droit sur le modèle des sciences empiriques, bien qu'elle n'ait pas pour objet des phénomènes empiriques. Au contraire, la théorie réaliste permet de traiter le droit comme un ensemble de faits empiriques, puisqu'il s'agit des actes par lesquels les interprètes déterminent la signification des énoncés.

Mais l'interprétation ne porte pas seulement sur les énoncés, mais aussi sur les faits.

B. *Les faits*

Si le sens n'est pas présent dans l'énoncé avant l'interprétation, c'est que l'énoncé n'est pas « naturellement » doté de sens. Ce sens lui est seulement attribué par l'interprétation. Mais, on peut aussi en attribuer à n'importe quel fait qui n'est pas non plus naturellement porteur de sens. C'est d'ailleurs ce qui se produit dans au moins deux cas.

Le premier est celui de la coutume. Selon la définition habituelle, la coutume est une pratique répétée, assortie du sentiment du caractère obligatoire de cette pratique. Elle est donc un fait. Mais, comme un fait ne peut être producteur de droit, il faut d'abord qu'une norme prescrive qu'on se conforme à la coutume, puis qu'une autorité habilitée déclare que telle pratique répétée assortie d'un sentiment d'obligation constitue une coutume et présente, ainsi la signification d'une norme à laquelle il faut se conformer.

L'interprétation porte ici sur la mineure d'un syllogisme (il faut se conformer à la coutume ; or, ceci est une coutume, donc…). La spécificité de cette opération consiste en ce qu'elle transforme un fait en norme. En réalité, à chaque fois que l'interprétation porte sur la mineure du syllogisme, elle ne transforme pas un fait en droit, mais elle peut se substituer à l'interprétation d'un texte. C'est ce qui se produit avec la qualification juridique. Prenons le cas du fameux arrêt Gomel. Aux termes de la loi, l'administration peut refuser un permis de construire si l'immeuble projeté est de nature à porter atteinte à une perspective monumentale. Pour apprécier si un refus est légal, le juge peut ou bien déterminer la signification de l'expression « perspective monumentale » ou bien rechercher si tel lieu possède ou non le caractère d'une perspective monumentale. S'il emprunte la deuxième voie, il n'aura pas en apparence interprété le texte, mais seulement qualifié le fait. L'opération se présente comme une subsomption : dès lors qu'il existe une classe, il suffit de rechercher si un objet présente les critères d'appartenance à cette classe pour pouvoir l'y affecter. Mais en réalité, il n'y a un contentieux que parce qu'il n'existe pas de liste des critères d'appartenance à la classe, autrement dit pas de définition. L'affirmation par le juge que tel lieu présente ou ne présente pas le caractère d'une perspective monumentale ne peut évidemment résulter de la seule observation du lieu et constitue bien une définition de la perspective monumentale.

Tout se passe en réalité comme si le juge avait interprété le texte. D'ailleurs, les juristes ne s'y trompent pas lorsque pour donner le sens d'une expression, ils donnent de longues listes des cas où le texte qui la contient a été appliqué.

Le juge a en effet déterminé l'extension du concept. Cette définition ne peut être que volontaire, mais elle offre par rapport à l'interprétation avouée du texte un double avantage. En premier lieu, elle ne se présente pas comme une interprétation. Or, il est quelquefois difficile à un juge d'admettre qu'il interprète, lorsque, comme c'est le cas par exemple du droit français, le droit positif ne l'habilite pas expressément à le faire et encore plus difficile lorsque, comme en France sous la Révolution, le droit lui interdit tout simplement d'interpréter. D'autre part, elle n'a pas à être justifiée par référence à l'une des méthodes d'interprétation canoniques, puisque ces méthodes ne valent que pour les textes. Enfin, la qualification du fait ne vaut en principe que pour le cas concret, si bien que, comme la définition qu'il a fallu employer est restée implicite, le juge ne peut être lié par ses propres formulations.

III. LE POUVOIR DE L'INTERPRÈTE

Dès lors que l'interprétation est une opération de la volonté et qu'elle porte aussi bien sur des faits que sur des énoncés, elle doit être comprise comme l'exercice d'un pouvoir considérable. Analyser ce pouvoir, c'est déterminer son fondement, son siège, les normes qu'il permet de produire et les limites dans lesquelles il s'exerce.

A) *Le fondement du pouvoir*

Le fondement du pouvoir de l'interprétation réside dans la validité de l'interprétation qu'il produit.

Cette interprétation n'est pas en effet susceptible d'être vraie ou fausse. Cela ne tient pas, comme on l'écrit parfois, au fait qu'il n'existe pas d'interprétation standard à laquelle on pourrait comparer celle qui émane de l'interprète authentique. L'absence d'une interprétation standard pourrait seulement servir d'argument à la thèse qu'on ne peut pas démontrer la vérité ou la fausseté de l'interprétation authentique, mais non pas à celle qui concerne le statut logique de l'interprétation authentique. En réalité, on ne peut pas non plus démontrer la vérité ou la fausseté de l'interprétation scientifique. Celle-ci n'en est pas moins logiquement susceptible d'être vraie ou fausse. Mais pour ce qui concerne l'interprétation authentique, si elle ne peut être vraie ou fausse, c'est seulement parce que, quel que soit son contenu, l'ordre juridique lui confère des effets. Elle est la décision de conférer un sens à un énoncé ou à un fait et une décision ne peut être ni vraie ni fausse, mais seulement valide ou non valide dans un ordre normatif donné.

La validité de la décision interprétative est exclusivement formelle, c'est-à-dire qu'elle ne résulte que de la compétence juridique de l'autorité qui la prend et non pas de son contenu, ni même des méthodes par lesquelles elle est justifiée. Le fait qu'une autorité a eu recours à telle ou telle méthode d'interprétation n'a aucune incidence sur la validité. Cela ne tient pas à la distinction bien connue du *context of justification* et du *context of discovery*, c'est-à-dire au fait que la décision a pu être prise pour des raisons toutes différentes de celles qui sont invoquées pour la justifier. L'ordre juridique en effet attache des conséquences non à la méthode, invoquée ou réellement employée, mais seulement à l'exercice par une autorité habilitée de la compétence qui lui a été conférée. Quelle est alors cette autorité? Qui doit être considéré comme un interprète authentique?

B) *L'auteur de l'interprétation*

Si l'interprétation authentique est seulement celle à laquelle l'ordre juridique attache des effets, celle qui ne peut être contestée et qui par conséquent, dans le cas de l'interprétation d'un texte, s'incorpore à ce texte, alors l'interprète est toute autorité compétente pour donner cette interprétation.

Il s'agit naturellement tout d'abord des juridictions suprêmes. Mais il y a en outre bien d'autres autorités ayant la compétence pour donner des interprétations authentiques. Celles qui, bien que non juridictionnelles, peuvent donner une interprétation incontestable devant une juridiction quelconque. La Constitution française de *1958* en offre quelques exemples: Le président de la République interprète seul les termes de l'article 16 et décide ce que signifient les expressions « menace grave et immédiate » ou « interruption dans le fonctionnement régulier des pouvoirs publics ». On peut d'ailleurs noter que l'interprétation peut, comme dans le cas de l'arrêt Gomel, porter soit sur le texte, soit sur les circonstances. De même, c'est lui qui décide que dans l'article 13 l'expression: « Le président de la République signe les ordonnances et les décrets délibérés en Conseil des ministres » signifie qu'il a le droit de ne pas les signer[1]. De même encore, c'est le parlement qui

---

1. Ce pouvoir d'interprétation du président de la République n'a pas été aussi ignoré des acteurs politiques que des juristes. Ainsi, Alain Peyrefitte rapporte cette remarque du ministre de Broglie au conseil des ministres du 19 septembre 1962, à propos de la révision de la constitution par la voie de l'article 11: « Personne n'a parlé du pouvoir d'interprétation de la constitution par le

décide ce qu'est la « haute trahison », dont le président de la République peut se rendre coupable. C'est d'ailleurs ce qu'avait très bien exprimé Gerald Ford, alors leader républicain du Sénat, selon lequel les « *high crimes and misdemeanors* », qui justifient l'*impeachment* du président des États-Unis, sont ce que décide le Sénat.

On remarque que l'interprétation authentique donnée par une autorité non juridictionnelle est si bien une décision qu'elle peut être parfois interprétée par une autre autorité comme criminelle. Tel est bien le cas de l'article 16 de la Constitution de 1958 : le président de la République peut bien interpréter telle ou telle circonstance comme justifiant la mise en œuvre des pouvoirs de crise, cette interprétation peut elle-même être interprétée par le Parlement comme constitutive du crime de haute trahison. Si le premier prend sa décision en considérant la possible décision du second, l'interprétation authentique est une activité exercée en commun et son produit est le résultat d'un rapport de forces entre autorités compétentes.

C) *Le produit de l'interprétation*

Si l'interprétation est bien une décision, cette décision a pour objet la production de normes appartenant au niveau de l'énoncé interprété. Ainsi selon la formule souvent citée de

président de la république. » C'est un pouvoir fondamental et, au moins implicitement, inclus dans la constitution. C'est justement dans les cas où les juristes sont divisés entre eux que le président de la République doit user de ce pouvoir. Il a les moyens de le faire en faisant appel au peuple souverain, suivant le droit qui lui en est expressément reconnu. Il constate les discussions entre juristes. Il donne son sentiment, et le peuple tranche. » D'après A. Peyreffite, de Gaulle ne répond rien (Alain Peyreffite, *C'était De Gaulle*, Paris, Fayard, 1994, p. 230).

l'évêque Hoadly : « *whoever hath an absolute authority to interpret any written or spoken laws, it is he who is truly the Law-giver to all intents and purposes, and not the person who first wrote or spoke them*[1] ».

Par conséquent, une cour chargée, comme notre Cour de cassation, de contrôler l'application des lois, donc de les interpréter, doit être considérée comme disposant d'un pouvoir législatif. Il ne s'agit pourtant que d'un pouvoir législatif partiel. La raison n'est pas, comme on pourrait être tenté de le croire, que, avant toute interprétation, il faut que le texte ait été adopté par le pouvoir législatif « officiel », Le pouvoir d'interpréter peut en effet s'exercer sur n'importe quel texte et des normes de niveau législatif peuvent être greffées sur les énoncés les plus divers. Non, si cette cour n'est que colégislateur, c'est parce que sa décision peut toujours être surmontée par un nouveau texte. Sans doute ce nouveau texte, à son tour, pourra-t-il être lui aussi interprété, mais dans l'épreuve de force qui s'instaure, la cour n'est pas certaine d'avoir le dernier mot.

De la même manière, une cour constitutionnelle est, elle, coconstituante. Elle aussi peut interpréter librement la constitution et son interprétation peut se greffer sur les énoncés constitutionnels les plus divers ou même se produire en l'absence d'énoncé, comme elle le fait parfois lorsqu'elle proclame des principes non écrits. Mais, elle aussi peut voir ses décisions surmontées par un nouveau texte constitutionnel, produit par le pouvoir constituant. Ce n'est que dans le cas où

---

1. *Cité* par J. Gray, *The Nature and Sources of the Law*, 2ᵉ éd., 1927, p. 102. Citation reprise par Hans Kelsen, *General Theory of lav and State*, New York, NY, Russell & Russell, 1945, réédit. 1961, trad., *Théorie générale du droit et de l'État*, Paris, LGDJ, 1997, p. 152 de l'édition américaine.

la cour parviendrait à se doter du pouvoir de contrôler largement la validité des lois de révision constitutionnelle, qu'elle
devrait être considérée non comme coconstituant, mais comme
pouvoir constituant tout court.

Mais l'interprétation authentique est surtout une source de
pouvoirs formidables si elle permet à une autorité d'étendre sa
compétence. C'est le cas lorsque cette compétence résulte de
textes qu'elle interprète elle-même. La Cour suprême des
États-Unis a ainsi interprété en 1803 la Constitution américaine de telle manière que ce texte lui confère le pouvoir de
contrôler la constitutionnalité des lois. Le Conseil constitutionnel français a procédé de la même manière en France en
1971.

À ce point, la théorie réaliste de l'interprétation se voit
fréquemment opposer un raisonnement par l'absurde : elle
aboutirait à renverser complètement la hiérarchie des normes ;
la constitution en effet ne serait une norme que par l'interprétation du législateur, la loi par celle des tribunaux et ainsi de
suite jusqu'à l'exécution matérielle, si bien que l'autorité
suprême serait le policier[1].

L'objection peut néanmoins être facilement écartée. La
hiérarchie de l'ordre juridique n'est nullement une hiérarchie
d'énoncés ou de textes. Entre deux textes, il ne peut exister de
rapport hiérarchique, mais seulement entre les contenus ou
significations de ces textes. Mais si quelqu'un détermine
simultanément la signification du texte de la constitution et
celle du texte de la loi, c'est-à-dire s'il détermine les deux
normes, il établit du même coup l'existence d'une hiérarchie

---

1. D. de Béchillon, « L'ordre de la hiérarchie des normes et la théorie
réaliste de l'interprétation, réflexions critiques », *Revue de la Recherche
juridique*, 1994-1, p. 247. Et la réplique de Michel Troper, même revue, p. 267.

entre eux, qui est non pas inverse, mais identique à la hiérarchie telle qu'on la présente habituellement. La norme législative, telle qu'elle est déterminée par le processus de l'interprétation, trouve le fondement de sa validité ou, si l'on préfère, est présentée comme obligatoire, en raison de sa conformité avec la norme législative, telle qu'elle est elle-même déterminée par l'interprétation. Autrement dit, de ce que la validité provient du processus de production de normes inférieures, il résulte non que la hiérarchie est inversée, mais seulement qu'elle doit être considérée comme interne au discours de l'interprète.

Quant à l'idée que c'est le policier qui interpréterait la décision du tribunal, elle n'est pas fausse, mais on ne peut s'en tenir là et oublier que cette interprétation n'est nullement authentique. Elle est susceptible d'être contestée et anéantie par celle d'un autre tribunal. En d'autres termes, selon la théorie réaliste, la hiérarchie des normes reflète celle des pouvoirs.

D) *La liberté de l'interprète*

On oppose alors à la théorie réaliste une autre objection selon laquelle l'interprète, notamment lorsqu'il s'agit d'un juge, est soumis à des contraintes multiples, de sorte qu'on ne saurait dire qu'il est libre et qu'il exprime sa volonté[1]. Cet argument repose en réalité sur une confusion entre libre arbitre et liberté au sens juridique.

Au sens juridique, la liberté n'est pas autre chose que le pouvoir discrétionnaire, c'est-à-dire le droit d'un sujet ou d'un organe d'adopter la conduite qu'il veut ou de donner le contenu

---

1. Cette objection est notamment formulée par Denys de Béchillon dans l'article précité et par le doyen Vedel.

de son choix aux normes qu'il a le pouvoir d'énoncer. Cette liberté est naturellement différente du libre-arbitre et nul ne songerait à défendre la thèse philosophique que, dans une monarchie absolue, le roi, parce qu'il a le pouvoir de tout faire, échappe à tout déterminisme.

Il existe évidemment des contraintes multiples qui déterminent le comportement des organes. Non seulement la théorie réaliste ne le conteste pas, mais elle permet même de les mettre en évidence bien mieux que la thèse opposée, selon laquelle l'interprétation serait un acte de connaissance. Si l'on admet en effet qu'il existe un sens caché, que l'interprétation aurait pour tâche de révéler, alors la portée d'une théorie déterministe est très limitée. Elle peut seulement expliquer quelles sont les causes notamment psychologiques ou politiques, qui ont empêché l'interprète de découvrir ce sens ou l'ont conduit à le nier. Mais dès lors qu'il s'agit de comprendre le contenu de l'interprétation, la théorie de l'interprétation-connaissance ne peut que rechercher si l'interprète s'est bien conformé aux obligations que lui prescrivaient les directives d'interprétation. Au contraire, la théorie réaliste, qui admet que l'interprète dispose d'une grande liberté juridique, peut rechercher les facteurs qui déterminent l'usage qu'il fera de cette liberté pour donner au texte telle signification plutôt que telle autre.

Elle conduit d'ailleurs à distinguer parmi ces facteurs ceux qui sont d'ordre psychologique, sociologique ou politique et ceux qui sont proprement juridiques. Ces derniers sont ceux qui proviennent du système juridique lui-même. Ils ne se confondent nullement avec l'obligation.

Par système juridique, on entend ici à la fois l'ensemble des organes dotés de compétences normatrices et des concepts employés dans le raisonnement juridique. Dans le choix d'une décision, en particulier d'une décision interprétative, une autorité tient compte des décisions que pourraient prendre les autres organes du système, si son raisonnement s'inscrit dans un ensemble de concepts qu'elle a déjà elle-même employés ou qui sont employés par d'autres. On peut dire alors que sa décision a obéi à des contraintes spécifiquement juridiques et qui ne sont explicables que si l'on accepte de les distinguer des obligations.

La théorie réaliste permet ainsi de concevoir la science du droit comme une science causale, sans la confondre pour autant avec une sociologie ou une psychologie juridique.

BIBLIOGRAPHIE

ALEXY R., *Begriff und Geltung des Rechts*, Freiburg-München, Alber, 2005.

ALTMAN A., *Critical Legal Studies. A Liberal Critique*, Princeton University Press, 1990.

AMSELEK P. (éd.), *Théorie des actes de langage, éthique et droit*, Paris, P.U.F., 1986.

– (éd.), *Controverses autour de l'ontologie du droit*, Paris, P.U.F., 1989.

– (éd.), *Interprétation et droit*, Bruxelles – Aix en Provence, Presses Universitaires d'Aix en Provence, 1995.

– (éd.), *Théorie du droit et science*, Paris, P.U.F., 1994.

– *Méthode phénoménologique et théorie du droit*, Paris, LGDJ, 1964.

ARNAUD A.J., *Entre modernité et mondialisation. Cinq leçons d'histoire de la philosophie du droit et de l'État*, Paris, LGDJ, 1998.

AUSTIN J., *Lectures on Jurisprudence*, London, J. Murray, 3 vol., 1861-63.

– *The Province of Jurisprudence Determined*, Cambridge, Cambridge University Press, 1995.

BÉCHILLON D., *Qu'est-ce qu'une règle de droit ?*, Paris, O. Jacob, 1997.

BÉCHILLON D. BRUNET P., CHAMPEIL-DESPLATS V., MILLARD E. (eds), *L'architecture du droit. Mélanges en l'honneur de Michel Troper*, Paris, Economica, 2006.

BIX B. (ed.), *Analyzing Law. New Essays in Legal Theory*, Oxford, Clarendon Press, 1998.

BIX, B., *Jurisprudence : Theory and Context*, Sweet &Maxwell, 2003.

– *Law, Language and Legal Determinacy*, Oxford, Clarendon Press, 1995.

BOBBIO N., *De la structure à la fonction. Nouveaux essais de théorie du droit*, trad. D. Soldini, Paris, Dalloz-Sirey, 2012.

– *Essais de théorie du droit*, trad. M. Guéret, Paris, Bruylant-LGDJ, 1998.

BOURETZ P.(éd.), *La force du droit. Panorama des débats contemporains*, Paris, Seuil, 1991.

BRUNET P., ARENA F.J. (eds), *Questions contemporaines de théorie analytique du droit*, Madrid, Marcial Pons, 2011.

BURLEY J. (ed.), *Dworkin and his Critics*, Oxford, Blackwell, 2004.

CANE P.(ed), *The Hart-Fuller Debate in the Twenty-First Century*, Oxford, Hart Publishing, 2010.

CARRÉ DE MALBERG R., *Contribution à la théorie générale de l'État*, Paris, Dalloz, 2003.

COHEN M. (ed.), *Ronald Dworkin and Contemporary Jurisprudence*, London, Duckworth, 1984.

COLEMAN J. (ed), *Hart's Postscript. Essays on the Postscript of the Concept of Law*, Oxford University Press, 2001.

COLEMAN J., SHAPIRO S.J., *The Oxford Handbook of Jurisprudence and Philosophy of Law*, Oxford, Oxford University Press, 2002.

– *The Practice of Principle. In Defence of Pragmatist Approach to Legal Theory*, Oxford University Press, 2001.

– « Beyond Inclusive Legal Positivism », *Ratio Juris*, vol. 22, n°3, 2009, p. 359-94.

– « Negative and Positive Positivism », *Journal of Legal Studies*, 11/1, 1982, p. 139-64 ; repr. in J. Coleman, *Markets, Morals and the Law*, Cambridge, Cambridge University Press, 1988.

COPPENS P., *Normes et fonction de juger*, Paris, Bruylant-LGDJ, 1998.

COTTEREL R., *The Politics of Jurisprudence. A Critical Introduction to Legal Philosophy*, London, Butterworths, 1992.

D'AMATO A., *Jurisprudence. A Descriptive and Normative Analysis of Law*, Boston, Dordrecht, Martinus Nijhoff, 1984

DABIN J., *Théorie générale du droit*, Paris, Dalloz, 1969.

DANCY J. (ed), *Normativity*, Oxford, Blackwell, 2000.

DEVLIN P., *The Enforcement of Morals*, Oxford University Press, 1965.

DUBOUCHET P., *Les normes de l'action. Droit et morale*, Lyon, L'Hermès, 1990.

DUGUIT L., *L'État, le droit objectif et la loi positive*, Paris, Fontemoing, 1901, rééd. Dalloz, 2003.

– *Traité de droit constitutionnel*, Paris, Boccard, 5 vol., 1927.

DUXBURY N., *Patterns of American Jurisprudence*, Oxford, Clarendon Press, 1995.

DWORKIN R, «Natural Law Revisited», *University of Florida Review*, 34, 1982, p. 165-88.

– (ed.), *The philosophy of Law*, Oxford University Press, 1977.

– *Freedom's law : the moral reading of the American Constitution*, New York, Oxford University Press, 1996.

– *Justice for Hedgehogs*, Cambridge-London, The Belknap Press, 2011.

– *Justice in Robes*, Cambridge-London, The Belknap Press, 2006.

– *L'empire du droit*, trad. E. Soubrenie, Paris, P.U.F., 1994.

– *Prendre les droits au sérieux*, trad. J.M. Rossignol, F. Limare, Paris, P.U.F., 1995.

– *Une question de principe*, trad. A. Guillain, Paris, P.U.F., 1996.

ENDICOTT T.A.O., *Vagueness in Law*, Oxford, Oxford University Press, 2000.

FASSÒ G., *Histoire de la philosophie du droit : XIXe-XXe siècle*, trad. C. Rouffet, Paris, LGDJ, 1976.

FEINBERG J., GROSS H., COLEMAN J. (eds.), *Philosophy of Law*, Wadsworth Publishing Company, 2003.

FEINBERG J., *Problems at the Roots of Law*, New York, Oxford University Press, 2003.

FINNIS J., *Philosophy of Law*, Oxford, Oxford University Press, 2011.

– *Natural Law and Natural Rights*, Oxford, Oxford University Press, 2011.

FISHER W. W., M. J. HORWITZ AND T. A. REED (eds), *American Legal Realism*, Oxford University Press, 1993.

FITZPATRICK P., HUNT A. (eds), *Critical Legal Studies*, Basil Blackwell, 1987.

FRANK J., *The Law and the Modern Mind*, New Brunswick, Transaction Publishers, 2009.

FRYDMAN B., *Le sens des lois*, Bruxelles, Paris, Bruylant-LGDJ, 2008.

FULLER L., « Positivism and Fidelity to Law : A reply to professor Hart », *Harvard Law Review*, 71, 1958, p. 630-672.

– *The Anatomy of the Law*, New York, Praeger, 1968.

– *The Morality of Law*, New Haven-London, Yale University Press, Revised Edition, 1969.

GARDIES J.L., *Essai sur les fondements a priori de la rationalité morale et juridique*, Paris, LGDJ, 1972.

GENY F., *Méthode d'interprétation et sources en droit privé positif*, Paris, LGDJ, 1919.

GEORGE R.P., *In Defense of Natural Law*, Oxford University Press, 2001.

– (ed.), *The Autonomy of Law. Essays on Legal Positivism*, Oxford, Oxford University Press, 1999.

– (ed.), *Natural Law Theory. Contemporary Essays*, Oxford, Clarendon Press, 1992.

GOYARD-FABRE S., SÈVE R., *Les grandes questions de la philosophie du droit*, Paris, P.U.F., 1993.

GRZEGORCZYK C., *La théorie générale des valeurs et le droit*, Paris, LGDJ, 1982.

GRZEGORCZYK C., MICHAUT F., TROPER M. (ed), *Le positivisme juridique*, Paris, LGDJ, 1992.

GUASTINI R., *Il diritto come linguaggio*, Torino, G. Giappichelli, 2001.

– *Interpretazione dei documenti normativi*, Milan, Giuffrè, 2004.

– *Leçons de théorie constitutionnelle*, trad. V. Champeil-Desplats, Paris, Dalloz, 2010.

– *Teoria e dogmatica delle fonti*, Milan, Giuffrè, 1998.

HABERMAS J., *Droit et démocratie. Entre faits et normes*, trad. R. Rochlitz, C. Bouchindhomme, Paris, Gallimard, 1997.

HACKER P.M.S, RAZ J. (eds), *Law, Morality and Society. Essays in Honour of H.L.. Hart*, Oxford University Press, 1977.

HÄGERSTRÖM A., *Inquiries into the Nature of Law and Morals*, trad. C.D. Broad, Uppsala, Almqvist & Wiksells, 1953.

HART H.L.A, *Le concept de droit*, trad. M. van de Kerchove, Bruxelles, Publications des Facultés universitaires St Louis, 1976.

– *Essays in Jurisprudence and Philosophy*, Oxford, Clarendon Press, 1983.

– *Essays on Bentham*, Clarendon Press, Oxford, 1982.

– *The concept of Law*, Second Edition, Oxford, Clarendon Press, 1997.

– *Law, Liberty and Morality*, Stanford University Press, 1963.

HERRERA C.M., *La philosophie du droit de Hans Kelsen. Une introduction*, Québec, Presses de l'université de Laval, 2004.

– *Théorie juridique et politique chez Hans Kelsen*, Kimé 1997.

HIMMA K.E, BIX B. (eds), *Law and Morality*, Ashgate, 2005.

JELLINEK G., *L'État moderne et son droit*, trad. G. Fardis, Paris, Eidtions Panthéon-Assas, 2005.

JOUANJAN O. (ed.), *Hans Kelsen. Forme du droit et politique de l'autonomie*, Paris, P.U.F., 2010.

JUST G., *Interpréter les théories de l'interprétation*, Paris, l'Harmattan, 2005.

KALINOWSKI G., *La logique des normes*, Paris, P.U.F., 1972.

– *Querelle de la science normative*, Paris, LGDJ, 1969.

KELSEN H., *Théorie générale des normes*, trad. O. Beaud, F. Malkani, Paris, P.U.F., 1996

– *Théorie générale du droit et de l'État*, trad. B. Laroche, V. Faure, Paris, Bruylant-LGDJ, 1997.

– *Théorie pure du droit*, trad. C. Eisenmann, Paris, Bruylant LGDJ, 1999.

– « Qu'est-ce que la théorie pure du droit ? », trad. P. Coppens, *Droit et société*, n°22, 1992, p. 551-568.

KENNEDY D., *A Critique of Adjudication [fin de siècle]*, Harvard University Press, 1997.

– *Legal reasoning. Collected essays*, Davies Group Publishers, 2008.

KRAMER M.H, *Where Law and Morality Meet*, Oxford-New-York, Oxford UP, 2004.

– *Objectivity and the Rule of Law*, New York, Cambridge UP, 2007.

– *In Defense of legal positivism. Law without trimmings*, Oxford University Press, 1999.

KRAMER M.H., GRANT C., COLBURN B., HATZISTAVROU A. (eds), *The Legacy of H.L.A. Hart. Legal, Political and Moral Philosophy*, Oxford, Oxford UP, 2008

LEITER B., *Naturalizing Jurisprudence : essays on American Realism and Naturalism in Legal Philosophy*, Oxford, Oxford University Press, 2007.

LITOWITZ D.E., *Postmodern Philosophy of Law*, Lawrence, University Press of Kansas, 1997.

LLEWELLYN K.N., *Jurisprudence : Realism in Theory and Practice*, Chicago-London, University of Chicago Press, 1962

– *The Bramble Bush*, New York, Oxford University Press, 2008.

LUHMANN N., « Le droit comme système social », *Droit et société*, n°11-12, 1989, p. 53-67.

– *La légitimation par la procédure*, trad. L. Sosoe, S. Bouchard, Paris-Laval, Cerf – PU Laval, 2001.

LUNDSTEDT A.V., *Legal Thinking Revised*, Stockholm, Almqvist & Wiksell, 1956.

LYONS D., M*oral Aspects of Legal theory. Essays on Law, Justice and Political Responsibility*, Cambridge, Cambridge University Press, 1993.

MACCORMICK N., *H.L.A. Hart*, Stanford University Press, 1981.

– *Raisonnement juridique et théorie du droit*, trad. J. Gagey, Paris, P.U.F., 1996.

– *Institutions of Law. An Essay in Legal Theory*, Oxford, Oxford University Press, 2008.

– *Rhetoric and the Rule of Law. A Theory of Legal Reasoning*, Oxford, Oxford University Press, 2008.

MARCIANO A., HARNAY A., *Posner. L'analyse économique du droit*, Paris, Michalon, 2003.

MARMOR A. (ed), *Law and Interpretation: Essays in Legal Philosophy*, Oxford University Press, 1995.

MARMOR A., *Interpretation in Legal Theory*, Oxford-Portland, Hart Publishing, 2005.

MICHAUT F., *La recherche d'un nouveau paradigme de la décision judiciaire à travers un siècle de doctrine américaine*, Paris, L'Harmattan, 2000.

MILLARD E., *Théorie générale du droit*, Paris, Dalloz, 2006.

MOORE M., *Educating Oneself in Public. Critical Essays in Jurisprudence*, Oxford, Oxford University Press, 2000.

MURPHY J.G., COLEMAN J.L., *Philosophy of Law. An introduction to Jurisprudence*, Westview Press, 1990.

MURPHY M., *Natural Law and Practical Rationality*, Cambridge, Cambridge University Press, 2001.

OLIVECRONA K., *De la loi et de l'État*, trad. P. Blanc-Gonnet Jonason, Paris, Dalloz, 2011.

OPPETIT B., TERRE F., *Philosophie du droit*, Paris, Dalloz, 2005.

MOLES R., *Definition and Rule in Legal Theory: A Reassessment of H.L.A. Hart and the Positivist Tradition*, Oxford, Basil Blackwell, 1987.

PARIENTE-BUTTERLIN I., *Le droit, la norme et le réel*, Paris, P.U.F., 2005.

PATTARO E., *The Law and the Right. A Reappraisal of the Reality That Ought to Be*, Dordrecht, Springer, 2007.

– *Il realismo giuridico scandinavo*, Bologna, Cooperativa libraria universitaria, 1974

PATTERSON D. (ed.), *A Companion to Philosophy of Law and Legal Theory*, Blackwell Publisher, 2004.

– (ed.), *Philosophy of Law and Legal Theory*. An Anthology, Malden-Oxford, Blackwell, 2003.

PATTERSON D. (ed.), *Wittgenstein and Law*, Aldershot-Burlington, Ashgate, 2004.

PATTERSON D., *Law and Truth*, Oxford-New York, Oxford University Press, 1996.

PAULSON S. (ed.), *Normativity and Norms : Critical Perspectives on Kelsenian Themes*, Oxford, Clarendon, 1998.

PERELMAN C., *Ethique et droit*, Bruxelles, UBlire, 2011.

– *Logique juridique. Nouvelle rhétorique*, Paris, Dalloz, 199.

PICAVET E., *Kelsen et Hart*, Paris, P.U.F., 2000.

POSNER R.A., *Law, Pragmatism and Democracy*, Cambridge London, Harvard University Press, 2005.

– *The Problems of Jurisprudence*, Cambridge-London, Harvard University Press, 1993.

– *The Problematics of Moral and Legal Theory*, Cambridge-London, Belknap Press, 1999.

– *How Judges Think*, Cambridge-London, Harvard UP, 2010.

RAYNAUD P., *Le juge et le philosophe*, Paris, A. Colin, 2008.

RAZ J., *Between Authority and Interpretation*, Oxford University Press, 2009.

– *Practical Reasons and Norms*, Hutchinson, London, 1975.

– *The Authority of Law*, Second Edition, Oxford University Press, 2009.

– *The Concept of Legal System : an Introduction to the Theory of Legal System*, Oxford, Clarendon Press, 1970.

RIPSTEIN A., *Ronald Dworkin*, New York, Cambridge University Press, 2007.

ROSS A., *Directives and norms*, London, Routledge, 1968.

– *Introduction à l'empirisme juridique*, ed. E. Millard, trad. E. Matzner, Paris-Bruxelles, Bruylant LGDJ, 2004.

– *Towards a Realistic Jurisprudence. A Criticism of the Dualism in Law*, trad. A.I. Fausbøll, Copenhague, Munksgaard, 1946.

– *On Law and Justice*, trad. Margaret Dutton, London, Stevens & Sons, 1958.

RUMBLE W.E., *American Legal Realism : Skepticism, Reform, and the Judicial Process*, Cornell UP, 1968.

SCARPELLI U., *Qu'est-ce que le positivisme juridique ?*, trad. C. Clavreul, Bruylant LGDJ, 1996.

SEBOK A., *Legal Positivism in American Jurisprudence*, Cambridge UP, 1998.

SÈVE R., *Philosophie et théorie du droit*, Paris, Dalloz, 2007.

SHAPIRO S.J., *Legality*, Cambridge, Harvard UP, 2011.

– « On Hart's Way Out », *Legal Theory*, 4, 1998, p. 469 sq.

– « Was Inclusive Legal Positivism Founded on a Mistake ? », *Ratio Juris*, vol. 22, n°3, 2009, p. 326-38.

SIMMONDS, N. E., *Central Issues in Jurisprudence : Justice, Law and Rights*, 2 nd ed., Sweet & Maxwell, 2002.

STRÖMHOLM S., VOGEL H.H., *Le réalisme scandinave dans la philosophie du droit*, Paris, LGDJ, 1975.

SUMMERS R.S., *Essays in Legal Theory*, Kluwer Academic Publishers, 2000.

TEBBIT M., *Philosophy of Law*, New York, Routledge, 2005.

TERRE F., *Les questions morales du droit*, Paris, P.U.F., 2007.

TEUBNER G., *Le droit : un système autopoïétique*, trad. G. Maier, N. Boucquey, Paris, P.U.F., 1993.

TROPER M., CHAMPEIL-DESPLATS V., GRZEGORCZYK C. (eds.), *Théorie des contraintes juridiques*, Paris, LGDJ, 2005.

TROPER M., *La théorie générale, le droit, l'État*, Paris, P.U.F., 2001.

– *Pour une théorie juridique de l'État*, Paris, P.U.F., 1994.

– *Le droit et la nécessité*, Paris, P.U.F., 2011.

TWINING W., *Karl Llewellyn and the Realist Movement*, London, Weidenfeld & Nicolson, 1973.

VILLEY M., *Leçons d'histoire de la philosophie du droit*, Paris, Dalloz, 2005.

– *Philosophie du droit*, Paris, Dalloz, 2001.

– *Seize essais de philosophie du droit*, Paris, Dalloz, 1969.

VIRALLY M., *La pensée juridique*, Paris, Edtions Panthéon-Assas, 2010.

WACKS R., *Understanding Jurisprudence : An Introduction to Legal Theory*, Oxford University Press, 2005

WALDRON J., *Law and Disagreement*, Oxford, Oxford University Press, 1999.

WALUCHOW W.J., *Inclusive Legal Positivism*, Oxford, Clarendon Press, 1994.

INDEX DES NOTIONS

INDEX DES NOMS

TABLE DES MATIÈRES

Achevé d'imprimer en décembre 2022 par La Manufacture - Imprimeur – 52200 Langre
Imprimé en France – N° d'imprimeur : 221063 – Dépôt légal : janvier 2015